本书系国家社科基金青年项目"农民工的社会融合与心理健康研究"（项目批准号：13CRK015）结项"优秀"成果

农民工的
社会融合与
心理健康

悦中山 王红艳 李树茁 著

Social Integration and Mental Health
of Rural-Urban Migrants in China

中国社会科学出版社

图书在版编目（CIP）数据

农民工的社会融合与心理健康／悦中山，王红艳，李树苗著 . —北京：中国社会科学出版社，2023.7
ISBN 978 - 7 - 5227 - 1968 - 9

Ⅰ. ①农… Ⅱ. ①悦…②王…③李… Ⅲ. ①民工—城市化—研究—中国②民工—心理健康—研究—中国 Ⅳ. ①D422.64②R395.6

中国国家版本馆 CIP 数据核字（2023）第 097390 号

出 版 人	赵剑英
责任编辑	马 明
责任校对	何欣欣
责任印制	王 超

出　　版	中国社会科学出版社
社　　址	北京鼓楼西大街甲 158 号
邮　　编	100720
网　　址	http://www.csspw.cn
发 行 部	010 - 84083685
门 市 部	010 - 84029450
经　　销	新华书店及其他书店

印　　刷	北京明恒达印务有限公司
装　　订	廊坊市广阳区广增装订厂
版　　次	2023 年 7 月第 1 版
印　　次	2023 年 7 月第 1 次印刷

开　　本	710×1000　1/16
印　　张	17.75
插　　页	2
字　　数	246 千字
定　　价	89.00 元

目　　录

第一章　绪论 ……………………………………………………（1）

　第一节　研究背景 ………………………………………………（1）

　第二节　概念界定 ………………………………………………（8）

　第三节　研究内容与研究思路 ………………………………（10）

　第四节　数据与方法 …………………………………………（12）

　第五节　章节安排 ……………………………………………（15）

第二章　文献回顾 ………………………………………………（19）

　第一节　国际移民和农民工的心理健康研究 ………………（19）

　第二节　国际移民和农民工的社会融合研究 ………………（23）

　第三节　社会融合与移民/农民工心理健康的关系 …………（39）

　第四节　本章小结 ……………………………………………（49）

第三章　找回"乡土"、超越"融入"：农民工社会融合的

　　　　维度与分析框架 ………………………………………（51）

　第一节　社会经济融合：移民/农民工参照群体的

　　　　　双重框架 ……………………………………………（52）

　　第二节　社会互动：地理、社会空间双重视角下的

　　　　　　移民/农民工网络分析 ……………………………（56）

　　第三节　文化适应：一个双向、多维的分析框架 …………（63）

　　第四节　本章小结 ………………………………………（69）

第四章　社会融合影响农民工心理健康的分析框架与概念

　　　　　模型 ……………………………………………………（71）

　　第一节　分析框架 ………………………………………（71）

　　第二节　社会经济融合影响农民工心理健康的概念模型 ………（77）

　　第三节　社会网络影响农民工心理健康的概念模型 …………（80）

　　第四节　文化适应影响农民工心理健康的概念模型 …………（82）

　　第五节　本章小结 ………………………………………（85）

第五章　调查与数据 …………………………………………（86）

　　第一节　广州调查 ………………………………………（87）

　　第二节　全国八城市调查数据 ……………………………（96）

　　第三节　心理健康特点比较 ………………………………（99）

　　第四节　本章小结 ………………………………………（102）

第六章　农民工心理健康和社会融合的现状分析 ……………（104）

　　第一节　研究方法 ………………………………………（104）

　　第二节　分析结果 ………………………………………（109）

　　第三节　本章小结 ………………………………………（125）

第七章　社会经济融合影响农民工心理健康的机制研究 ………（128）

　　第一节　研究方法 ………………………………………（128）

　　第二节　分析结果 ………………………………………（132）

第三节　讨论 ……………………………………………（142）

第四节　本章小结 ………………………………………（144）

第八章　社会支持还是社会比较? 社会网络影响农民工心理

　　　　健康的机制研究 …………………………………（146）

第一节　研究假设 ………………………………………（146）

第二节　研究方法 ………………………………………（150）

第三节　分析结果 ………………………………………（152）

第四节　讨论 ……………………………………………（162）

第五节　本章小结 ………………………………………（165）

第九章　文化适应影响农民工心理健康的机制研究 …………（167）

第一节　研究方法 ………………………………………（167）

第二节　分析结果 ………………………………………（168）

第三节　讨论 ……………………………………………（180）

第四节　本章小结 ………………………………………（182）

第十章　政策分析与政策建议 ……………………………（183）

第一节　中国人口流动政策的发展历史与当前面临的

　　　　挑战 ……………………………………………（183）

第二节　政策建议 ………………………………………（189）

第三节　本章小结 ………………………………………（199）

第十一章　结论与展望 ………………………………………（200）

第一节　主要结论、发现及建议 ………………………（201）

第二节　研究展望 ………………………………………（205）

附录一　广州市流动人口/农民工调查问卷 ……………………（208）

附录二　全国八城市流动人口社会融合与心理健康
　　　　调查问卷 ………………………………………………（229）

参考文献 …………………………………………………………（249）

后　记 ……………………………………………………………（276）

第一章

绪 论

本章将介绍本书的现实背景和理论背景，界定主要概念，简介研究内容和研究思路，说明本研究的数据和研究方法，交代本书结构。

第一节 研究背景

一 现实背景

"离土又离乡"的农民工（即由乡入城的流动人口）已经成为中国产业工人的重要组成部分和商业服务业劳动者的主要来源。2010—2020年中国流动人口规模保持高速增长：第七次全国人口普查数据显示，2020年中国流动人口总量为3.76亿，占全国总人口的26.62%，即大概每四位中国人中就有一位流动人口；与六普流动人口规模相比，七普流动人口规模增加了1.54亿，增长了69.37%（中华人民共和国国家统计局，2021）。七普数据显示，由乡进城的流动人口（即本书所定义的农民工）仍是流动人口的构成主体，占全部流动人口的66.26%（周皓，2021）。在我国乡村振兴和新型城镇化"双轮驱动"战略下，逐梦城镇的农民工及其家庭成员将城乡社会联系起来，促进了人、资金、物质和文化等要素在城乡间互联互通、互相流动，有助于城乡劳动力资源的有效配置和个人、家庭、社会发展，为打破中国城乡二元社会结构、实现城乡社会融合发展提供了契机。建立健全城乡有序流动的人口迁徙制度、促进农民工及其家庭发展、提升农民工社会融合水平是推进我国城乡融合发展、解决城乡发展不平衡、实现中国经济由高速增长向高质量发展的一条重要途径。

农民工为城市的经济增长和中国发展做出了重要贡献。但是作为弱势群体，农民工的身心健康问题值得关注。他们的健康不仅关系到农民工的自身发展与家庭幸福，而且关系到健康中国行动及健康中国建设。因为心理健康问题不如身体疾病表现明显，对个人和社会经济发展的影响也难以把握，从而导致学界和政府对农民工的心理健康问题重视不够（悦中山，2011）。与城市居民和未外出务工的农村居民相比，农民工更可能遭受心理健康问题。外出务工伴随着生活方式、工作环境和社会关系的改变，在新的环境中农民工面临着就业环境、文化规范和价值观念的调整。农民工在适应改变和调整的过程中，经常要承受各种社会经济压力，加之农民工身处异地他乡，社会支持资源有限，持续存在的压力可能进一步损害他们的心理健康。因此，农民工更可能积累负向情绪、遭遇心理问题，如果长期的积压得不到缓解释放，既不利于流动人口自身的健康发展，又会给当地城市的生活秩序和社会稳定带来不利因素（程菲等，2017）。近些年来，关于农民工自杀和心理问题的新闻报道很多，2010 年 1 月至 8 月间富士康连续发生的 17 起农民工"连环跳"事件最为典型。农民工的心理健康关系到中国社会经济的协调健康发展和城镇化进程的顺利推进，因此由心理健康导致的公共卫生问题及社会经济后果不容忽视，关注并提升农民工的心理健康对我国推进健康中国建设和健康中国行动大有裨益（Hu et al.，2008；程菲等，2017）。

提升农民工的社会融合水平有望改变农民工群体的弱势地位，有利于改善民生，提升农民工心理健康水平，最终促进健康中国建设和健康中国行动目标的达成。农民工的社会融合问题是中国工业化和城镇化进程中重要的社会经济问题。农民工群体规模庞大，他们的社会融合对中国社会经济发展有深远影响。"促进流动人口融入城市生活""有序推进农业转移人口市民化"已成为中国政府的重要工作（国务院办公厅，2008；中共中央、国务院，2014；中华人民共和国国务院，2009）。

然而，目前仅有少数农民工能成功地融入城市主流社会，与父辈相比，即使是新生代农民工，其在城市的融入状况也并未发生本质变化（杨菊华，2010）。这就导致大多数农民工的流动是一种非永久性流动（Temporary Migration）或循环流动（Circular Migration）（Fan，2011；Zhu，2007）。从而造成一些农民工不断地跨越城乡边界、不停地往返穿行于乡村和城市社会（王春光，2019）。虽然目前大部分农民工绝大部分时间远离乡土社会，生活在城市的物理空间中，但是他们的社会经济活动、社会关系和文化认同均与农村乡土社会有着千丝万缕的联系，农民工的社会生活仍具有"乡土性"。当前绝大多数农民工仍然是夹在乡土社会和城市社会之间的"两栖人"，乡土社会和城市社会对他们来说仍然同等重要，甚至有一些农民工仍然把农村社会当作自己的最终归宿（悦中山，2011）。目前，国家正在实施新型城镇化和乡村振兴"双轮驱动"的城乡融合发展战略，农村和城市影响未来人口迁移的"推力"和"拉力"正在发生结构性调整，由于乡村振兴战略的持续推进，农村社会的"拉力"作用日渐凸显，未来农民工"流而不迁""城乡两栖"现象可能日渐普遍（王春光，2019）。在未来可预见的、相当长的时间内，农民工的社会生活场域仍将横跨乡村和城市，具有"亦城亦乡"的特点。

既有的研究已经充分认识到农民工在城市的融入状况对农民工的民生福祉（如心理健康）有重要影响，农民工在城市社会较低的社会融合水平对他们的身心健康有不利影响。但这些研究忽视了农民工与乡土社会的联系与他们的福祉（如心理健康）息息相关，导致鲜见全面检视农民工与城乡两个社会的融合与心理健康之间的关系的实证研究

(Jin et al., 2012)。仅有的一些研究往往在"城市融入"视角下定义社会融合，更多关注农民工融入城市社会的状态对他们的心理健康的影响，普遍发现较高的城市融入水平有助于提升农民工心理健康水平。显然，这对农民工生活状态仍具"乡土性"的生活实践有所忽视。借鉴国际移民研究中的跨国主义（Transnationalism）理论（Itzigsohn, Saucedo, 2002；Portes et al., 2002）和跨域主义（Translocalism）理论（Barkan, 2004；Schwartz, 2006），本研究同时将乡土社会和城市社会纳入农民工社会融合的发生场域，将社会融合定义为农民工与乡土社会和城市社会在社会经济、社会交往和文化交流等维度的双向互动情况，尝试建立社会融合研究的新框架和新视角。该分析框架既包括农民工与乡土社会的互动，也包括"城市融入"。本书所定义的社会融合找回了农民工的"乡土联系"，超越了既有的"城市融入"单向互动视角，因此可以让我们更全面、更系统地理解农民工的社会融合（即他们与城乡社会的双向互动情况）与心理健康的关系。

二 理论背景

因为心理健康问题不如身体疾病明显，对个人和社会经济发展的影响也难以把握，从而导致学界和政府对农民工的心理健康问题重视不够（邱培媛等，2010；悦中山，2011）。关于农民工健康的研究主要集中在生殖健康、传染病和职业病等身体健康方面，对农民工心理健康的研究比较有限（Hu et al., 2008）。国内对社会融合与心理健康之间关系的研究就更不多见（Jin et al., 2012；悦中山，2011）。目前，针对农民工，学界对"什么是社会融合"、"社会融合状态如何"和"哪些因素影响社会融合"有了比较清晰的认识。学者们一般认为社会融合是一个囊括经济融合、文化融合、社会互动和身份认同等多个维度的概念（杨菊华，2009；周皓，2012）。当前的二元户籍制度以及附属于户籍制度之上的一系列的城乡有别的制度安排仍然是农民工社会融合的重要障碍（杨菊华，2015，2017；悦中山，2011）。近些年来，国家陆续出台了一系列加强流动人口服务管理和促进社会融合的决策和项目。国际移民研究表明社会融合水平的提高可能有助于移民心理健康的改善，也可能对移民的心理健康有负向影响（Koneru et al.，2007）。但是，学界对社会融合影响农民工心理健康机制还未曾进行深入系统的探讨。社会融合概念本身蕴含着对弱势群体的人文关怀，因此现有研究往往天然地认为或者假设农民工的社会融合必然会带来心理健康的改善。这与目前针对跨国移民的分析结论并不完全相同，亟待以理论为指导，基于调查数据进行实证分析。

　　本书把在该研究领域目前仍然存在的研究空间概括为两点：（1）在农民工心理健康现状的认识上，尽管现有文献对农民工的心理健康状态已经有了初步的描述（如刘连龙等，2012；刘衔华等，2008），但所得结论不尽一致；（2）在探讨农民工的社会融合和他们的心理健康之间关系的文献中，由于现有研究未能充分考虑农民工生存状态仍具"乡土性"的特点，导致在分析社会融合对心理健康的影响时忽略了农民工的社会融合同时发生于城市社会和乡土社会两个场域，进而影响了现有研究对社会融合和心理健康之间的关系的理解。本书特别关注农民工生活状态的"乡土性"，超越"城市融入"单向互动视角，从社会经济地位、社会互动/社会网络、文化适应等三个维度来分析社会融合对心理健康的影响。本书从以下四个方面一一详述。

　　第一，关于农民工心理健康的现状缺乏一致结论。目前的大多数研究是利用非随机抽样的小规模样本完成的，测量指标单一，缺乏一致结论：心理健康是一个多维度的概念，从世界卫生组织给的定义来看，应该同时从积极情绪（正向指标，如生活满意度）和消极情绪（负向指标，如抑郁、心理疾患）多个方面来评估，但现有研究往往聚焦其中之一，缺乏正负指标兼顾的全面测量；有些研究认为农民工的心理健康状态好于本地市民，而有些研究则认为农民工的心理健康状态要比本地市民差，彼此矛盾。因此基于同时囊括正向和负向指标的测量，利用等概率抽样获得的较大规模样本数据来研究农民工的心理健康状态十分必要。

第二，在分析农民工社会经济地位（农民工社会融合的社会经济维度）与农民工的心理健康之间的关系时，忽视了农民工对自己主观社会经济地位进行评价时所选择的参照群体（Reference Group）具有"乡土性"、是"亦城亦乡"的。在研究农民工的社会经济融合对心理健康的影响时，现有研究分析客观社会经济地位（如收入、职业等）影响心理健康的居多。新近的一些研究表明，在研究社会经济地位影响心理健康时应该纳入主观社会经济地位的指标，甚至主观社会经济地位对心理健康的影响要远大于客观社会经济地位（程菲等，2017）。而在测量移民或者农民工的主观社会经济地位时要特别注意移民或农民工可能选择的参照群体有两个：流出地社会的居民和流入地社会的居民。因此本书借鉴国际移民的参照群体双重框架（A Dual Frame of Reference）（Gelatt，2013），在农民工"亦城亦乡"的生存状态背景下，建立了农民工参照群体的双重框架，从客观社会经济地位和主观社会经济地位两个方面全面分析社会经济融合对心理健康的影响。在研究中不仅关注主观社会经济地位对农民工心理健康的直接影响作用，还探讨客观社会经济地位经由主观社会经济地位对心理健康发挥的间接作用，即主观社会经济地位在客观社会经济地位与心理健康之间可能发挥的中介作用（袁玥等，2021）。

第三，在研究社会互动/社会网络（农民工社会融合的社会维度）影响农民工的心理健康时，忽视了农民工的社会互动/社会网络具有"乡土性"、是"亦城亦乡"的。从地理空间来划分，农民工的社会网络既包括城市社会的本地关系也包括乡村社会的非本地关系。从社会空间来看，在大城市由于农民工尚未融入城市主流社会，与城市市民仍然生活在相对隔离的两个社会空间中，因此又可将农民工城市社会里的本地社会关系区分为本地市民关系和本地非市民关系。目前，整合地理空间和社会空间双重视角、同时检验社会网络通过社会支持和社会比较机制影响农民工心理健康的研究还没有。首先，已有的几篇文献要么从地理空间角度将社会关系分为本地和非本地关系（例如 Jin et al.，2012），要么从社会空间角度将社会关系分为本地市民和本地非市民关系（Huang et al.，2018；Yue et al.，2013；悦中山等，2011），缺乏整合地理空间与社会空间双重视角下移民社会关系及社会关系动态变化的研究；其次，基于地理空间和社会空间双重视角，同时检验不同关系类型影响农民工心理健康的研究还没有。Jin 等（2012）的研究较早地依据地理空间视角将社会关系划分为本地关系和非本地关系，发现城市社会当地的社会关系对成年农民工的心理健康没有显著性影响。这一结论有待商榷，因为他们的本地关系同时包括本书所讨论的本地非市民关系和本地市民关系。根据已有的关于社会网络的研究可知，本地非市民关系应该仍然是农民工的重要社会关系，理论上应该对农民工的心理健康发挥着重要作用（Yue et al.，2013）。社会网络影响心理健康的机制既可能是社会支持的机制，也可能是社会比较的机制，现有文献关注社会关系影响心理健康的社会比较机制的研究还比较少。

第四，在分析文化适应（农民工社会融合的文化维度）和农民工的心理健康之间的关系时，忽视了农民工的文化适应具有"乡土性"、是"亦城亦乡"的。早期的移民研究文献往往认为文化适应是单向的，如果文化适应是单向的，也就意味着移民对迁出地的文化保持和对迁入地的文化适应之间是矛盾的，两者之间是此消彼长、你强我弱的关系（Gordon，1964）。移民在迁入地的文化适应越好，他/她越不可能再保留或维持自己的家乡文化。目前，国际移民研究中，文化适应已经被公认为一个双向的概念（Schwartz et al.，2013；Schwartz et al.，2010）。文化适应的双向模型认为，移民对家乡文化的保持和对迁入地文化的习得两者之间相互独立，互不影响，即习得迁入地的文化并不意味着必然丢弃自己的原有文化，移民可能在保持甚至加强原有文化的同时，获取并习得迁入地的文化（Berry，2005）。如果将国际移民研究的双向模型应用于农民工群体，"双向"所指的流出地和流入地恰好分别对应乡村和城市，正是本书所谓的农民工具有"亦城亦乡"的生活状态。然而，目前很少有研究将农民工社会生活的"乡土性"纳入文化适应的分析视野来构建农民工文化适应的双向模型，而基于双向模型研究文化适应影响农民工心理健康的研究就更少。

第二节　概念界定

一　社会融合

本研究同时将乡土社会和城市社会纳入农民工社会融合的发生场域，找回农民工社会融合的"乡土性"，将社会融合定义为农民工与乡土社会和城市社会的双向互动情况。该定义囊括"城市融入"且找回了农民工与乡土社会的互动，因此超越了既有的"城市融入"这一单向视角。社会融合是一个多维度的概念。在考虑全面性同时兼顾简洁性的原则下，本书仅从社会经济层面、社会层面和文化层面关注农民工的社会融合，即社会经济融合、社会互动和文化适应。

社会经济融合反映的是农民工的社会经济状况（悦中山等，2012）。社会经济地位可以从客观社会经济地位（月收入、职业和教育）和主观社会经济地位（自评社会地位感知、与城市本地居民比较的相对社会地位和与老家村民比较的相对社会地位）两个方面来反映。客观的社会经济地位与农民工身居城市社会或者乡村社会关系不大，但是由于主观的社会经济地位评价具有相对性，往往是农民工个人与自己的参照群体比较后获得的，参照群体不同，个人的主观社会经济地位也就不同。我们在研究中分别收集了农民工与城市本地居民和农村老家村民比较的主观社会经济地位信息，有利于纠正之前仅将"城市居民"作为参照群体认为农民工由此产生的相对剥夺的社会经济地位不利于农民工心理健康的片面分析。将农村居民作为农民工社会经济地位评价的参照群体纳入分析，有利于我们找回农民工社会经济融合中的"乡土性"，从而全面理解社会经济融合与农民工心理健康的关系。

社会互动是指农民工与农村乡土社会和迁入城市社会的组织、机构和个体的社会互动状况。农民工的社会网络是农民工社会互动的重要组成部分。本研究主要关注农民工在个体层面的社会互动，通过社会网络化来操作社会互动。从地理空间的角度，农民工社会网络包括他们与农村社会成员和城市社会成员的社会交往；从社会空间角度来看，农民工社会网络既包括与城市市民所建立的社会关系也包括他们与非城市市民所建立的社会关系（Yue et al.，2013；悦中山，2011）；整合地理空间与社会空间双重视角，本书中农民工的社会网络包括非本地关系、本地非市民关系和本地市民关系。非本地关系反映了农民工与农村乡土的社会联系，回应了我们对超越"城市融入"视角的社会融合概念的定义。

文化适应指的是由于具有不同文化背景的个人或群体在发生社会互动后所产生的文化变化的过程（Redfield et al.，1936）。参照国际移民文化适应研究的理论和方法（Schwartz et al.，2010），鉴于农民工的生活状态仍具乡土性，是"亦城亦乡"的，本书认为农民工的文化适应也是一个双向、多维的概念，农民工的文化适应包括农村文化或乡土文化的保持和城市文化习得两个方向。乡土文化保持包括行为（方言使用、非本地关系）、价值观（乡土价值观的保持）和身份认同（农村身份认同）三个维度。城市文化习得包括行为（本地方言精通性、本地关系）、价值观（个体现代性）和身份认同（城市身份认同）三个维度。

二　心理健康

世界卫生组织指出，心理健康并不仅仅指没有患上心理疾病，还应该是一种康乐（Well – being）状态（World Health Organization，2001）。因此在书中，无论是利用国家八城市数据进行现状分析还是利用广州调查数据进行影响机制分析，在操作化心理健康时均同时利用正向指标和负向指标进行测量。在现状分析中同时使用心理疾患（凯斯勒心理疾患量表，K6）和生活满意度量表（SWLS）测量心理健康；在影响机制分析中，同时使用抑郁（CES – D10）和生活满意度量表测量心理健康。

第三节　研究内容与研究思路

本书将对农民工的心理健康状态和社会融合模式进行分析，在多维度社会融合的概念框架下，找回农民工社会融合的"乡土性"，全面分析农民工的社会经济融合、社会互动、文化适应等融合维度对心理健康的影响作用，为促进农民工的社会融合和心理健康提供政策建议。

一　研究内容

本书的研究内容包括理论研究、现状研究、机制研究和政策研究。

1. 理论研究

一是农民工社会融合的维度、框架与视角。遵循尽量全面而又不失简洁的原则，确定农民工社会融合的维度；充分考虑到农民工"亦城亦乡"的生存状态仍具"乡土性"，分别构建农民工各个融合维度的分析框架和分析视角。

二是社会融合影响农民工心理健康的分析框架与概念模型。通过理论研究、借鉴已有的实证分析结果构建社会融合影响农民工心理健康的一般性分析框架，并据此分别建立农民工各个融合维度影响农民工心理健康的概念模型，为机制分析奠定理论基础。

2. 现状研究

一是利用全国八城市调查数据分析农民工心理健康状态，通过测量农民工的心理疾患和生活满意度等指标对农民工的心理健康现状进行分析。

二是利用 2015—2016 年广州市农民工调查数据分析农民工在社会经济融合、社会互动（从社会网络的角度）和文化适应等融合维度的特点和模式。

3. 机制研究

以理论研究成果为基础，机制研究关注的是社会融合影响农民工心理健康的具体机制，本书从社会经济融合、社会互动和文化适应三个维度展开。

一是社会经济融合影响心理健康的机制研究。本书全面、多维度地考察农民工客观社会经济地位（收入、职业和教育）和主观社会经济地位（自评社会地位感知、与本地居民比的相对社会地位和与老家村民比的相对社会地位）对农民工心理健康的影响，比较两者对农民工心理健康影响的大小，并深入探讨主观社会经济地位在客观社会经济地位与心理健康之间的中介作用。

二是社会互动影响心理健康的机制研究。社会互动是指农民工与农村乡土社会和迁入城市社会的组织、机构和个体的互动状况。本研究主要关注农民工在个体层面的社会互动，通过社会网络来操作化社会互动。基于地理空间和社会空间双重视角，将农民工的社会网络区分为非本地关系（农村的社会关系）、本地非市民关系和本地市民关系，探讨三类关系影响农民工心理健康的机制和路径，检验社会网络通过"社会支持"和"社会比较"两种机制影响心理健康的一系列假设。

三是文化适应影响心理健康的机制研究。基于双向、多维的农民工文化适应模型，分析压力、社会支持和社会经济地位是否在文化适应与农民工心理健康之间发挥着中介作用，借此探究文化适应影响农民工心理健康的路径和机制。

4. 政策研究

总结我国流动人口发展状况及人口流动政策历史演变过程,在分析当前中国相关政策现状的基础上,借鉴国际经验,结合本书的研究发现,针对农民工心理健康和社会融合的促进工作提出一些政策建议。

二 研究思路

本书利用 2014 年全国八城市流动人口调查数据和 2015—2016 年广州农民工调查数据对农民工的心理健康和社会融合现状进行分析;基于社会融合与心理健康的相关理论,探讨农民工社会融合的各个维度影响心理健康的机制,通过政策研究和政策分析为提高农民工的社会融合和心理健康提供政策建议,如图 1 - 1 所示。

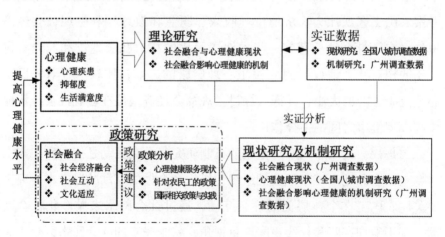

图 1 - 1 本书的研究内容与研究思路

第四节 数据与方法

一 数据

本书所用数据包括一套一手数据和一套二手数据。

一手数据来自作者研究团队自行设计、组织实施的广州市农民工调查。研究团队于 2015 年 12 月—2016 年 3 月在广州市自行收集了农民工调查数据（问卷见附录一）。广州调查由西安交通大学、陕西师范大学和中山大学合作实施。关于调查过程和样本的基本描述详见本书第五章。

二手数据来自国家原卫生和计划生育委员会 2014 年组织实施的全国八城市流动人口社会融合与健康专题调查（问卷见附录二）。本书第一作者曾为国家原卫生和计划生育委员会组建的社会融合研究项目组的成员之一，于 2014 年 2 月中下旬在国家卫生和计划生育委员会流动人口司工作了两周，其间，受项目组委托负责收集杨菊华教授等各位专家意见负责问卷设计和定稿工作。在杨菊华教授和本书作者等其他项目组成员的共同建议下，国家卫计委流动人口司决定将社会融合和心理健康作为本次调查的主要内容。本书作者先后参与调查培训会和调查问卷质量督查工作。

两套数据各有优缺点。全国八城市调查数据并未在本书第三、四章的理论和分析框架的指导下收集社会融合数据，所以该套数据不能用于分析农民工社会融合状态及其对心理健康的影响。因此，本书使用我们研究团队依据研究设计自行收集的广州市农民工调查数据来研究农民工社会融合状态及其对心理健康的影响。由于广州调查数据采用配额抽样方法，样本量小、全国代表性不高，不适于用来分析农民工的心理健康现状，因此本书使用全国八城市调查数据分析农民工的心理健康现状。

二 研究方法

1. 理论分析

本书借鉴国际移民理论，在充分考虑农民工"亦城亦乡"的生活状态仍具"乡土性"的基础上，超越既有的"城市融入"单向视角，确定了农民工与城乡社会融合的主要维度，针对各个维度构建了农民工社会融合的分析框架和研究视角，以此为基础建构了社会融合影响农民工心理健康的分析框架，并就社会融合各个维度影响农民工心理健康的机制构建了概念模型。

2. 实证研究

利用二手数据（2014 年国家八城市调查数据）和收集一手数据（广州调查数据）对农民工的心理健康和社会融合现状、社会融合影响农民工心理健康的机制进行实证研究，具体分析方法包括以下几种。

第一，本书使用 STATA 15.0 采用描述性统计分析方法研究农民工的心理健康现状和社会融合现状。在探索各类社会网络规模的影响因素并揭示网络规模与除了社会互动维度的其他城乡社会融合维度的关系时，本书采用零膨胀泊松回归模型进行分析，该模型将分别对网络规模大于零和网络规模为零的样本构建"非零计数估计模型"和"零膨胀估计模型"。因为尽管这些因变量为计数数据，大多服从泊松分布，但由于这些因变量分布较为离散且零值过多，网络规模为零和非零之间的区别可能是质的差别，而非零样本中网络规模的大小只是量的不同。在回归结果中，若 Vuong 检验的 p 值显著，则表明零膨胀泊松模型优于泊松模型。

第二，使用 Mplus 7.4 利用潜类分析（Latent Class Analysis，LCA）方法辨识农民工群体在双向、多维框架下的文化适应模式，与传统的聚类分析相比，潜类分析对类别的划分是基于模型运行后所获得的类别成员概率（Membership Probabilities）进行的，此方法更加客观；根据关注变量的类型，使用方差分析或交叉表比较不同文化适应类型的农民工在心理健康和一些关注变量上是否存在显著差异。

第三，使用 STATA 15.0 进行 OLS 回归分析社会经济地位对农民工心理健康的影响，利用嵌套模型，将客观社会经济地位指标和主观社会经济地位指标依次作为最终变量组放入模型，分别计算和评价客观、主观社会经济地位对农民工心理健康的方差的解释能力。

第四，使用 Mplus 7.4 利用结构方程模型分析主观社会经济地位在客观社会经济地位和心理健康之间的中介作用、社会网络影响农民工心理健康的机制及文化适应影响农民工心理健康的机制。在结构方程模型分析中，本书通过拟合优度（AIC、BIC、ABIC）、模型分类精准率（Entropy）等指标决定模型分类。基于以下一些原因，本书采用结构方程模型进行分析：（1）由于考虑了测量误差，分析模型更加准确；（2）同时考虑结构模型和测量模型，因此可在统计上对整个模型的拟合情况进行整体估计，而传统的路径分析则不具备这个特点；（3）既具有探索的功能，又可以用于理论验证（王孟成，2014）。本书通过假设检验卡方值（χ^2）、比较拟合指数（CFI）和近似误差均方根（RMSEA）三大指标来评估测量模型和结构模型的模型拟合度。三指标均表明观测数据方差矩阵偏离模型方差矩阵的程度。理论上，χ^2值不显著、CFI 大于 0.9、RMSEA 小于 0.5 三个条件同时满足时表明模型拟合较好。RMSEA < 0.8 表示模型可以接受。然而在实际研究中，由于 χ^2 统计量对样本量非常敏感，当样本量较大时研究者常得到显著的卡方检验结果。因此在实践中主要参考后两个统计参数评估模型拟合优度（王孟成，2014）。

3. 公共政策分析

利用公共政策分析方法对农民工相关政策的演变和现状进行分析，建立基于社会融合的农民工心理健康促进框架，以此为指导结合研究发现给出若干条促进农民工社会融合和心理健康的政策建议。

第五节　章节安排

如图 1 - 2 所示，本书内容包括十一章，其中第二章至第十章为本书的核心内容。第三章和第四章共同构成理论研究，第六章是现状研

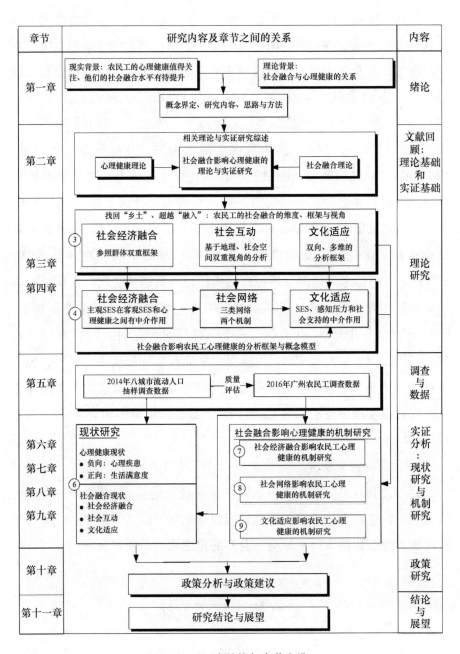

图 1-2 研究结构与章节安排

究，机制研究包括第七章至第九章，第十章是政策研究。

第一章　绪论。首先介绍本书的现实背景和理论背景，给出相关概念的定义，继而介绍研究内容、研究思路、数据与方法，随后介绍本书的章节安排。

第二章　文献回顾。对与本研究相关的国内外主要研究成果进行评述。主要内容包括对国际移民和国内农民工的心理健康的研究、对国际移民和国内农民工的社会融合的研究以及对社会融合各维度影响农民工心理健康相关研究的回顾。最后对本书的研究空间进行总结。

第三章　找回"乡土"、超越"融入"：农民工社会融合的维度与分析框架。本章确定本书将主要关注的农民工社会融合的维度基于现有理论基础构建社会融合各维度的分析框架和研究视角。

第四章　社会融合影响农民工心理健康的分析框架与概念模型。总结一般人群的心理健康分析框架，在考虑影响农民工心理健康影响因素的特殊性之后，建构社会融合影响农民工心理健康的分析框架；并据此结合社会经济融合、社会网络和文化适应影响农民工心理健康的机制分析建立了三个维度影响农民工心理健康的概念模型。

第五章　调查与数据。本章首先对西安交通大学、陕西师范大学和中山大学于 2015 年 12 月至 2016 年 3 月联合开展的广州市农民工调查数据进行介绍，然后对全国八城市调查数据进行介绍，并通过两套数据的对比，对广州调查数据的质量进行评估。

第六章　农民工心理健康和社会融合的现状分析。由于国家八城市调查数据具有代表性强、样本量大等优势，因此利用国家八城市调查数据分析农民工心理健康状况。由于国家八城市调查数据并未收集符合本书研究设计的社会融合数据，因此利用广州调查数据从社会经济融合、社会互动和文化适应三维度对农民工社会融合的现状和模式进行分析。

第七章　社会经济融合影响农民工心理健康的机制研究。本研究分析社会经济地位对农民工心理健康的影响作用以及主观社会经济地位在客观社会经济地位和心理健康之间的中介作用。

　　第八章　社会支持还是社会比较？社会网络影响农民工心理健康的机制研究。本章主要探究地理—社会空间双重视角下非本地关系、本地非市民关系和本地市民关系影响农民工心理健康的机制和路径。

　　第九章　文化适应影响农民工心理健康的机制研究。本章分析文化适应类型影响农民工心理健康的路径和机制。

　　第十章　政策分析与政策建议。总结、梳理人口流动政策的演变过程，结合研究发现提出一些促进农民工社会融合和心理健康的政策建议。

　　第十一章　结论与展望。总结主要结论及政策建议，讨论未来的研究方向。

第二章

文献回顾

文献回顾包括四部分内容。第一部分对国际移民和国内农民工的心理健康研究进行回顾；第二部分对国际移民和国内农民工的社会融合研究进行回顾；第三部分对社会融合各维度影响农民工心理健康的相关研究进行回顾；第四部分，对本书的研究空间进行总结。

第一节　国际移民和农民工的心理健康研究

一　国际移民的心理健康

1. "健康移民"（Healthy Immigrants）效应

众多研究提出移民迁移过程存在着"健康移民"效应。在最初国际移民身体健康研究中，学者们认为移民最初应该是一个自我选择的过程，身体健康的个体更有可能选择迁移（Jasso et al.，2004；Palloni，Arias，2004）。迁入新环境后面临的工作、文化适应等诸多压力，则会使移民的身体健康状况下降，于是生病的移民可能会返回他们的家乡，学术界通常将后者称为"三文鱼"效应。而在国内乡—城流动人口的身体健康研究中，学者们也普遍同意中国的流动人口身体健康存在着"健康移民"效应和"三文鱼"效应（Lu，Qin，2014；齐亚强等，2012；周小刚、陆铭，2016）。身体年轻的、健康的农民更有可能选择离开农村外出务工，且在最初外出务工的人员的身体状态通常也优于城市本地工作人员。而当出现严重的健康问题时，他们也通常会返回农村，这就导致留下来的流动人口一直会是一个比较健康的群体。

"健康移民"效应延伸到移民的心理健康研究，看法却并不统一。有学者通过研究证实了"健康移民"效应（Lou，Beaujot，2005；Lu，2008），但可能只存在于特定人群（Bergeron et al.，2009）。也有学者认为"健康移民"效应具有误导性，并非移民的心理健康状况一定较好，学者们在进行移民心理健康的研究时忽略了更加细微深入的解释（Islam，2013）。还有学者认为健康移民的现象存在于乡—城流动人口的身体健康，却不一定存在于心理健康，由于压力的存在，流动人口的心理健康状态是低于城市居民的（Chen，2011）。在我国情景下，我国乡城人口流动属于典型的自愿自发的经济驱动型迁移，通常认为，它对流动人口的身心状态和素质能力都会进行一个积极的自筛选过程。目前除了运用"健康移民"效应解释乡—城流动人口比城市本地人享有更好心理健康状态现象，也有学者运用移民心理健康成就假说进行解释（Wen et al.，2010）。多数流动人口将他们的生活环境与村民的生活情况进行比较时享有相对优势。所以强调与本地人相比心理健康时，其较低的期望自然也带来较低水平的压力（Kuo，1976）。综合来看，城市社会为乡—城流动人口提供了更好更多的就业机会和发展环境，流动本身改善了乡—城流动人口的经济状况，对乡—城流动人口的心理健康也产生潜在的保护作用（Li et al.，2007）。但乡—城流动人口进城务工会失去原有的社会网络，面临较大的工作强度、不稳定的就业状态和糟糕的居住环境，甚至受到歧视等都会对乡—城流动人口的心理健康造成影响（Cheung，2014）。而心理健康状态良好的乡—城流动人口更有可能永久留在城市，心理健康不好的则会返回原籍，因为原本的社会网络可能会减少他们的精神压力（Xie et al.，2017）。

2. "移民压力"理论

关于迁移过程的研究，已有文献发现迁移会带来多种变化，可能包括生理变化、社会变化和文化变化，移民或者农民工也需要面对社会生活、经济活动、角色定位和社会关系、文化（包括价值观、行为和认同）等领域发生的变化（Bar – Yosef，1968；Shuval，2001；何雪松等，2010）。这些变化会增加移民或者农民工的精神压力，是否适应这些变化，对人的心理健康状况有重要影响（Cheung，2014；刘玉兰，2011）。另外，迁移也是一个充满压力的过程。一般来说，移民主要经历四种迁移压力：日常生活压力、失去原有资源、文化差异和期望落差（He，Wong，2013）。与跨国移民相比，乡—城流动人口虽然属于国内迁移，但在我国城乡发展不平衡和区域发展不平衡的社会背景下，乡—城流动人口同样面临着巨大的迁移压力。而乡—城流动人口在迁移过程中面临的适应压力与挑战会对其心理健康产生较大的消极影响（胡荣、陈斯诗，2012；邱培媛等，2010）。

二 农民工的心理健康

目前国内外学者对心理健康的测量并没有统一的量表和参照对象，而鉴于"健康移民"和"移民压力"双重效应的存在，学术界对农民工的心理健康现状研究亦持两种观点。

1. 农民工的心理健康状况较差

在众多与全国平均心理健康水平作对比的研究中，众多学者使用精神症状自评量表（The Symptoms Check List – 90，SCL – 90），从躯体化、强迫症状、人际关系敏感、抑郁、焦虑、敌对等症状对农民工的心理健康状况进行评价，大多研究结果表明农民工心理健康问题突出，国内众多地区（重庆、江浙、河南以及黑龙江齐齐哈尔等）农民工的心理健康总水平低于国内一般人群（胡荣、陈斯诗，2012；胡荣华、葛明贵，2008；蒋善等，2007；李彬、纪伟，2016；钱胜等，2008；闫凤武，

2011）。廖传景（2010）综合运用症状自评量表和社交回避及苦恼量表（SADS），对温州市青年农民工调查发现，其心理健康水平显著低于全国。另外，宫黎明（2017）采用一般健康问卷（The General Health Questionnaire，GHQ）询问安徽省巢湖市新生代农民工的心理体验，发现27%的新生代农民工存在心理问题，且高于全国人均水平。另外也有学者独立观测农民工的心理健康状态。使用凯斯勒量表（Kessler 10，K10），何江江等（2008）通过对威海市农民工调查发现，19%的农民工存在心理困扰，其心理健康状态处于较差状况。崔明等（2014）综合运用凯斯勒量表和抑郁自评量表（Self-rating Depression Scale，SDS）对沈阳市建筑业农民工的心理健康状况进行评价，结果发现25.6%的农民工存在心理困扰或抑郁的情况，心理健康状况不佳。也有学者单独使用抑郁自评量表进行农民工心理健康状况调查，郭星华、才凤伟（2012）运用此量表对967名北京和珠三角地区的新生代农民工调查发现，40%以上的农民工或多或少地存在抑郁问题，其中20.7%已达到中度以上抑郁程度。除此之外，也有部分学者运用贺普金斯症状校核表（Hopkins Symptoms Check List，HSCL）进行农民工心理健康状况研究，聂伟、风笑天（2013）采用此校核表对珠三角地区的3086名农民工进行调查发现，农民工存在的精神困扰问题较多，状况总体不佳。众多农民工精神状况不佳的研究结果，可能是"健康移民"效应随着移民在城市生活时间的积累而慢慢削弱了，也可能从侧面证明了我国农民工生活存在着巨大精神压力。

2. 农民工的心理健康水平并不差

然而，也有一些研究表明农民工的心理健康水平并不差。Li等（2007）通过SF-36精神健康量表调查浙江省杭州市乡—城流动人口、本地市民以及浙江省西部地区农村居民的心理健康状况，发现乡—城流动人口心理健康水平并不是最差的，在控制了其他变量之后，乡—城流动人口的心理健康水平略好于本地市民。Jin等（2012）通过凯斯勒量表对比上海市民和乡—城流动人口心理健康状况，发现两者之间不存在显著差异。程菲等（2017）通过运用凯斯勒心理疾患量表和生活满意度量表分析了八城市农民工的心理健康状况，发现其心理疾患水平和生活满意度均显著偏低，表明农民工的消极心理状态并不差。黄四林等（2015）采用 SCL－90 量表，运用横断历史研究方法，发现自 1995 年至 2011 年来，我国农民工心理健康的总体水平在逐步提升。本研究认为形成这种现象有两个原因，一是农民工原有族群身份认同和文化（包括健康生活方式和紧密家庭联系）对其心理健康起到保护作用，二是农民工进行社会比较时更多是以迁出地的社会网为参照群体，有利于提高相对社会地位的主观认知与评价，进而促进其心理健康水平（Jin et al.，2012）。农民工虽然处在城市边缘社会空间，但其所获取的资源与农村社会空间相比较为丰富，因此其行动内在期望得到满足，抵消了城市社会制度对农民工日常实践的负面作用，提高了心理状态的健康程度（刘东，2008）。

第二节　国际移民和农民工的社会融合研究

一　国际移民的社会融合

1. 理论流派

社会融合是研究移民在迁入地社会的生存发展状态的一个最常使用的学术概念。在英文研究中，Assimilation①、Integration、Incorporation、Acculturation、Accommodation 和 Adaptation 等概念的内涵和外延虽然有所差别，但有时确是可以相互替代使用的。不过，新近的文献中，"Assimilation" 逐渐成为研究移民社会融合最常用的术语（Alba，Nee，

---

① 有研究将其译为"同化"或"融入"。

1997；Massey，Mullan，1984；Neidert，Farley，1985；Portes，Zhou，1993）。根据价值取向对国际移民社会融合的定义进行分类，大概有三类："同化论"（Assimilation）、"多元论"（Pluralism）和价值无涉取向的中立派。在社会融合研究中，同化论和多元论是两种相互对立的理论。而晚近一些学者倾向于在社会融合概念逐渐剔除传统概念中的"种族优越感""主流文化优越感"，避免涉及"同化"或"多元化"的价值争论，采用开放性、包容性和中立性更好的概念。

（1）同化论

关于同化论的定义，Park 及其同事的论述最具代表性。Park 和 Burgess（1969）将社会融合定义为移民群体和迁入地的原有群体互相渗透和融合，通过社会融合一个群体逐渐形成对其他群体的记忆、情感和态度，通过共享经历和历史，最终各群体融会到共享的文化之中。Park 和 Burgess（1969）认为通过社会融合，具有少数族裔和文化背景的居民最终共同生活于美国社会，文化整合到一定的水平足够维持国家的存在。总之，以 Park 为代表的社会融合研究的前辈学者们往往将迁入地社会的主流文化作为衡量社会融合的标准。Gordon（1964）曾明确美国移民文化融合方向和终点就是人口构成上具有优势的、以白人新教徒、盎格鲁－撒克逊人为代表的中产阶层的文化模式，获得早期研究者的普遍认可。同化论基本认同，随着在美居住时间和移民代次的增加，移民或移民后裔必将逐渐摆脱居住隔离、实现向上社会流动，即使是那些具有不利社会背景的移民群体最终也都会丢掉旧有的文化特征完全融入美国主流社会。一些文献中也将同化的观点表述为"直线融合"（Straight－Line Assimilation）（Gans，1973；Warner，Srole，1945）。持有"同化论"观点的概念基本有两点共识：一是同化是美国国际移民社会融合的最终落脚点，几乎不可避免；二是融合概念具有主流文化优先、民族优越感的特征，认为社会的主流文化即是移民融合的目标和标准（悦中山等，2012）。

（2）多元论

1960年代以后，美国新移民（即大批非欧洲裔的移民迁入美国）的融合现象和路径对同化论的传统融合理论形成挑战，不同种族和不同文化群体移民的涌入，使得美国社会构成日趋多元化，学界、政府和民众开始批评以主流文化为标准的传统的融合概念。况且主流社会的构成也是动态变化的，作为移民社会，美国种族构成的复杂性和多样性逐渐增加，各移民群体的融合现实迥异，移民和种族融合最终导致美国主流社会的人口结构也在发生变化。这便是多元论的概念应运而生的历史背景。这种理论视角下研究一般认为社会融合是不同社会群体相互作用、相互适应，内化于不同群体的各种文化和价值观相互调和，即融合并不牺牲文化多样性，最终各类社会群体都享有平等的地位和权利。相应地，"直线融合"逐渐失去了对社会融合的解释地位。取而代之的是"区隔融合"（Segmented Assimilation）。Portes和Zhou（1993）以及Zhou（1997）基于移民在文化方面和经济方面的融合差异，解释了当代移民社会融合的融合现状，即有些移民群体通过社会流动实现了传统意义上的"同化"，而另外有些移民群体或种族却发生阶层固化，陷入了社会底层。依据区隔融合理论，移民的社会融合会有三种结局：第一，移民实现文化适应和经济融入最终同化于主流社会；第二，移民在文化适应和经济融合方面遭遇挫折或者主动拒绝融入主流社会，最终成为具有贫困的"亚文化"群体；第三，有选择性地进行融合，比如有一些亚裔移民群体，在经济融合方面积极努力、重视教育最终迈入中产，但在文化上坚持保留自己族裔原有的行为、价值观和身份认同，成为美国社会迈入中产的"亚文化"群体。

（3）中立派

同化论和多元论的争论甚嚣尘上，一时难有定论。有鉴于此，一些学者根据美国国际移民研究的现实和理论挑战，试着对融合概念进行了一定的修补和调整，他们把社会融合（主要针对美国当代的国际移民）

定义为移民群体或移民种族和原有种族群体之间差异的削减，以及由种族差异引致的文化层面和社会层面的差异的削减（Alba，Nee，2005）。这个概念比较中立且对社会融合的本质性内涵有一定把握，差异的削减可能发生在任何一个种族或者移民群体内，不一定是移民群体参照主流社会去改变自己，尽管对当代绝大多数的移民群体来讲已成事实。深入解读该概念可以发现，主流文化在移民的融合过程中同样可能发生变化，主流文化的承载群体也是动态变化的，主流社会将逐渐囊括已经完成融合的少数族裔或种族，去除了"种族优越感""主流文化优先"的"同化论"论调。可以说，这是美国社会学家根据美国当代移民研究的实际对社会融合进行调整性定义的最新贡献。

2. 融合维度

移民的社会融合是一个多维度的现象，在这一点上研究者们已经形成共识。但就社会融合具体包括哪些维度，学者们提供了多种分类体系，这些体系之间有重叠、有借鉴，但也存在一定的差异。总体来讲，国际移民文献对社会融合的维度辨识比较全面且丰富（悦中山等，2012b），是本书理解中国农民工社会融合的主要借鉴。

Gordon（1964）较早地对社会融合划分，包括文化、结构、婚姻、认同、态度、行为和公共事务等方面。这一划分标准是社会融合研究维度划分的最重要的参考基准，但其分类标准和依据我们不得而知。而后来的研究逐渐发现，一些今天看来非常重要的社会融合维度（如社会经济融合、居住或空间融合）被其忽视了，或者说 Gordon 未能在其理论体系中加以强调和凸显（Alba，Nee，1997）。

尽管国际移民研究关于社会融合的论述流派众多、维度纷呈，但当借鉴已有国际移民文献来研究国内流动人口（尤其是农民工群体）的社会融合时，仅有几个重要维度需要在此进行回顾。这是因为国内的流动人口工作和生活在一个比较同质的民族国家之内，不像国际移民，国内流动人口的社会融合几乎没有肤色障碍、种族障碍、宗教信仰障碍，在语言方面所遭遇的方言之间的沟通障碍远比国际移民来得小（Liang，2016；杨菊华，2009，2015；悦中山等，2012a，2012b，2012c）。因此本书将仅从社会经济融合、居住融合、结构融合、文化适应等几个与农民工社会融合直接相关的维度梳理国际移民社会融合文献所涉及的理论研究和实证成果。

（1）社会经济融合

在当代社会，无论是研究国际移民还是国内流动人口，社会经济融合都是最受关注、研究众多的一个融合维度。社会经济融合包括以职业为基础的阶层流动和经济融合（Alba，Nee，1997）。社会经济融合指移民能够获得不低于主流社会阶层的平均水平的社会经济地位（Alba，Nee，1997）。社会经济融合的测量主要通过社会经济地位的相关指标来实现。具体地，这些指标又可被分为客观社会经济地位指标（如被学者们普遍采用的教育、收入和职业阶层）（Hirschman，2001；Myers et al.，2009；Neidert，Farley，1985）和主观社会经济地位指标（如感知社会地位或自评社会地位）（Feng et al.，2015；Singh - Manoux et al.，2005）。

（2）居住融合

居住融合（Spatial Assimilation/Residential Assimilation）在美国社会是社会融合研究的另一个重要维度。这是因为美国不同种族人口的居住隔离现象一直长期存在。Massey 和 Denton（1987；1993）的研究比较系统，其理论和方法已经成为国际移民居住融合或居住隔离的重要标准。移民群体完成文化适应并在职场上立住脚后，便逐渐希望将自己阶层的向上流动和经济能力的提升转化为居住社区的改善。居住融合使得少数族裔居住散布化，居住于同一社区，有利于少数族裔和其他种族的成员进行接触和交流。总之，是否能够入住以白人为主的郊区社区已经成为美国衡量一个移民群体社会融合状态的重要考察层面。

（3）结构融合

良性社会互动是"结构融合"（Structural Assimilation）的应有之义。移民若完成结构融合，则会在各种社会经济活动中与迁入地社会的居民、俱乐部和机构存在常态互动。移民群体与迁入社会居民和机构的良性互动意味着群体间的固有偏见、污名和歧视不断减少（如果不能消失的话）。移民的社会网络是移民与迁入地进行社会互动的重要组成部分，因此移民社会网络（Migrant Network）是研究移民社会融合的重要视角、是衡量移民社会融合的一把尺子。

（4）文化适应

在已有的国际移民研究中，文化适应起初被视为一个单维度和单向的过程，而当代的研究者多认为文化适应是多维度的双向过程（Schwartz et al.，2010）。

文化适应源自文化群体之间的文化差异，这一概念最初被人类学用来分析拥有不同文化背景的人群在相互接触之后可能会在社会行为、习俗、规范和社会信仰体系等方面的改变。经过学者的不断努力，文化适应逐渐有了较为清晰的定义。人类学家 Redfield 等（1936）结合前人研究，将文化适应界定为"两个具有不同文化的群体经过或持续或间接的文化接触后，导致一方或双方原有文化模式发生变化的现象"。这一定义的进步在于，文化适应并非简单的一个群体融入另一个群体的文化，而是不同文化群体之间的相互融合。而这一点，涉及学术界关于文化适应的方向性的讨论。

早期的文献往往认为文化适应是单向的，在这一时期，"同化"和"融入"是文化适应理论的关键词。早期的文化适应研究大多假设弱势群体的文化或逐渐让位于强势群体的文化，文化适应被认为是移民丢弃自己原有的文化特征逐渐习得迁入地社会的主流文化特征的线性的单向过程，认为个体在迁入地社会的文化适应是逐渐（主动或被动）抛弃自己的迁出地社会的原有文化，积极习得迁入地社会的主流文化，最后个体的文化价值体系完全被迁入地主流文化替代，即意味着这些社会行动者终将全盘接受迁入地文化（Gordon，1964）。文化适应的单向性意味着移民对迁出地的文化保持和对迁入地的文化适应之间是矛盾的，两者之间是此消彼长、你强我弱的关系（Gordon，1964）。移民在迁入地的文化适应越好，他/她越不可能再保留或维持自己的家乡文化。这类研究仅仅重视迁入地主流文化对移民文化适应的单向影响，却排斥迁出地文化可能会给迁入地文化注入新的文化元素的可能，同时也否认移民具有一定的个人能动性和文化选择的自主性。随着时间的推移，单向文化适应模型受到学界的质疑、面临挑战。

1980年代以后发展起来的双向模型认为，移民对家乡文化的保持和对迁入地文化的习得两者之间是独立的，并不相互影响，即习得迁入国或迁入地的文化与丢弃自己的迁出国或迁出地的文化没有相关关系。被学界广为接受的是加拿大心理学家Berry（1992；1997；2005）提出的"文化适应双向模型"。在他的理论中，文化适应过程包括文化保持和文化接受两个独立的维度，文化保持维度指的是迁移者保持其对母文化认同的水平，文化接受维度指的是移民与迁入地社会成员互动交流的水平。移民在这两个维度上的水平不存在强的负相关关系，两个维度互不影响，即习得新的文化并不意味着就不再维持自身原有的母文化或旧文化。依据移民在两个维度上水平的高低，可以确定4种文化适应类型：融合型、分离型、同化型与边缘型。若移民在原有文化保持和新的文化接收的维度具有较高水平，属于融合型；若移民在流入地的文化接收水平高，但文化保留水平低，属于同化型；若移民在流入地的文化接收水平低，但文化保留水平高，属于分离型；当两个维度水平都低时，是边缘型，在现实中会较少发生。文化适应模型由单向向双向的转变，已在学术界移民文化适应研究中达成基本共识，双向模型有助于我们更加接近现实地去理解移民的文化适应模型，解释力很高，适用范围很广，目前被学术界广泛使用。

　　文化适应本身也是一个多维度概念，至少包括行为、价值观和身份认同等三方面的变化（Schwartz et al., 2010）。在文化适应研究中最早受到关注的是由于文化适应导致的行为变化。大量的研究主要通过语言使用以及其他一些实践行为来评估移民的行为变化（Schwartz et al., 2010）。然而，仅考虑移民文化适应的行为层面会让我们对文化适应的认识是不全面的甚至是有误导的，不能让我们对文化适应的全貌进行整体把握。根据研究，文化适应包括行为方式、价值观和认同等方面的变化（Schwartz et al., 2010）。这三个维度在理论上相互关联但又不可相互替代（Schwartz et al., 2010）。文化适应的多维度性有助于我们对文化适应进行更接近现实、更全面的理解。行为变化可能会发生在语言使用、饮食、生活习惯和传统等方面。对于国际移民，因为文化适应，价值观变化会发生在信仰层面，比如东方移民可能会逐渐开始认同个人主义而逐渐淡化自己原有文化体系中对集体主义和家庭主义的看法等。身份认同变化可能发生在移民对自己的原有文化的认同［在国际移民文献中，经常指的是种族认同（Ethnic Identity）］和迁入地文化认同（如美国身份）所持有的态度、情感等方面。

　　特别需要强调的是，身份认同最早一度被单独作为一个融合维度研究，在一些文献中并未被纳入文化适应。比如 Gordon（1964）最早提出的认同性融合（Identificational Assimilation）就是指移民逐渐放弃自己原有的迁出地社会的身份，渐渐地认同自己迁入地社会成员身份的过程。种族认同一度被区分为"历史认同"（Historical Identification）和"参与认同"（Participational Identity）（Gordon, 1964）。传统的研究往往认为"种族认同"和"迁入国认同"（National Identity）是相互对立的。种族认同指的移民对自己作为某一族群的成员身份的自我认同（Liebkind, 1992, 2001；Phinney, 1990），往往到青春期结束后，个体便形成了既定的种族认同（Phinney, 1989），但对移民而言，由于迁移的发生，使得这一群体可能会卷入"迁入国认同"的过程。研究者往往通过对移民所使用的一些标签对"迁入国认同"进行关注。比如对美国移民，往往用是否承认"美国人"这一说法来衡量美国移民的"迁入国认同"（Rumbaut，1994；Waters，1990）。一些研究证明，身份认同也存在着双向性（Phinney，1990）。类似 Berry 的文化适应模型，在身份认同双向模型中，同样存在"融合型"、"融入型"、"分离型"和"边缘型"四种类型（Phinney et al.，2001）。在既有的研究中，双向模型往往获得实证分析的支持（Phinney，Devich - Navarro，1997），但"融合型"并不一定是国际移民在身份认同中的主要类型。移民身份认同具有复杂性和不确定性，受到移民个体特征、迁出地文化、迁入地文化和迁入地社会的接纳、包容态度等很多因素的影响（Phinney et al.，2001）。近期的一些研究已经开始将身份认同看作文化适应的一个有机的构成维度（Schwartz et al.，2010）。身份认同自身的双向性恰恰契合了文化适应的双向性，这为将身份认同作为一个子维度纳入文化适应这一整体理论框架提供了理论基础和实证依据。不过，这并不妨碍一些只关注身份认同的研究者继续单独研究移民的身份认同及其对迁移社会经济后果的影响。

文化适应的分析方法。被学界广为采纳的双向文化适应的分析方法是由 Berry（1997）提出来的，为了获得移民的四种文化适应类型，他建议分别测量移民对迁出地文化和迁入地文化的态度：第一，测量移民对保持自己的原有文化所持的态度；第二，测量移民对与迁入地社会的居民发生社会联系并参与迁入地的社会活动所持的态度。在计算移民在两个文化所持的态度的得分后，通过确立一些分界点（如中位数、均值或者量表的中间点）可以把移民在两个方向上的得分划分为"高"与"低"或"愿意"与"不愿意"，据此即可获得四种文化适应类型。这种利用预先设定的分界点的方法（尤其是均值和中位数的方法）一定会使得被研究对象比较均匀地被分为四种类型。本质上，这种方法提前预设四种类型一定都会存在且均有效（Rudmin，2003）。然而，越来越多的研究开始发现移民的文化适应模式在不同的移民群体中存在很大差异，这种差异与移民曾经生活的迁出地和现在居住的迁入地的社会经济背景均有密切关系。即使目前同样生活在美国的纽约，可能由于移民来源国不同、宗教信仰不同，最终导致不同群体的文化适应状态很不一样。这就意味着，Berry 理论中所确立的四种文化适应类型中，有一种甚至多种类型现实中不一定真实存在。尤其是对边缘化群体，既不保持自己的原有文化，又不愿意融入迁入地文化的移民，在现实中很难找到该类存在的证据。因此，边缘化类型可能根本就不存在。Berry 的双向文化模型的有效性至少受到来自三个方面的批评。

第一，Rudmin（2003）针对 Berry 模型的建构有效性提出了一些严重的问题。他的研究显示两种文化接触后逻辑上会有 16 种文化适应类型，而不是仅有 4 种。第二，如前所述，把"边缘型"作为文化适应的一种类型，遭受了很多质疑。实践中，移民不太可能发展出一种同时拒斥家乡文化和迁入地文化的文化适应状态。最近的一些实证研究采用比较严格的分析方法［如聚类分析（Cluster Analysis）和潜类分析（Latent Class Analysis，LCA）方法］，对移民的文化适应类型进行分类，结果发现属于"边缘型"的移民的规模非常小甚至根本不存在（Fox et al.，2013；Schwartz，Zamboanga，2008）。第三，四种类型中的某些类型可能会有子群体或者甚至有某几个群体的一个组合（Schwartz，Zamboanga，2008）。

为了规避这些批评和争议，过去那种假设四种文化适应类型均存在且都有效的方法已经被研究者们抛弃了。新的分析方法（如聚类分析和潜类分析方法），并不提前预设任何一种类型的文化适应一定存在，这种方法被广为推荐并得到应用（Fox et al.，2013；Rudmin，2003；Schwartz，Zamboanga，2008）。传统上，研究者们基于一系列的观察变量，使用聚类方法将相对同质的移民归入一个类别，彼此间存在较大差异的群体归为不同的类别。然而，因为没有客观的统计参数和检验指标供参考，所以聚类方法在确定最优的类别数量时往往依靠研究者自己的判断和偏好，这是聚类方法的致命缺点，因此受到广泛批评（Schwartz，Zamboanga，2008）。

潜类分析基于模型，使用一系列可观察的类别变量把个体或者案例划归为不同的组别（Muthén，2001）。潜类分析对类别的划分是基于模型运行后所获得的类别成员概率（Membership Probabilities）进行的，而不是像聚类分析基于差异性测量（如欧几里得距离）获得的。通过对模型指标的判别决定个体或者案例分类数量，因此，潜类分析被认为更加客观，优于传统聚类分析方法而在移民文化适应分析中被广为采纳（Distefano，Kamphaus，2006）。

二　农民工的社会融合

进入 21 世纪以来，在参考、借鉴欧美移民社会融合理论和实证研究的基础上，学者们对农民工进行研究的重点逐渐从流向、规模等传统人口统计学的分析转到研究农民工的"市民化"、城市适应等与社会融合相关的议题上来（陈晶，2017；陈映芳，2005；褚清华、杨云彦，2014；郭星华、李飞，2009；刘传江，2010；刘传江、程建林，2008；马西恒、童星，2008；王桂新等，2010；王桂新等，2008；王小章，2009；杨菊华，2015，2017；杨菊华、贺丹，2017；叶鹏飞，2015；悦中山，2011；悦中山等，2012a，2012b；张文宏、雷开春，2008；朱力，2002）。

1. 社会融合的定义

虽然国内文献对农民工社会融合的研究已经很多，但是对社会融合进行定义的文献比较有限。任远和邬民乐（2006）给出了社会融合的一般性定义，并非专门针对国内流动人口或者农民工群体给出，他们认为社会融合是不同的个体、群体之间相互配合和适应的过程。马西恒和童星（2008）认为社会融合是指农民工（在原文中被指称为"新移民")在工作、生活、行为和价值观念等各个方面融入城市社会、逐渐向城市市民转变的过程。农民工的社会融合过程可以根据农民工与城市市民在相关指标上的趋同程度来衡量。这一定义恰好与国际移民社会融合研究的双向模型相呼应，认识到农民工在社会融合过程中并非只能被动适应，而城市市民也不一定就完全处于主动的地位。农民工群体具有一定的主动性，是社会融合的参与主体，农民工和城市居民的共同变化决定着农民工的社会融合状态（马西恒、童星，2008）。他们的定义已经明确指出城市居民在研究农民工社会融合中具有参照作用，认识到农民工的社会融合涉及城市原有居民和新流入的农民工群体之间的互动（悦中山等，2012b）。

之后，"市民化"概念被发明并被广泛应用，"市民化"认为农民工的社会融合是他们在各个方面、多个领域向城市市民转变的过程（胡杰成，2009；刘传江、程建林，2008；王桂新等，2010；王桂新等，2008）。不难看出，与现有文献中的"社会融入"和"同化"等概念极为相似，"市民化"将城市社会中以原有的城市居民（即市民）为主构成的城市主流社会看作农民工群体与迁入地社会发生互动的目的地，但这仅是农民工社会融合的可能结果之一（悦中山等，2012b）。因此，"社会融合"比"社会融入""同化""市民化"在开放性、包容性和中立性上均有重要优势，所以本书使用这一术语。

2. 社会融合的维度

总结已有文献中对农民工社会融合维度所做的分类，按照时间顺序先后涉及城市适应、新二元关系、市民化、社会融入和社会融合等理论流派。

（1）城市适应

最早使用城市适应这一概念分析农民工社会融合的学者包括田凯和朱力。田凯（1995）认为农民工的城市适应包括经济层面（指职业阶层、收入水平和居住条件等）、社会层面（指休闲时间的使用、消费行为和社会交往方式等)、文化和心理层面(指归属感和价值观等)三个方面,并且认为三者之间互相联系、依次递进,文化和心理层面是城市适应的最高阶段。朱力(2002)则认为农民工的城市适应包括经济、社会和心理等三个层面,同样认为三者之间存在依次递进关系:经济适应是基础;社会层面的适应拓展了农民工适应城市的广度;心理层面的适应表明对城市社会的认同,表明农民工的社会融合达到了一定的深度。同样,心理层面的认同是高级阶段,是农民工最难以达到的阶段,需要付出巨大努力。

(2)新二元关系

马西恒和童星(2008)从农民工在城市生活与城市社区互动的角度,认为农民工的社会融合需要先后经历"二元社区"、"敦睦他者"和"同质认同"等三个阶段。"二元社区"指的是在早期阶段,由于农民工完全没有融入城市社区,与本地市民互动很少,从而导致两个群体没有社会互动的交集,因此彼此隔离,最终形成二元社区。由于农民工进城使得中国社会由原来的城乡"二元社会"进入"新二元社会",城市社会的"二元社区"正是"新二元社会"的体现。"敦睦他者"指两个群体之间的隔离状态有望被打破,群体之间逐渐尝试建立一种互相包容、互相理解、逐渐合作的正向互动关系。最后的"同质认同"阶段指"城乡隔离和区域封闭的相关制度被取消,新移民正式获得城市社会的居民权和居民身份"(马西恒、童星,2008)。"敦睦他者"处于中间,是过渡阶段也是决定农民工社会融合未来走向的最为重要的阶段(马西恒、童星,2008)。

(3)市民化

顾名思义,农民工的市民化基本上指农民工向城市市民的转变(王桂新等,2008)。在已有研究中,狭义的"市民化"定义指"城市农民工在身份上获得与城市居民相同的合法身份与社会权利的过程",而广义的"市民化"定义则还包括农民工在价值观、身份认同等主观因素以及农民工在工作和生活方式等方面的转变（王桂新等，2010）。具体地，农民工的市民化维度包括居住、工作、收入、社会关系以及心理归属和身份认同等（刘传江、程建林，2008；王桂新等，2008）。与市民化相呼应的一个用于研究农民工社会融合的概念是"半城市化"，学者用这一术语来概括当前农民工欠佳的融合状态，认为农民工的"半城市化"融合状态主要表现在非正规就业、居住边缘化、生活"孤岛化"和社会认同"内卷化"等方面（王春光，2006）。

（4）社会融入

广为引用的一篇文献是杨菊华（2009）的研究，她认为乡—城流动人口（即本书所研究的农民工）的社会融入包括文化、经济、身份和行为等四个维度。四个维度之间既相互交融、互相依赖，又存在一定的递进关系。与前述市民化和城市适应的理论相似，她同样认为身份认同是最高境界，一旦达成，就可以说明农民工的社会融入处于较高水平了（杨菊华，2009）。根据乡—城流动人口在文化、经济、身份和行为等四个维度上的融入程度，可以将社会融入结果总结为融入型、融合型、多元型、隔离型和选择型等不同的模式。在之后发表的文章中，杨菊华（2015）则把社会融入区分为经济整合、社会适应、文化习得和心理认同等四个维度，将此前的"行为适应"替换为"社会适应"，其他三个维度本质上并未发生变化。

（5）社会融合

有一批研究者在研究农民工与城市社会的互动时使用了社会融合这一术语（悦中山等，2012b；悦中山等，2011；周皓，2012）。周皓（2012）在梳理国际、国内相关理论和测量指标的基础上，考虑效度和简约两个原则，最终认为社会融合包括经济融合、文化适应、社会适应、结构融合和身份认同等五个维度。悦中山等（2011；2012a；2012b）在将农民工的社会融合与国际移民的社会融合的社会经济背景做了对比后，认为农民工是由传统农业社会流入现代工业社会工作和生活的一个特殊群体，认为"农民工社会融合是指农民工与城市市民之间差异的削减"。农民工的社会融合是他们通过努力实现向上的社会经济地位流动，完成从"农业人"到"工业人"、从"农村人"到"城市人"的转变过程。基于跨国移民和国内流动所经历的文化差异程度的不同，遵循全面性和简约性两个原则，认为农民工的社会融合包括文化融合、社会经济融合和心理融合（或身份认同）（悦中山等，2012b）。他们的研究明确提出文化适应和心理融合（或身份认同）具有双向性，实证分析结果也与 Berry（1997）和 Phinney（1990）在西方社会针对国际移民的研究发现相似，农民工在身份认同和文化融合方面均存在四种类型。陈宏胜等（2015）的研究将城市流动人口的社会融合划分为身份认同、生活方式、邻里交往和文化融合等四个维度。国家原卫生和计划生育委员会流动人口司组织建立的流动人口社会融合研究专家组也一直使用社会融合的概念，从"经济立足、社会接纳、文化交融和身份认同"四个方面来观察、分析和研究流动人口的社会融合状况（国家卫生和计划生育委员会流动人口司，2014）。可见，政府部门亦倾向于使用社会融合这一比较中立、中性且具有较强包容性的概念，认为社会融合至少包括经济、社会、文化和身份等几个重要维度。

另外有一些研究并未直接对社会融合的构成做深入探究，但这些聚焦社会融合某一议题的研究同样为丰富农民工社会融合的内涵和外延做了重要贡献。根据我们掌握的文献，周晓虹（1998）最早使用现代性的概念，认为流动经验与城市生活经历会促进农民工现代性的提升，有助于促进农民工从传统向现代转变。徐艳（2001）从教育和职业期望、个人效能感、守时、节育、大众传媒接触等多个层面探讨了农民工的现代性问题。无论根据 Gordon（1964）的分类标准还是套用新近的文化适应理论（Schwartz et al.，2010），对农民工而言，现代性的获取意味着农民工工作方式、生活习惯和价值观的改变，因此已有研究开始认为农民工的现代性研究属于农民工的"文化融合"或者"文化适应"的研究范畴（李强、李凌，2014；悦中山等，2012b）。

尽管国际文献已经将"身份认同"看成"文化适应"的构成维度之一，但国内的农民工研究往往都还将其视为一个单一维度，并未纳入文化适应的框架进行考量。"社会认同"或"身份认同"是研究农民工的社会融合或农民工子女的社会融合的重要构成部分之一（褚荣伟等，2014；丁百仁，2017；郭星华、李飞，2009；王毅杰、高燕等，2010；熊易寒，2009；杨菊华等，2016）。陈映芳（2005）直接指出，农民工已经成为中国社会农民和市民之外的第三种身份，这种身份的存在影响该群体的利益保障，通过制度改革赋予农民工群体市民权利是促进农民工社会融合的重要途径。伴随家庭迁移的普遍化，越来越多的流动人口开始带着子女一起进城，流动儿童的身份认同也逐渐成为农民工身份认同研究的热点和重点（王毅杰、高燕等，2010；熊易寒，2009）。目前为数不多的文献已经开始认识到农民工的身份认同具有一定的双向性。郭星华和李飞（2009）的研究较早地提供了农民工身份认同具有双向性（即作者所认为的二重性）的证据，他们发现许多农民工既对农村社会表示认同，也认同城市社会。后来李树茁和悦中山（2012）的研究则基于实证数据利用传统的中值二分法验证了农民工心理融合（即身份认同）的双向性。

总之，国内关于农民工的社会融合研究在充分借鉴和汲取国际移民（主要是欧美移民）社会融合研究的理论和分析方法的基础上，已经逐渐形成了一些本土化的理论流派和观点（杨菊华、贺丹，2017）。目前的研究已经基本在社会融合的多维性上达成共识。大多数文献认为农民工的社会经济融合基本意味着农民工在社会经济地位上的向上流动，因此具有单向性，基本不涉及方向性。这些文献对农民工的社会经济融合已有比较清楚的理解和把握（Wang et al.，2002；Wong et al.，2007；柯兰君、李汉林，2001）。但在文化适应和身份认同两个维度的分析中，绝大多数文献基本认为两者是单向的，仅有的几篇文献已经开始认识到无论是农民工的文化适应还是身份认同都具有双向性（李树茁、悦中山，2012；悦中山等，2012a，2012b）。在文化适应和身份认同上由单向向双向的转向将是近期农民工社会融合研究的重要关注点之一。

第三节　社会融合与移民/农民工心理健康的关系

鉴于本书将主要关注社会经济地位、社会互动/社会网络和文化适应对农民工心理健康的影响，因此将从以下三个方面分别梳理、评述现有文献对社会融合影响心理健康的研究。

一　社会经济地位与心理健康

1. 社会经济地位与健康

传统的健康概念主要指身体健康，是一个人生理功能正常发展的表现，其衡量的仅仅是个体生理方面所表现出的疾病和衰弱现象。世界卫生组织在 1948 年将健康定义为："健康是身体福祉、心理福祉和社会福祉的综合情况，不只是指未曾患有疾病的情况"（World Health Organization，2001）。这一定义将人们对健康的理解从生物医学角度扩展至包括心理学、社会学在内的多维角度，认为健康的两个主要组成部分是身体健康和心理健康。在随后的学术研究和政策制定中，人们都不再将身体健康作为测量健康的唯一指标，而是同时包括社会与心理指标。由此可见，在衡量人的健康状况时，心理健康已经成为一个重要方面，它对个人、社会乃至国家的整体福祉至关重要。根据世界卫生组织的定义，心理健康是一个人能够了解自己的才能，有效应对生活中的压力、高效完成各项工作以及积极对所在社区贡献力量的一种良好状态（World Health Organization，2001；Yuan，2011）。测量心理健康的指标众多，一般分为正向测量指标和负向测量指标两类，本研究分别选取正负两类中的一个子指标（即生活满意度和抑郁度）来测量心理健康。

健康不仅与个人和家庭幸福生活紧密相关，还是影响国家社会经济发展的核心要素。居民健康水平得到普遍提高是社会发展的主要标志之一。在任何一个社会，健康不平等的现象都普遍存在，这一现象在很大程度上与社会成员不同的社会经济地位联系在一起（齐良书、余秋梅，2008）。社会经济地位（Socioeconomic Status，SES）是一个多维度、综合性的概念，主要指个体在阶级社会中所处的位置，它对个人的心理状态和行为方式有影响，也决定着个人的资源获取能力（李建新、夏翠翠，2014）。关于健康与社会经济地位关系的实证研究表明，社会经济地位和健康之间的联系在不同国家表现出稳定的正向相关关系（Sakurai et al.，2010）。然而纵观学术界对二者之间因果关系讨论的文献，谁为因、谁为果是一个有争议的问题，争论的焦点主要围绕社会因果论（Social Causation）和健康选择论（Health Selection）这两种理论解释展开（Warren，2009）。社会因果论认为健康不平等源自人们在社会结构中的相对位置，处于上层社会结构的群体拥有更好的工作生活环境，也更容易获得全面有效的医疗卫生资源和服务，相比底层社会位置的群体更可能拥有健康优势；健康选择论的学者们持相反的观点，他们将其视为一种筛选机制，认为健康影响社会流动，即健康状况较好的人更容易向上流动，获得较高的社会经济地位（Bian，Logan，1996；王甫勤，2011）。已有研究对这两类理论解释的合理性均进行了验证。其中之一是通过时序数据分析了 SES 和健康状况之间的因果关系；其实证结果表明，一个人早期的健康状况对其今后的 SES 有影响，同时，早期的 SES 对个体今后的健康状况也有影响（齐良书、余秋梅，2008）。虽然比较一致的结论是二者之间互为因果，但 SES 对健康的影响一直都是研究者和政策制定者更关心的方面。针对当前中国国内人口流动来说，社会因果论比健康选择论的解释力更强（王甫勤，2011）。本研究也将从社会因果论的视角来探讨社会经济地位对农民工心理健康的影响机制。

社会经济地位被视为影响"健康不平等的根本性因素"，对健康的影响作用常被概括为"SES - 健康梯度效应"（郑莉、曾旭晖，2016）。SES 是衡量社会成员相较于其他个体在经济地位和社会地位两方面表现优劣的重要指标，其中收入（经济地位）、教育和职业（社会地位）这三个客观社会经济地位指标被认为是最常用的 SES 指标；SES - 健康梯度指无论用何种指标来测量社会经济地位，不同社会经济地位的人群之间存在明显的梯度效应，且处于较高社会经济地位的群体健康状况更好（Adler et al.，1994）。具体来说，收入是影响个体健康最持久的因素（王甫勤，2011）。高收入意味着更好的衣食、更舒适的生活居住条件和更完善的医疗保障服务，这些因素对个体的健康水平具有明显的促进作用。职业阶层体现了社会成员的地位、权利和社会声望，而地位和权利又与个体可获得的有效社会资源相关（王甫勤，2011）。职业阶层越高的人，获得有效社会资源的可能性越大，其健康水平也会越好。受教育年限和健康之间的关系存在不稳定性：大多数学者认为二者之间有显著的正相关关系，教育还可以通过影响个人收入和职业阶层间接影响个体健康（胡安宁，2014），但也有研究认为，人们受教育水平越高，越可能从事久坐不动的非体力劳动、承受更大的工作压力，部分地削弱教育和健康之间的正向关系（王甫勤，2011）。

除了探讨客观社会经济地位对健康的影响作用，学者们已经开始关注主观社会经济地位及其对健康的影响作用。主观社会经济地位是个体对自己在社会结构中所处位置的感知，是比绝对社会地位更宽泛的一个概念（Singh - Manoux et al.，2003）。因此，个体的主观社会经济地位既可能与客观社会地位一致，也可能不一致（Davis，1956）。国外大量实证研究已经证实，主观社会经济地位作为社会经济地位的重要补充维度，对健康有着独立且稳定的显著影响（Demakakos et al.，2008；

Hoebel et al.，2017）。除此之外，主观社会经济地位还在客观社会经济地位和健康之间存在中介作用。Demakakos 等（2008）的实证结果表明，主观社会经济地位在客观社会经济地位和不同健康指标之间存在完全或部分中介效应。Hoebel 等（2017）通过收入、教育和职业三方面衡量客观社会经济地位，发现整合后的客观社会经济地位通过主观社会经济地位影响抑郁水平的间接作用十分显著。

2. 社会经济地位与农民工的心理健康

有关国际移民的相关研究表明，心理健康是移民社会融合的重要后果，也是研究者们重点关注的问题之一（Bian，Logan，1996；Sakurai et al.，2010；胡安宁，2014）。迁移既可能给移民带来正向的心理福利，也可能带来负向的心理后果。在我国人口流动背景下，农民工作为迁入地的弱势群体，在教育、收入、职业等方面处于劣势地位，对本地社会资源的可及性和利用率较差（齐良书、余秋梅，2008），容易产生不同程度的心理问题。大多数国内研究仍以探讨收入、教育、职业等客观社会经济地位与我国农民工心理健康之间的关系为主（程菲等，2017；胡荣、陈斯诗，2012；李建新、夏翠翠，2014）。学者们因使用不同数据，采用不同客观社会经济地位指标，得出的社会经济地位对农民工心理健康的影响作用也不尽相同（程菲等，2017）。因此，对农民工客观社会经济地位和心理健康之间的关系仍需进一步验证和讨论。

与此同时，主观社会经济地位对心理健康的影响作用也逐渐受到国内学者的重视，将其视为影响心理健康的一个重要方面（袁玥等，2021）。Yuan（2011）首次将经济因素和社会因素放在同一个分析框架下，探讨主观社会经济地位与心理健康之间的关系；其研究发现，认为自己主观社会经济地位较高的群体因占据资源优势往往拥有更多的知识、技能、财富、权力、声望和社会网络，对其心理健康产生积极影响。胡荣和陈斯诗（2012）同时考虑绝对经济社会地位（月收入和受教育程度）和相对经济社会地位（和厦门市民比较）两方面对农民工精神健康的影响。其研究结果表明，低收入和低受教育水平不是影响农民工心理健康的负面因素，相反，对农民工心理健康产生显著影响的是相对社会经济地位产生的相对剥夺感（胡荣、陈斯诗，2012）。程菲等（2017）在农民工心理健康现状及其影响因素研究中，将主观经济地位操作化为10级梯形自评评分，分别以老家居民和本地市民为参照对象来测量主观经济地位。结果显示，不论是和老家居民比较产生的主观经济地位还是和本地居民比较产生的主观经济地位，二者和农民工心理健康之间均存在显著的相关关系（程菲等，2018）。然而，相比学者们对客观社会经济地位和农民工心理健康关系之间的研究，对主观社会经济地位影响农民工心理健康的研究明显不足。除此之外，国内关注主观社会经济地位在客观社会经济地位和心理健康之间中介作用的研究更少（程菲等，2017）。陈艳红等（2014）认为大学生的主观社会地位是与特定参照群体相比较而产生的主观认知，在客观经济地位和自尊之间起显著中介作用。若干关于国内流动人口的研究表明，主观社会经济地位是客观社会经济地位影响抑郁度的一个中介变量，但其中介效应在不同类型的流动人口群体中存在差异（Qiu et al.，2011；程菲等，2018）。

在探讨主观社会经济地位影响农民工心理健康及其中介作用时，还应该考虑不同测量指标有可能产生的不同影响作用。主观社会经济地位有若干测量指标，其中，国际国内相关研究在探讨主观社会经济地位对心理健康的影响作用时，使用最多的一个指标是主观社会地位感知（Feng et al.，2015）。Singh - Manoux 等（2005）认为，主观社会地位感知是个体对自己各方面社会经济地位指标的有效整合，更准确、更综合地反映个体的社会地位和经济状况，既包括对自我现在所处社会经济结构位置的认知，也包括对自己过去社会经济地位背景的评估和未来自我社会经济状况改善的期望，是比客观社会经济地位更好的一个测量维度。除了主观社会地位感知，Singh - Manoux 等（2005）还提出与相对社会地位概念相关的主观社会地位测量指标，这一指标反映个体与特定参照群体比较后的相对社会地位而非绝对社会地位。具体来说，当个体通过社会比较认为自己处于较高社会地位时，有助于维持个人良好的心理状态；相反，处于较低社会地位的个体认为自己对周围环境失去控制，出现较低的自尊感、消极情绪、身份焦虑等负面情绪，这些负面情绪会导致个体产生较大的心理压力，从而直接影响个体的心理健康状况。需要注意的是，Singh - Manoux 等（2005）进一步指出，主观社会地位感知和相对社会地位两方面的测量指标并非相互排斥，只是强调主观社会经济地位的不同方面。因此，有必要在同一个分析框架下探讨主观社会地位感知和相对社会地位这两个测量指标的不同影响作用。

二 社会互动对心理健康的影响：社会网络的视角

本书从社会网络的视角分析社会互动对农民工心理健康的影响。已有研究表明社会网络对身心健康有重要影响。这一结论在世界各地包括移民、老年人、城乡居民各群体中均得到了广泛验证和认可（Mendoza et al. , 2017；Song, 2015；Torres et al. , 2016；何雪松等，2010；贺寨平，2002；赵延东，2008）。社会网络影响健康的最常见的两个机制包括社会支持和社会比较。

1. 社会支持

现有大量的研究表明，社会网络会对人的身心健康有重要影响。这种影响背后的被大量关注且被实证研究反复验证的机制是社会支持（Berkman, 2000；Thoits, 2011）。社会支持指人们从社会其他成员那里获得的各种支持和帮助（王毅杰、童星，2004；张文宏、阮丹青，1999）。嵌入社会网络的各种物质性或有形资源（Tangible Resources）（如信息、金钱、物品、生活照料等）和非物质性或无形资源（Intangible Resources）（如关心、陪伴、友谊等）是社会支持的来源所在。学界一般将借由有形资源获得的社会支持称为工具性支持（比如为找工作、提薪和升职提供的帮助），将借由无形资源获得的社会支持称为情感性支持（比如为排解烦恼、心理疏导提供的帮助）（Thoits，2011）。Weiss（1974）认为除了工具性支持和情感性支持，还包括评价性支持（Appraisal Support）和信息支持（Informational Support）。前者指在决策、做事等方面就具体方法和路径等提供指导和意见、信息支持，后者指通过提供信息或建议为社会行动目标的达成或人的福祉的提升提供了帮助。广义地看，我们完全可以将 Weiss（1974）的信息支持划归到工具性支持之中；关于评价性支持，视具体支持内容而定，若支持是有形的则可将其划归工具性支持，若是无形的则可将其划归情感性支持。因此，社会网络提供情感性支持、工具性支持促进人的身心健康。

在一般人群和农民工群体中，社会支持对心理健康的影响普遍存在。现有的几篇研究一致认为社会支持与农民工心理健康之间存在正向关系，缺乏社会支持则有损心理健康，尽管不同社会支持类型对农民工心理健康的影响以及社会支持在不同农民工子群体中的作用存在一定的差异（Wong，Leung，2008a；Wong et al.，2008；何雪松等，2010；胡荣、陈斯诗，2012）。

2. 社会比较

社会比较是社会网络影响健康的另一重要机制，目前已经有研究陆续开始关注并应用到中国居民和流动人口的研究之中（例如 Jin et al.，2012；Song，2015）。但与社会支持相比，关注社会比较的研究仍偏少，尚未得到学者们足够的重视。

社会网络为社会成员评价自己的感知/主观社会经济地位（Perceived or Subjective Socioeconomic Status）提供了最直接的社会环境（Merton，Kitt，1950）。参照群体理论认为，社会网络构成个体社会比较的具体情境，个体会通过把自己的网络成员作为参照对象，通过与之比较获得自己的主观社会经济地位。人们可能不会因为绝对社会经济地位的低下而感受到绝对剥夺（因为信息缺乏，人往往没办法全面认知自己在整个社会中的客观社会经济地位），相反会因为自己的生活境况不如自己生活圈子中的他人而会产生强烈的相对剥夺感（Merton，Kitt，1950）。因此社会网络是社会比较发生的具体场域，影响着个人的感知社会经济地位。若一个人社会网络中有大量社会经济地位高于自己的网络成员，那么他/她自评的主观社会经济地位就会较低，产生相对剥夺感。若一个人社会网络中有大量社会经济地位低于自己的网络成员，那么他/她自评的主观社会经济地位则会较高，不容易产生相对剥夺感（Merton，Kitt，1950）。

已经有大量研究证明主观的社会经济地位对人的身心健康有重要影响。美国的相关研究证明，与自己周边的人相比，感知自己收入较少的个体身心健康较差（Singh - Manoux et al.，2005）。甚至有研究发现相对社会经济地位对健康的影响大于绝对社会经济地位对健康的影响（Gelatt，2013；胡荣、陈斯诗，2012）。Easterlin（1974）提出了众所周知的"收入—幸福之谜"现象，收入增长到一定程度时，国民的快乐和幸福感不再随之增长，也许在一个国家或者区域内部，收入高的阶层的幸福感高于收入低的阶层的幸福感，但当作跨国或者跨区域比较时，收入低的阶层和群体的幸福感几乎和收入高的阶层和群体的幸福感不存在显著差异。由此，Easterlin（1974）提出人们将周围人作为参照群体评估个人社会经济地位，比较得到的相对的主观社会经济地位对人的福利的影响比客观社会经济地位更重要。此外，有研究表明主观社会经济地位在客观社会经济地位和心理健康之间发挥着中介作用。

与非移民群体不同，移民群体社会比较的参照群体既可能是迁出地居民也可能是迁入地居民，这被称为移民的双重参照群体框架（A Dual Frame Of Reference）（Gelatt，2013）。同时移民参照群体的选择也会随时间发展变化。不同的迁移理论对移民参照哪一个群体评价自己的主观社会经济地位有不同的预期。Piore（1979）的分割劳动力市场理论（Segmented Labor Market Theory）认为，发达地区对廉价劳动力的需求使得劳动力从欠发达地区长距离迁徙至发达地区，尽管薪资水平在发达地区很低，相对于欠发达地区仍具有特别吸引力。这些移民（尤其是第一代）往往更认同自己的迁出地（国）身份，因此更多地将迁出地的家乡社区作为自己地位评估的参照基准。Stark（1991）的劳动力迁移的新经济学理论同样认为，迁移可以帮助家庭实现收入最大化或风险最小化，迁移者在短期内一定会以家乡的社会成员为参照群体评估自己社会经济地位，长期来看，尤其是移民开始出现永久定居迁入地的意愿后，其参照群体可能会变为迁入地社会的居民。中间存在过渡时期，在此期间，移民可能同时将迁出地和迁入地居民作为参照群体。而跨国主义迁移（Transnationalism）理论则认为，移民并不以迁出地和迁入地任何之一作为唯一居住地，而是频繁地往返于两地从事跨国的社会、经济和文化活动，因此适用移民的双重参照群体框架，其自评社会经济地位将同时以迁出地居民和迁入地居民为参照群体（Guarnizo，1997；Ver-tovec，2004）。

已有几篇论文分别针对国际移民和国内农民工的参照群体、自评社会地位和心理健康之间的关系做过研究。Gelatt（2013）利用美国数据发现拉丁美洲裔和亚裔移民同时将母国和美国的居民作为参照群体，结果支持跨国主义理论，而有悖于分割劳动力市场理论和劳动力迁移的新经济学理论的预期。同时发现，与美国主流社会和移民社区的居民相比，若移民拥有较高的自评社会经济地位则有助于降低他们的抑郁水平，以迁入地为参照群体的自评社会经济地位对心理健康的影响更重要（Gelatt，2013）。Wang（2017）对中国农民工的研究发现，农民工评价自己主观社会经济地位的标准比农村居民高、比城市居民低。可见外出流动导致农民工的参照群体发生变化，评价标准提高，并且流动时间越长，评价标准越高。Jin等（2012）发现拥有越多的非本地关系（主要为家乡关系），越有利于农民工高评自己的社会经济地位，进而有助于农民工心理福利的提升。

三 文化适应影响心理健康的研究

许多研究表明国际移民的文化适应与心理健康存在关联，文化适应过程中众多的挑战与改变，对移民的健康产生或好或坏的影响（Abraído–Lanza et al. , 2006; Koneru et al. , 2007）。但是，尽管现有的理论与经验研究事实均表明双向的文化适应优于单向，但许多研究文化适应与健康关系的研究依旧使用着单向模型。主要原因在于众多研究所依赖的大型流行病学调查中，涉及文化适应的变量仅关乎迁入社会文化，而忽略了原有文化。这些研究多表明越高的文化适应水平越有可能对健康带来不好的影响以及更低的生理健康与心理健康水平（抑郁与精神苦闷程度高），这就是所谓的"移民悖论"现象（Alegría et al. , 2008; Chen, 2011; Lin et al. , 2011）。

使用单向模型的局限是明显的，它并不能解释移民悖论现象的产生是由于对迁入社会文化的接收，还是对原有文化的减损抑或两者均有。基于这些研究发现的政策与实践也是相当混乱的，我们并不知道应该鼓励移民去保持原有文化，或是建议他们减少对于迁入社会文化的接纳。因此，多维与双向的方法备受推崇（Schwartz et al. , 2010; Schwartz, Zamboanga, 2008）。近来，部分研究使用小型、双向文化适应的方便样本发现，二元文化（Berry 的融合策略）容易带来更优的心理健康水平，如更高的自尊与更低的抑郁水平（Berry et al. , 2006a; Coatsworth et al. , 2005; David et al. , 2009; Fox et al. , 2013; Phinney et al. , 2001; Schachter et al. , 2012）。在农民工群体中，这种关联是否同样存在，现有研究依旧没有做出回答。仅有的一个研究使用双变量分析发现，融合型身份认同幸福感最高，这与现有的多数移民文化适应研究结果相一致（Gui et al. , 2012）。但是，他们并没有将行为与价值观纳入其文化适应框架，同时，为了在控制众多可能影响心理健康的因素后探讨文化适应与心理健康的净关联，采用多变量研究方法十分必要。

第四节　本章小结

本章依次分别对国际移民和国内农民工的心理健康研究、社会融合研究和社会融合各维度影响农民工心理健康的研究进行了回顾。通过文献回顾，发现本研究的研究空间如下。

第一，目前的大多数研究是利用非随机抽样的小规模样本完成的，测量指标单一，缺乏一致结论。参照世界卫生组织的定义，应该同时从积极情绪（正向指标，如生活满意度）和消极情绪（负向指标，如抑郁、心理疾患）两个方面来评估农民工的心理健康，但现有研究往往缺乏正负指标兼顾的全面的分析；有些研究认为农民工的心理健康状态好于本地市民，而有些研究则认为农民工的心理健康状态要比本地市民差，彼此矛盾。因此基于同时囊括正向和负向指标的测量，利用等概率抽样获得的较大规模样本数据来研究农民工的心理健康状态十分必要。

第二，在研究社会经济地位（即农民工社会融合的社会经济维度）影响农民工的心理健康时，忽视了农民工对自己主观社会经济地位进行评价时所选择的参照群体（Reference Group）具有"乡土性"、是"亦城亦乡"的。在研究农民工的社会经济融合对心理健康的影响时，现有研究分析客观社会经济地位（如收入、职业等）影响心理健康的居多，新近的一些研究表明，在研究社会经济地位影响心理健康时应该纳入主观社会经济地位的指标，甚至主观社会经济地位对心理健康的影响要远大于客观社会经济地位（程菲等，2017）。而在测量移民或者农民工的主观社会经济地位时要特别注意移民或农民工可能选择的参照群体有两个群体——流出地社会的居民和流入地社会的居民。在农民工"亦城亦乡"的生存状态背景下，亟待建立农民工参照群体的双重框架，从客观社会经济地位和主观社会经济地位两个方面全面分析社会经济融合对心理健康的影响，并注意探讨客观社会经济地位经由主观社会经济地位对心理健康发挥的间接作用。

第三，在研究社会互动/社会网络（即农民工社会融合的社会维度）影响农民工的心理健康时，忽视了农民工的社会互动/社会网络具有"乡土性"、是"亦城亦乡"的。从地理空间来划分，农民工的社会网络既包括城市社会的本地关系也包括乡村社会的非本地关系。从社会空间来看，在大城市，由于农民工尚未融入城市主流社会，与城市市民仍然生活在相对隔离的两个社会空间中，因此又可将农民工城市社会里的本地社会关系区分为本地市民关系和本地非市民关系。目前，整合地理空间和社会空间双重视角、同时检验社会网络通过社会支持和社会比较机制影响农民工心理健康的研究还没有。社会网络影响心理健康的机制既可能是社会支持的机制，也可能是社会比较的机制，现有文献关注社会关系影响心理健康的社会比较机制的研究还比较少。

第四，在研究文化适应（即农民工社会融合的文化维度）影响农民工的心理健康时，忽视了农民工的文化适应具有"乡土性"、是"亦城亦乡"的，即文化适应具有双向性。目前，国际移民研究中，文化适应已经被公认为是双向的。移民对家乡文化的保持和对迁入地文化的习得两者之间相互独立，互不影响。如果将国际移民研究的双向模型应用于农民工群体，"双向"所指的流出地和流入地恰好分别对应乡村和城市，正是本书所谓的"亦城亦乡"生活状态。然而，目前很少有研究将农民工社会生活的"乡土性"纳入文化适应的分析视野来构建农民工文化适应的双向模型，而基于双向模型研究文化适应影响农民工心理健康的研究就更少。

第三章

找回"乡土"、超越"融入":
农民工社会融合的维度与分析框架

　　虽然农民工生活在城市的物理空间中,但其社会生活仍具有"乡土性"。因为大部分农民工一时难以完全融入城市社会,其生活状态明显具有"亦城亦乡"的特点。因此本书认为农民工社会融合的发生场域不应该仅仅局限在农民工所身处的物理空间(即城市社会),应该把其拓展到整个中国社会,同时囊括城市社会和农村社会。所以本研究所定义的农民工的社会融合是指农民工与中国城乡社会的双向互动情况。该定义突破了既有文献仅从农民工身体所处的物理空间来定义社会融合,即"城市融入"的局限。本书认为社会融合的发生场域应该是农民工所有社会、经济、文化活动所触及的全部社会空间。农民工生活状态具有"乡土性",其"亦城亦乡"的特征就决定了农民工的社会融合同样具有"乡土性"、是"亦城亦乡"的。农民工的社会融合是动态的也是多维度的(Chen,Liu,2018;Yue et al.,2013;杨菊华,2015)。农民工的社会融合是某一时点农民工群体的融合状态,也是一种有待实现的一种社会理想或结果,还是一个需要移民个体和群体长期(甚至数代)为这一社会理想持续努力的社会过程(悦中山等,2012b)。在既有的实证研究中,基于截面数据的研究往往关注农民工的社会融合状态,研究农民工作为个体和群体在城市社会里、在社会融合各个维度上所反映出来的生存与发展现状,研究者往往有意无意地以城市市民为参照群体进行分析。

本章以国际、国内研究的理论和实证研究为基础，充分考虑农民工生活实践和生存状态的"乡土性"，遵循农民工社会融合维度涵盖尽量全面而又不失简洁性的原则，本书将仅关注农民工社会融合中重要的、本质的维度，暂未纳入那些特殊的、次要的、非本质性的和从属性的维度（悦中山等，2012b）。与国际移民不同，农民工的社会融合发生在一个文化、政治体系、人种、肤色、宗教信仰构成等都相对同质的社会里面，因此在国际移民研究文献中提及的诸如婚姻融合、居住融合这些基本可以由农民工的社会经济融合、社会互动、文化适应决定的维度将不再作为独立的维度被关注。最终纳入分析视野的融合维度包括社会经济融合（Socioeconomic Integration）、社会互动（Social Participation/Interaction，从社会网络的角度进行分析）和文化适应（Accculturation）。与已有研究相比，似乎缺少了心理融合或者身份认同这一重要维度。而实际上，本书在借鉴国际文献关于文化适应的最新研究成果，已经将身份认同作为文化适应的一个子维度纳入文化适应。接下来针对每一个维度建立相应的分析框架。

第一节　社会经济融合：移民/农民工
参照群体的双重框架

现有的绝大多数研究所涉及的农民工的经济融合本质上与国际、国内针对各类人群的社会经济地位、社会分层、职业流动或者社会流动研究相对应，并非仅仅局限在收入这样的经济范畴之内，因此参考 Alba 和 Nee（1997）、悦中山（2011）等研究者的用法，将此维度命名为社会经济融合（Socioeconomic Assimilation/Integration）。本书所定义的社会经济融合同时包括职业阶层流动（Occupational Mobility）和经济融合（Economic Assimilation，如收入）两个方面。

社会经济融合是移民社会融合非常重要的一个维度。通过多年打拼，从社会底层逐渐迈入中产阶层、获取高收入是移民当初决定迁移的主要目的之一。提升社会经济融合水平，对美国国际移民意味着"美国梦"的实现，对中国国内农民工则意味着"城市梦"的实现。社会经济融合可以使得移民逐渐地与其他社会成员处于平等地位，可以为移民其他维度的社会融合的实现提供有利条件（Alba，Nee，1997）。沿用 Alba 和 Nee（1997）的定义，本研究将其界定为"与主流社会中和自己社会经济背景相当的阶层相比，移民能够获得这个阶层的平均水平或者高于平均水平的社会经济地位"。因为许多移民（如美国历史上的华工、中国今天的农民工）在进入迁入地社会之初常处社会底层，所以社会经济融合很大程度上就相当于社会流动（Social Mobility）。移民研究文献测量客观社会经济地位的常用指标有受教育程度、收入水平和职业阶层等（Hirschman，2001；Myers et al.，2009；Neidert，Farley，1985；悦中山，2011）。

一　国际移民参照群体的双重框架

除了客观测量，主观测量指标亦是衡量移民社会经济融合的重要指标。学者们普遍采用 10 级梯形自评评分的方法来测量主观社会地位感知（Demakakos et al.，2008；Leu et al.，2008；Singh - Manoux et al.，2003；Singh - Manoux et al.，2005；程菲等，2018）。而国内鲜有研究通过相对社会地位这一指标来衡量主观社会经济地位，国外研究中使用较多的方法是参照群体比较。这一假设认为相比整个社会或者抽象概念，人们更愿意与亲戚、朋友、同事或者熟人进行比较，做出对自己在社会阶层中所处位置的评估（Evans，Kelley，2004）。一般来说，依据客观分层指标区分的社会阶层难以改变，但与参照群体比较的主观感知可以因参照群体的不同而不同，从而缓解社会不平等带来的相对剥夺感（袁玥等，2021）。国际移民研究发现，当个体的生活环境因迁移而发

生显著变化时，迁移者很有可能改变自己的参照群体类型和比较标准
（Killian，1953）。对移民（尤其是一代移民）来说，他们既有在迁出地
的生活经历，也有在迁入地的生活经历，所以在选择参照群体时，既有
可能选择迁出地的社会成员，也可能选择迁入地的社会成员，此被称为
移民参照群体的双框架（A Dual Frame Of Reference）（Gelatt，2013）。
Piore（1979）提出的分割劳动力市场理论（Segmented Labor Market
Theory）和 Stark（1991）提出的劳动力迁移新经济学理论都认为，移
民更愿意选择家乡的社会成员作为参照群体来评估自己的社会经济地
位；而跨国主义迁移（Transnationalism）理论则认为，移民并不以迁出
地和迁入地任何之一作为唯一居住地，而是频繁往返于两地从事跨国的
社会、经济和文化活动，因此，更愿意将迁出地居民和迁入地居民同时
作为自己的参照基准（Vertovec，2004）。不同的迁移理论对移民参照
哪一个群体评价自己的主观社会经济地位有不同的预期（袁玥等，
2021）。短期来看，迁移者一定会以家乡的社会成员为参照群体评估自
己的社会经济地位；而长期来看，尤其是移民开始出现永久定居迁入地
的想法后，其参照群体有可能变为迁入地的社会居民；但在长、短期中
间的过渡时期，移民更有可能将迁出地和迁入地居民同时作为参照
群体。

二 农民工参照群体的双重框架

20 世纪 80 年代中期以前，由于政府通过户籍制度严格控制人口流
动，本质上限制了农村居民的向上社会流动，导致中国社会已经形成了
一个城乡差异巨大的二元社会（Chan，1994；童星、马西恒，2008）。
1980 年代中期之后，户籍制度对人口流动的控制功能被逐渐弱化，广
大农村居民开始进入城市工作和生活，即民工潮出现。农民工这一群体
的出现为弥合城乡差距、促进城乡社会融合提供了契机。但因为流入地
的基本公共服务和社会福利仍然与户口性质挂钩，农村户口和非本地户

口仍然限制了农民工群体获取公共服务和社会福利。农民工和城市市民的相对隔离状态，导致在城市社会形成了"新二元社会"（龚维斌，2008）。近些年来，流动人口中的新生代农民工比例越来越大，家庭化流动趋势开始凸显。尽管社会融合仍然困难重重，农民工的社会融合水平还是有所提升，一些农民工开始逐渐开启社会融合之路，未来与城市市民的隔离状态有望被打破，城市的"新二元社会"有望走向融合（韩晓燕，2012；任姝玮，2011）。尽管如此，当前绝大多数农民工仍然是夹在城乡社会之间的"两栖人"，农村社会和城市社会对他们来说仍然同等重要，有一些农民工仍然把农村社会当作自己的最终归宿。

在中国城镇化、工业化和现代化发展的背景下，农民工作为城市中一个特殊的群体，他们的生活场域在迁移流动的过程中发生了变化（袁玥等，2021）。在流动之后，他们的生活场域从农村变为城市。因此，农民工在评价自己主观社会经济地位时的参照群体可能是老家村民，也可能是本地居民。随着农民工在迁入地居住时间的延长、社会融合水平的提升，他们的参照群体可能会逐渐从农村村民向城市市民进行转变（Knight，Gunatilaka，2010）。但就现阶段来说，农民工在评价自己的相对主观社会地位时可能的参照群体包括农村居民和城市市民。因此本书构建了农民工社会经济融合的参照群体双重框架（如图 3 - 1 所示），认为在研究农民工主观的社会经济融合状态时，需要在参照群体双重框架下进行，方能全面、系统地把握农民工的社会经济融合的全貌。

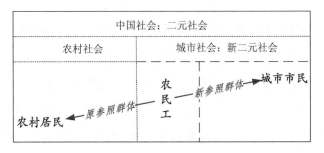

图 3 - 1 农民工参照群体的双重框架

第二节　社会互动：地理、社会空间双重
视角下的移民/农民工网络分析

　　移民网络是社会互动的重要构成部分。移民如何与迁入地社会的原有居民建构新的社会网络、进行良性互动，长期以来一直是分析移民社会融合的重要维度（Gordon，1964；任远等，2016）。同样地，农民工的社会网络是农民工社会互动的重要组成部分。社会网络既是度量农民工社会融合程度的一把尺子，也是观察农民工社会融合的一面镜子。关注社会网络就是自下而上地从农民工和市民的群体互动角度研究社会融合。实际上，早在制度破冰之前，农民工就已经开始借助社会网络决定流向并应对城市适应过程中的困难和问题。在渐进式制度改革的背景下，当前农民工在城市社会里面加入正式组织和机构的比例仍不高、与正式组织和机构进行社会互动的水平仍很有限，社会网络就愈加重要，对农民工在城市的工作和生活发挥着非常重要影响。农民工进城工作和生活为打破中国社会形成的传统的城乡二元社会结构，进而实现城乡融合提供了契机。若农民工和流入地居民缺乏良性社会互动，那么城市社会必然会如一些学者所担心的那样出现"二元社区"或"新二元社会"（龚维斌，2008；韩晓燕，2012；任姝玮，2011）。

一　地理空间和社会空间双重视角下的移民网络类型

　　移民网络既包括移民与迁出地的社会联系，也包括移民与迁入地的社会联系（Massey et al.，1993）。考虑到移民的社会联系所处的地理位置（Geographic Location），以移民所在的迁入地为基准，因移民与迁出地的社会联系横跨迁出地和迁入地两个地理空间，常被称为非本地社会关系（Trans – local Ties）（Cheung，2014；Jin et al.，2012）。移民群体

在迁出地与迁入地之间所从事的社会、经济和文化活动多有赖于这类关系方能顺利展开。移民在迁入地的社会关系自然常被简单地称为本地关系（Local Ties）。地理空间是移民网络分类的常见标准，如表 3 - 1 纵向维度所示，有研究基于此视角分别对农民工和流动青少年做过研究（Cheung，2014；Jin et al.，2012）。

社会空间则是移民网络分类的另一标准，为数不多的学者从这一视角对社会网络进行了研究（Huang et al.，2018；Yue et al.，2013；悦中山等，2011）。聚焦于迁入地社会，可以发现，迁移之后，移民与迁入地社会的原有居民开始生活在同一个地理空间，但移民与迁入地原有居民的社会距离往往不会立即消失，移民更多地与同种族、同文化且有地缘关系的其他移民（即非原有居民）保持紧密联系，而与迁入地社会原有居民的联系十分有限，群体间社会距离仍然存在，在社会空间上处于隔离状态。随后伴随两个群体间社会联系的普遍建立，社会空间的隔离状态会被逐步打破。因此，考虑移民在迁入地所处的社会位置（Social Location），引入社会空间视角，可将移民在迁入地的社会网络分为移民—非居民网络（此后简称非居民网络）和移民—居民网络（此后简称居民网络），如表 3 - 1 横向维度所示。

表 3 - 1　　　　地理空间和社会空间双重视角下的移民网络类型

社会空间　　物理空间	非居民网络 Non - resident ties	居民网络 Resident ties
迁出地/非本地 Trans - local ties	非本地关系 Trans - local ties	非本地居民网 Trans - local resident ties
迁入地/本地 Local ties	本地非居民关系 Local non - resident ties	本地居民网 Local resident ties

已有研究表明，地理空间和社会空间均会对社会网络的构建产生重要的影响（Doreian，Conti，2012）。但在现有移民文献中，还缺乏整合地理空间和社会空间、采用双重视角对社会网络进行分析的研究。我们

首次尝试整合两类空间分类标准，最终在理论上得到四种类型的移民网络，包括非本地关系、本地居民关系、本地居民网和非本地居民网。但在实践中很难出现非本地居民网络。首先，移民很难或者不可能与其进入迁入地社会之前外出的本地居民建立、保持紧密的社会联系。其次，移民在进入迁入地后与本地居民建立了联系，随后由于本地居民迁移至其他地方，在这种情况下可能形成非本地居民网络，但由于双方身处不同地理空间和生活空间，他们之间的关系非常可能会逐渐弱化，最终消失。因此，本书将不把非本地居民网络纳入讨论。

二　双重空间视角下的农民工社会网络

在地理空间和社会空间的双重视角下，参照表 3 - 1 国际移民网络类型的划分并结合中国农民工的社会经济背景（如表 3 - 2 所示），理论上可以得到四种类型农民工社会网络，包括非本地网、本地非市民网、本地市民网和非本地市民网。如前所述，由于实践中很难出现非本地市民网络，本书将不把此类网络纳入研究视野。

表 3 - 2　　　　　　　　　农民工社会网络的类型

社会空间 物理空间	非市民网络 Non-resident ties	市民网络 Resident ties
非本地 Trans - local ties	非本地网 （同质互动）	非本地市民网 （异质互动）
本地 Local ties	本地非市民网 （同质互动）	本地市民网 （异质互动）

三　社会网络视角下的移民/农民工的社会融合

在迁移的不同阶段，移民网络呈现出不同的特征，某种程度上反映了移民/农民工（尤其是自愿迁移的劳工移民）与迁入地社会的融合程度。

对早期移民/农民工来讲，迁移的正向选择性极强，由于他们对迁入地社会的就业机会、社会和文化等状况往往知之甚少，经常是那些年轻力壮、受教育水平高、富有冒险精神的个体首先选择迁移［如图3-2（a）中的节点1］。随后，第一批移民/农民工维续着与迁出地的联系，逐渐地建立起迁出地和迁入地的移民/农民工通道，信息、人、汇款、物品等均可方便地经由移民/农民工通道进行传送［如图3-2（a）中节点1与节点2、节点3、节点5、节点8之间的联系］，百年之前的东南亚华人移民（Kuhn，2008）、温州人在巴黎（李培林，1996；陆绯云，2001；王春光，2000）和改革开放之后中国大陆的"民工潮"（李培林，1996；陆绯云，2001；王春光，2000）均是典型的案例。移民之初，移民/农民工的本地居民网络尚未建立，两类群体处于完全隔离的状态，移民/农民工网络以非本地社会关系为主，本地非居民网络处于初创阶段。

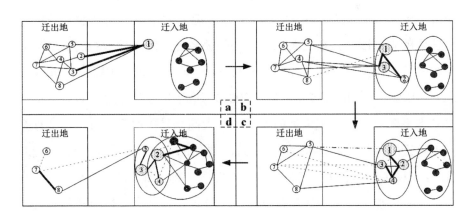

图3-2　移民/农民工社会网络的时空动态过程（temporal and spacial dynamics）

说明：◯:迁出地居民　◉:移民　●:迁入地居民　◉:移民结点大小与移民的持续时长成正比　◯:隔离
——:前期已有的关系　——:本期新建的关系　……:后期消失的弱关系　:弱关系　:强关系

随后，因为移民/农民工与迁出地的社会关系（非本地社会关系）非常紧密，迁出地社会居民向同一迁入地迁移的经济和心理成本都开始降低，迁移选择性降低，迁出地居民借由非本地社会关系源源不断地迁入、形成移民/农民工群体［如图 3 - 2（b）中的节点 2 和节点 3］。家乡的社会关系被移植到迁入地社会成为本地非居民网络［如图 3 - 2（b）中节点 1 与节点 2、节点 3 的关系］。中国大陆的"民工潮"最初正是借由同乡关系网络的力量产生的（陆绯云，2001）。来自同一迁出地的移民/农民工共同工作和生活在迁入地这一陌生社会，为了生存和融合，在迁入地社会出现同乡集聚，本地非居民网络非常可能在原有的弱关系的基础上得到强化，形成强关系［如图 3 - 2（b）中节点 1 与节点 2、节点 3 的关系］，移民/农民工亦十分可能建立起新的社会联系［如图 3 - 2（b）中节点 2 与节点 3 的关系］。移民/农民工之间的关系（即本地非居民网络）和移民/农民工与家乡的关系（非本地社会关系）并驾齐驱，共同成为此阶段移民/农民工网络的主要构成部分。但最早一批移民/农民工与迁出地的社会关系可能会出现弱化［如图 3 - 2（b）中节点 1 与节点 8 之间的关系］。毕竟地理上的阻隔会对社会关系的维续造成障碍，即使是亲属关系这样的强关系也会因为地理距离的增加而减少社会互动（Butts et al., 2012；Doreian, Conti, 2012；Verdery et al., 2012）。正如 McPherson 等（2001）所指出的"空间是同质互动的最基本来源，与空间距离远的人相比，人们总是更愿意与自己在地理空间上接近的人保持社会联系"。本阶段弱化的往往从弱关系开始。此时移民/农民工与本地居民建立的社会联系（即本地居民网络）十分有限，仅有节点 1 与本地居民建立了一个弱关系，两个群体仍然基本处于隔离状态。

随着迁出地外出移民/农民工的增加，迁出地移民/农民工的迁移选择性越来越低，促使更多迁出地居民成为移民/农民工迁入地［如图 3 - 2（c）的节点 4］。此时，移民/农民工内部关系更加强化，开始形成了比较紧密的社会关系（即本地非居民网络）。同时早期移民/农民工与家乡的社会关系进一步弱化［如图 3 - 2（c）的节点 1 与节点 5，节点 3 与节点 7,节点 4 与节点 6、节点 7 之间的关系]。非本地居民网络的弱化和本地非居民网络的强化,最终导致本地非居民网络处于主导地位。美国的"唐人街"(Zhou,1992)、巴黎的"温州城"(王春光,2000)、北京的"浙江村"(刘海泳、顾朝林,1999;王春光,2000)、深圳的"平江村"(刘林平,2001)均为此提供了例证。此时,"移民飞地"(Migrant Enclave)/移民/农民工社区逐渐形成,"飞地经济"(Enclave Economy)对现有和后续移民/农民工的安顿、就业发挥重要作用(李培林,1996;刘传江、周玲,2004;王汉生等,1997;王建,2018;王毅杰、童星,2004;张春泥、刘林平,2008;张春泥、谢宇,2013)。

同时移民/农民工开始与本地居民建立少许联系,随着本地居民网络的建立,群体间社会关系的隔离状态有望被打破,开启融合进程(Huang et al.,2018;Liu et al.,2012;Yue et al.,2013;悦中山等,2011)。移民/农民工超越亲缘和地缘关系建立移民居民网络,对他们的社会融合具有特别的意义,由于移民居民网络内嵌入迁入地特有的、稀缺的异质性社会资源,有利于移民/农民工各方面社会行动的开展。尤其是像农民工群体这样,当迁入地社会的制度支持缺失或者不完善时,农民工市民网络的作用显得更加重要(Yue et al.,2013)。

Putnam(2007)把如亲缘关系、族缘或地缘关系这样的内群体之间的关系称为"紧密性社会资本"(Bonding Social Capital),用于指称与自己有很多共同特征的人所建立的联系。移民的研究发现,固然在迁移初期,本地非居民网络发挥了重要作用(Browning,Rodriguez,1985),但随着时间推移,"移民飞地"中的本地非居民关系可能会对移民融合水平的提升造成障碍(Green et al.,1999;Portes,1998)。国外研究显示,来自萨尔瓦多的国际移民在迁移初期能够从亲缘关系、地缘关系或族缘关系那里得到很好的社会支持或其他资源,但随后因为迁入国宏观社会结构的限制,这些社会网络的影响作用会日趋减小

（Menjivar，1994）。已有研究发现移民与本地居民新建构的社会网络——Putnam（2007）所谓的"链合性社会资本"（Bridging Social Capital）——对移民的后期的适应和社会福利发挥更重要的影响，主要是由于移民借助"链合性社会资本"可以获得劳动市场的就业机会的非冗余信息（Burt，1995；Granovetter，1973）。Haug（2003）指出这种社会关系非常重要，因为迁入地社会的雇主往往都是本地居民。Mouw（2002）的研究发现，与本地居民建立社会关系是移民规避歧视的一种重要策略。随着时间的推移，早期移民/农民工的社会融合状态有大幅提升，移民/农民工内部的社会关系（即本地非居民网络）可能会出现弱化的现象［如图3-2（d）中节点1与节点2、节点2与节点4、节点3与节点4之间的关系］。如前所述，一旦移民/农民工开始向上社会流动，就可能会开始普遍与迁入地居民逐渐建立社会联系（节点1、节点2和节点4均开始与本地居民建立了联系），本地居民网络开始占据主导地位，部分移民/农民工与迁入地居民的隔离状态被打破，呈现出融合态势［图3-2（d）中的节点1将逐渐融入本地居民网络中，变得不再可视；节点2和节点4同时与移民/农民工和本地居民保有联系，成为桥接节点或者结构洞］。同时移民/农民工与迁出地的社会关系（即非本地社会关系）愈加弱化（如节点5与节点7的关系）。随着代次的更迭，移民/农民工群体之间的社会关系可能会继续弱化，迁出地的社会关系以及早期移民/农民工之间的社会关系在他们的社会关系越来越处于次要地位。Portes和Zhou（1993）的研究显示，有些第二代移民/农民工几乎已经切断了与原有族群的社会联系，这一现象为此阶段提供了证据。

基于对图3-2的分析我们得到不同阶段移民/农民工社会网络类型的地位及移民/农民工与居民的融合状态（见表3-3）。

可以发现，随着时间推移，因为地理空间的阻隔，非本地社会关系逐渐弱化，从主要地位变得越来越有限。本地非市民关系则从阶段a的初创阶段不断加强，在阶段 b 与非本地社会关系并驾齐驱，构成移民网络的重要组成部分，之后在阶段 c 跃居主要地位，之后则逐渐弱化变为次要地位。本地市民关系则由阶段 a 的"无"，逐渐被强化，最终在阶段 d 占据主要地位。三类移民社会网络的变动最终使得移民/农民工与居民的融合状态从阶段 a 的"完全隔离"过渡到阶段 d 的"融合为主/局部隔离"状态。

表 3 - 3 　　　　不同阶段移民/农民工社会网络类型的地位及

移民/农民工与居民的隔离状态

阶段	非本地社会关系	本地非居民关系	本地居民关系	移民/农民工融合状态
a	主要（维续）	初创（强化）	尚无	完全隔离
b	重要（弱化）	重要（强化，同乡集聚）	初创（强化）	基本隔离
c	次要（弱化）	主要（强化，同乡集聚）	有限（强化）	隔离为主/局部融合
d	有限（弱化）	次要（强化，同乡集聚）	主要（强化）	融合为主/局部隔离

第三节　文化适应：一个双向、
多维的分析框架

农民工的生活状态是"亦城亦乡"的，为了理解农民工的文化适应，借鉴国际文化适应双向模型的理论，必须要同时去理解农民工群体曾经浸润其中的乡土文化和农民工群体现在生活其中的城市文化。文化适应之所以会发生，至少要满足四个基本元素：文化差异、可辨识的文化群体（Identifiable Groups）、文化接触和文化变化（Hunt et al., 2004）。本书将对农民工文化适应的四个基本元素进行逐一讨论。

一　文化差异

经典社会学家曾建构了几对概念来描述和解读农村传统社会和现代

城市社会之间的差异,如滕尼斯的共同体(Community)与社会(Society)、涂尔干的机械团结(Mechanical Solidary)与有机团结(Organic Solidary)、马克思的封建农业社会(Feudal - agricultural Society)与城市工业社会(Urban - industrial Society)等。后来,美国的一些研究者又进一步提出了一些相对的文化和社会组织的概念来描述乡城差异,如Redfield(1953)的民间—城市的类型划分(Folk - urban Typology)、Linton(1945)的先赋导向文化(Ascriptive - oriented Culture)和自致导向文化(Achievement - oriented Culture),Parson(1964)的模式变量。在过去的一个世纪里面,人类学家和社会学家达成共识,农村和城市社会之间的文化差异一定是存在的,尽管这种差异可能在不同的国家和地区的表现并不相同(Beals,1951;Fischer,1975;Inkeles,Smith,1974;Simmel,1971;Wirth,1938)。

当然,随着全球化、城镇化进程的推进,农村地区也在某种程度上被城镇化了(Beals,1951;Fischer,1975)。然而,根据费希尔的亚文化理论,由于城市主义比农村具有更大的优势进行文化创新从而导致文化变化,尽管农村居民也在逐渐采纳由城市传播而来的都市文化,但是城市文化的变化速度总是快于农村文化的变化,最终导致农村文化变化总是滞后于城市(Fischer,1975)。因此城市文化和农村文化的差异将一直存在,对中国农民工而言,城乡差异体现在以下几个方面。

第一,城乡社会的经济结构存在重要差异,这既是城乡文化差异的体现,也是城乡文化差异存在的物质基础。在农村地区自给自足的农民经济占据主导地位,居民散居于乡间的院落中,缺乏便利的交通工具。绝大多数农村居民就业于农业、牧业和渔业。而在城市,1978年改革开放以来,市场经济得到了长足发展。城市居民居住在高密度的、基础设施良好的、密布各种现代机构的城市地区,在工作和生活中体验着精细化的劳动分工和非常高的专业化程度。一般来讲,城市居民的生活质量远高于农村居民(Gui et al.,2012)。

第二，农村地区的社会关系与城市地区的存在很大差别。农村居民经常在自己的村庄内与亲属和邻居进行社会互动，而不是村庄之外的陌生人；他们更加重视家庭关系、遵守传统道德规范。相反，城市居民居住在异质性非常大的社会中，他们的许多社会关系具有匿名化、浅层化和短暂等特点（Gui et al.，2012；Wirth，1938）。他们经常与各种各样的陌生人发生短暂、浅层的互动且过着相对独立的生活。社会秩序基本上是靠着城市社会的正式制度来协调维护的，而不是像乡村居民那样依靠亲密的个人关系来维护。

第三，前述两个差异会导致理性化、世俗化、精确性、冷漠、世故等都市性格，这些都已经成为现代城市生活的组成部分（Fischer，1975；Simmel，1971；Wirth，1938）。在个体层面，前期的研究中有一批文献对个人现代性（Individual Modernity）进行关注（Inkeles，Smith，1974；Wang，2015；周晓虹，1998），这一理论为分析和测量城乡居民差异提供了很好的角度。尽管个人现代性的一些表现在进行跨国比较和跨文化比较的时候并不一致，但学者们似乎毫无例外地发现，一些现代的价值观念（比如个人效能感、认同严格守时的必要性、做事提前规划、愿意了解世界最新的消息等品质）在很多国家普遍存在（Inkeles，Smith，1974；Wang，2015）。与此相反，农村人往往更加相信命运、时间观念不强、做事往往不提前规划（Inkeles，Smith，1974；Wang，2015）。在中国，有研究发现那些生活在城市或者工作在服务行业的居民比那些生活在农村或从事体力和农业劳动的居民具有更高水平的个人现代性（Wang，2015；周晓虹，1998）。个人现代性水平有限的农村居民往往更加保守、比较难以接受新的事物和想法，而个人现代性水平较高的城市居民则往往更加珍视多样化，崇尚开放和创新。

另外，中国国土面积广大，境内文化差异性也不小。中国有 56 个民族，14 亿人口所持方言至少有 5 种方言体系，这些方言体系之间无法相互理解。不同地方饮食文化也大相径庭（百度百科，2022）。

总之，本书认为中国农民工至少经历两种文化差异，即农村传统文化和现代都市文化的差异以及地区文化差异。第一，农民工普遍面临的文化适应挑战就是逐步在行为、价值观和身份认同等维度适应现代都市文化。第二，如果一个农民工是从一个文化地区迁移到另一个文化地区的，那么他还要面临适应迁入地的区域文化的任务。

二 可辨识的文化群体

农民工和城市的原有市民可被区分为具有不同文化特征的两个群体，这种可辨识性既体现在制度安排上也体现在社会经济地位上。从制度安排来看，农民工没有本地户口，也就意味着，有一些仅对本地居民开放的社会福利，他们很难获取。绝大多数农民工在经济地位和社会地位上都处于隔离状态（Huang, Yi, 2015；Liu et al., 2015）。大多数农民工工作在底薪行业，挣的比市民要少得多。另外，农民工的居住状况要比本地市民差得多（Huang, Yi, 2015；Wu, 2004）。绝大多数农民工居住在城中村的出租房内或雇主提供的宿舍内（Liu et al., 2015；Wu, 2004）甚至住在城市的地下室里面（Huang, Yi, 2015）。农民工和本地市民存在着明显的居住隔离。

三 文化接触

工作和居住在城市里面，农民工既经历居住隔离也在工作场遭受着歧视。尽管如此，他们不可避免地要在工作场所和居住社区里面接触到城市市民，同时接触现代制度和各种社会组织。在工作场所，作为雇员，农民工的工作要遵守现代企业的制度和规则，他们需要从往往是城市居民的雇主或经理那里得到工作指示和安排。有一定比例的农民工属于服务业的自雇就业者，在这种情况下，城市居民很可能就是他们的顾客。在社区，那些居住在城中村出租房里面的农民工不得不与他们的房东发生社会联系。那些居住在宿舍里的农民工接触到本地市民的机会有限。但是,不管农民工居住在哪里,他们所有的人都要工作、生活和消费在城市社会里,他们程度不同地参与到城市生活的各个方面。因此,农民工不得不遭遇城市主义——一个更加现代化的文化,与农民工在农村社会所熟悉的乡土文化完全不同;同时他们也都或多或少地要经历地区文化差异,尤其是当他们来自拥有不同方言和饮食习惯的其他地区的时候。

四 文化变化:行为变化、价值观变化和身份认同变化

农民工进入城市现代工业和商业社会后,面临的一个最重要的问题就是适应城市社会的新的生活方式。农民工在进入城市之前,曾经生活在传统农业社会。或多或少地,城市主义将会把他们的传统的生活方式改变为一种更加复杂、先进、快节奏且充满变化的生活方式。因此,尽管农民工的流动是发生在同一个国家,但在他们流动到城市之后,他们必将会接触到城市市民的城市主义的生活,不可避免地开启文化适应的过程,不管自愿还是被迫。此为城乡文化差异所引致的文化变化。

如前所述,中国是一个具有广袤国土面积和文化多样性很大的国家。农民工的流动不仅会给他们带来诸如语言使用、饮食习惯的行为变化,也会带来社会交往的变化。他们在城市社会将逐步地与城市市民建立其社会联系。此为区域文化差异导致的农民工需要经历的文化变化。

Bar - Yosef(1968)将移民在迁入地的社会适应看作一个再社会化的过程,借由此过程,移民会逐渐建立起自己的新的角色体系。对那些在农村长大的人来说,人生后期的社会化经历(如进入工厂工作、由乡到城的迁移以及在城市生活等)都会帮助他们变得越来越现代,因此在这个过程中,他们会通过社会学习(Social Learning)习得嵌入在现代制度安排背后的社会和组织运行规则(Inkeles,Smith,1974)。因此现代性可能是研究农民工在更多接触现代制度和采纳现代城市社会经济角色之后的价值观改变的合适指标。

农民工的认同变化是一个他们对自己城市居民身份和农村居民身份的认同发生改变的过程。也就是说，根据文化适应的双向模型，他们同时面临对自己农村身份（户口规定的法理身份）和城市身份（流动引致的实际的居民身份）的认同。尽管农民工已经比较长期地生活在城市社会之中，但现有研究显示，大多数的农民工仍然认同他们的农村居民或者农民身份（由户口性质确定的法理身份而非实际的身份）而非城市居民身份。

依据 Berry（2005）的模型，本书认为农民工的文化适应是一个双向过程。农民工在行为、价值观和身份认同等方面，既可能维护或者加强自己的农村社会文化，也可能同时习得或者采纳城市文化。

本书为什么要依据 Berry（2005）的模型建立农民工的文化适应分析框架？Berry 的文化适应模型尽管已经被学者们做过多次调整，但在已有研究中被广泛接受。该模型认识到不同的移民群体会有不同的处理迁移经历的策略。这一文化适应模型比文献中提及的其他模型［如早期 Park（1950）、Gordon（1964）和近期 Portes 和 Rumbaut（2001）的模型］更加具有灵活性。近期的一些研究开始更多关注第二代移民和青少年移民的文化适应过程，而对第一代成人移民的研究开始淡化（Birman et al.，2002；Portes，Rumbaut，2001）。不过，在中国，基于制度性和非制度性原因的共同作用，农民工家庭很难将自己的子女从出生后就一直带在身边生活在城市中。因此，在当前中国背景下，目前的成年农民工群体中几乎不存在第二代农民工。当本书只有第一代成人农民工的截面数据可用时，Berry 的模型就更适合本研究，该模型允许本书去描述和探讨一些因素对农民工某一时点的文化适应的影响。

在充分参考和借鉴现有的研究和上述论证的基础上，本书采用潜类别分析方法（LCA），针对中国农民工构建了一个多维、双向的文化适应的分析框架（如图 3-3 所示）。所谓的多维指的是农民工的文化适应，包括行为、价值观和身份认同。所谓的双向指的是农民工在文化适应过程中需要同时处理农村文化和城市文化。

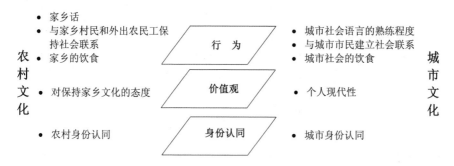

图 3 - 3　农民工文化适应的双向、多维分析框架

资料来源:改编自 Schwartz et al.,2010:245。

第四节　本章小结

本章首先对农民工的社会融合进行了重新界定。然后以国际、国内研究的理论和实证研究为基础,充分考虑农民工社会融合所具有的"乡土性"和"亦城亦乡"的特点,囊括且超越了既有的"城市融入"单向融合研究,分别从三个维度对农民工的社会融合提出了本书的研究框架和分析视角。

本章认为,农民工的社会融合是指农民工与中国城乡社会的双向互动情况。农民工社会融合的发生场域不应该仅仅局限在农民工所身处的物理空间(即城市社会),应该把其拓展到整个中国社会,同时囊括城市社会和农村社会。社会融合的发生场域应该是农民工所有社会、经济、文化活动所触及的全部社会空间。农民工生活状态具有"乡土性",其"亦城亦乡"的特征就决定了农民工的社会融合同样具有"乡土性"、是"亦城亦乡"的。本书所关注的农民工的社会融合维度包括社会经济融合、社会互动和文化适应。在社会经济融合维度,本章借鉴国际移民研究提出了农民工参照群体的双重框架。在社会互动维度,从社会网络的角度，基于地理—社会空间的双重视角，将农民工的社会网络划分为非本地关系、本地非市民关系和本地市民关系，并探讨在流动的不同阶段农民工社会网络的模式及三类社会关系的动态发展过程。在文化适应维度，本章针对中国农民工构建了一个多维、双向的文化适应的分析框架。本章的工作为研究仍具"乡土性"生活状态下农民工的社会融合影响心理健康的机制奠定了理论基础。

第四章

社会融合影响农民工心理健康的分析框架与概念模型

　　本章包括四部分内容。第一部分以一般人群的心理健康分析框架为基础，建构社会融合影响农民工心理健康的分析框架；第二部分、第三部分、第四部分分别针对农民工社会融合的三个维度（即社会经济融合、社会互动和文化适应）构建各个融合维度影响心理健康的概念模型。

第一节　分析框架

一　针对一般人群的心理健康影响因素分析框架

　　心理健康是健康的重要组成，不可或缺。传统的健康概念主要指身体健康，是一个人生理功能正常发展的表现，其衡量的仅仅是个体生理方面所表现出的疾病和衰弱现象。世界卫生组织（WHO）认为："健康是身体福祉、心理福祉和社会福祉的综合状态，不只是无病状态"（World Health Organization，2001）。这一定义将人们对健康的理解从生物医学角度扩展至包括心理学、社会学在内的多维角度，认为健康的两个主要组成部分是身体健康和心理健康。在随后的学术研究和政策制定中，人们都不再将身体健康作为测量健康的唯一指标，而是同时包括身体健康与心理健康指标。由此可见，在衡量人的健康状况时，心理健康已经成为一个重要方面，它对个人、社会乃至国家的整体福祉至关重要。根据世界卫生组织的定义，心理健康是一个人正确认知自己的能力，能够应对工作、学习和生活中的各种负向事件以及由此带来的各种压力，可以有效率地完成各项活动并对社会有所贡献的一种状态（World Health Organization，2001；Yuan，2011）。因此若比较全面地测量心理健康，一般应该同时包括正向指标和负向指标。

心理健康的决定因素不仅包括个人因素（如个人是否有能力控制自己的行为、情感和思想等，个人的社会关系），还包括生物、社会、经济、文化、政治和环境等诸多因素（世界卫生大会，2013），本书将个人因素除外的其他因素对心理健康的影响进行了总结，如图4-1所示。这是针对一般人群的心理健康分析框架，为本书研究移民/农民工的心理健康提供了一个一般性的理论基础，是针对农民工构建社会融合影响心理健康的专门框架的起点。图4-1适合所有人群，但若应用到移民群体，该框架显然忽略了移民［尤其是融入迁入地社会存在困难的国际移民（如美国的墨西哥移民）和国内移民（如农民工）］的特殊性：他们不断地跨越国家或者城乡边界、不停地往返穿行于迁入国和迁出国或者城乡社会之间。虽然一些人绝大部分时间已经生活在迁入地社会的物理空间中，但是他们仍然与迁出地社会保持着紧密的社会联系、

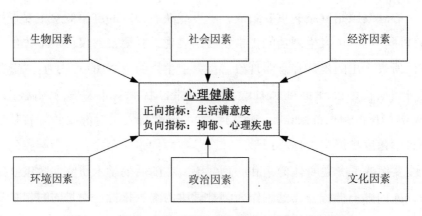

图4-1 针对一般人群的心理健康影响因素的分析框架

经济联系和文化联系。总之移民/农民工的生活场域同时覆盖迁入地和迁出地，这种生活状态使得影响移民/农民工的心理健康的因素有其特殊性。在接下来的一节中，本书将结合农民工群体在各个社会、经济、文化等领域的具体处境来探讨农民工的社会融合与心理健康的关系，建立专门的分析框架。

二　社会融合影响农民工心理健康的分析框架

由于从农村流入城市就业和生活，因为户籍制度以及附属于户籍制度的一系列公共服务和社会福利制度安排所造成的制度障碍的存在，农民工群体在社会、经济、文化和政治等影响心理健康的诸因素上有一些特有的挑战。户籍制度是造成这些挑战的根源性原因和制度基础（杨菊华，2015，2017；悦中山，2011）。这些挑战可能影响到农民工的个人福祉，比如本书所关注的心理健康。

公共服务和社会福利享有方面的挑战不利于农民工在城市社会获取公共卫生服务（包括心理健康服务）。中国的农民工群体以及与农民工相关的各种挑战的出现都与户籍制度有联系。户籍制度是中国国内流动人口（主要为农民工）问题产生的根本性因素。这种制度安排导致农民工在城市社会面临多种挑战。在 1950 年代至 1980 年代，政府通过户籍制度严格地控制着人口从农村向城市的流动。以户籍制度为依托的"城乡分治，一国两策"政策（陆学艺，2000）的长期实施使得中国在 1980 年代以前就形成了"一个国家，两个社会"的城乡二元社会（Chan，1994）。在 1978 年以后，农村地区开始广泛推广"家庭联产承包责任制"，农村的劳动生产率得以提升，部分地区开始出现劳动力过剩的现象。同时，中国经济发达地区有巨大的劳动力缺口。自 1984 年以来，政府开始逐渐放松了对乡城人口流动的管控，于是中国的民工潮开始出现。尽管自此之后中国政府陆续通过户籍制度改革、基本公共服务均等化、新型城镇化战略、居住证制度、积分入户、积分上学等政策提升农民工在城市的公共服务覆盖水平和社会福利，但由于促进农业转移人口市民化的"人、地、钱"的对应关系并未理顺，导致地方政府在落实中央政策时困难重重。市/区政府普遍担心为农民工提供基本公共服务会增加财政负担、挤占本地市民的社会福利。市/区政府也担心基本公共服务均等化引致"洼地效应"，即公共服务越好的地方越会导致流入更多的农民工，增加财政赤字，造成恶性循环。因此市/区政府在农民工社会融合工作中往往抱着"不得不做，但不能做得太好"的态度。在这样的背景下，农民工只能在满足比较严苛的准入条件后才能享受到一些有限的公共服务和社会福利。在城市社会里面，农民工的"农村人"和"外来人"的双重劣势身份导致他们不可能像城市市民一样拥有平等的获取公共服务的权利，因此缺乏社会保障（杨菊华，2017）。

社会经济方面的挑战不利于农民工的心理健康。绝大多数农民工的社会经济地位在城市社会中处于边缘地位和隔离状态（Huang, Yi, 2015；Liu et al., 2015）。绝大多数农民工从事"脏、累、险"的工作，多从事简单的体力劳动或劳动密集型职业，劳动强度大、工作时间长、安全条件差、收入低是农民工的普遍工作状态。农民工生活质量也不尽如人意，他们的居住条件往往要比本地市民差得多（Huang, Yi, 2015；Wu, 2004）。相当多的农民工居住在城中村的出租房内或由雇主提供的宿舍内（Liu et al., 2015；Wu, 2004），甚至住在城市的地下室里面（Huang, Yi, 2015）。农民工群体和本地市民群体之间存在着明显的居住隔离。农民工在隔离状态下的社会经济地位很可能对他们的心理健康有不利影响。但是需要注意，外出务工经商是农民工及其家庭的理性决策的结果，家庭成员的外出一般能够改善家庭和个人的社会经济状况。从流动前后社会经济地位的对比来看，流动也许会提升社会经济地位，最终有利于心理健康。不过提升的过程中是充满挑战和压力的，工作强度大、工作时间长、居住环境差是农民工普遍面临的状况。此外，由第三章农民工参照群体的双重框架可知，因为流动导致农民工社会生活场域发生转换，其参照群体有可能在流动的过程中发生改变，这也会使他们对自己的社会经济地位的主观评价发生变动，进而影响心理健康（袁玥等，2021）。总之，农民工社会经济地位对心理健康的影响具有复杂性，有待未来逐一去研究。

社会关系维持和建构方面的挑战不利于农民工的心理健康。由于城市社会对农民工并不友好，在流动之初他们的社会融合水平比较有限，就业机会有限、居住空间有限、子女上学困难等原因都可能导致农民工选择个人流动而非家庭流动，这就导致他们在城市社会里面处于"妻离子散"或者"夫离子散"的状态，初级社会关系往往被留在了家乡，由于山水阻隔，家乡家人和朋友的可及性变差，由家人和朋友提供的社会支持变少（王毅杰、童星，2004）。即使在工作和生活中遇到困难，为了让家人不必过于担心往往选择"报喜不报忧"，个人选择默默承受负向事件所招致的压力和忧虑，这就更增加了农民工心理健康问题的隐忧。来到城市之后，农民工往往开始与工友、同乡保持紧密联系，本地非市民关系成为农民工在城市社会最可及的社会资源（张春泥、刘林平，2008；张春泥、谢宇，2013），因此本地非市民关系可能会在农民工心理健康水平的维持上面发挥重要作用。由于社会结构的限制，农民工很难与当地市民（尤其是社会经济地位较高的城市市民）建立社会联系，因此农民工的本地市民关系十分有限（悦中山等，2011）。由于关系强度较弱，又属异质性互动，即使有，本地市民关系也很难为农民工克服各种困难提供社会支持。不过如果农民工因为接触了市民而转换了自己的参照群体的话，社会比较有可能成为本地市民关系影响农民工心理健康的另一重要机制和路径。

文化适应方面的挑战可能不利于农民工的心理健康。如第三章所论述的，农村地区和城市地区存在文化差异。农民工一旦进入城市社会，面临的一个最重要的问题就是适应城市社会的新的生活方式。他们社会融合的一个重要任务就是要完成从"农业人"到"工业人"、从"传统人"到"现代人"、从"农村人"到"城里人"的转变（悦中山等，2012b；悦中山等，2012）。因为城市生活更加复杂、先进、快节奏且充满变化。因此，尽管农民工是一个国家内的国内流动，但一旦进入城市，他们不得不受到城市文化的影响，不可避免地开启文化适应的过程，不管他们是自愿的还是被迫的。

总之，由于从农村流入城市，加之户籍制度的限制，农民工在社会经济方面、社会关系方面和文化适应方面均面临一定的挑战，这些挑战势必会给农民工的心理健康造成一定影响。基于上述关于农民工社会融合处境的分析，借鉴 Berry（1997）研究移民文化适应（Acculturation）与迁移的社会心理后果之间关系的研究框架，本书建立了社会融合影响农民工心理健康的分析框架（如图4-2所示）。

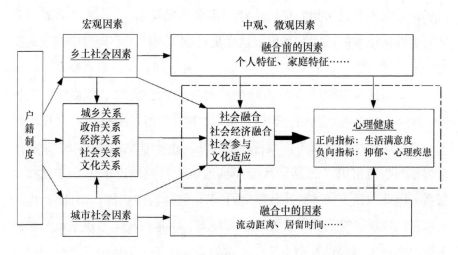

图4-2 社会融合影响农民工心理健康的分析框架

图片来源：根据 Berry（1997）的研究框架修改。

如图4-2所示，本书认为农民工这一群体的心理健康同时受到宏观因素和中微观因素的影响。宏观因素主要指中国整个社会（包括城市社会和农村社会）的政治、经济、社会和文化等因素。中微观因素同时包括融合发生以前（即农民工流入城市之前）的一些因素，也包括进城之后农民工在融合过程中产生的一些因素。本书关注的焦点是农民工的社会融合（包括社会经济融合、社会网络和文化适应）对心理健康的影响。

第二节　社会经济融合影响农民工
心理健康的概念模型

在任何一个社会，健康不平等的现象都普遍存在，这一现象在很大程度上与社会成员不同的社会经济地位联系在一起（齐良书、余秋梅，2008）。社会经济地位是一个多维度、综合性的概念，主要指个体在阶级社会中所处的位置，它决定着个人的资源获取能力，对个人的心理状态和行为方式有影响（李建新、夏翠翠，2014）。已有的一些研究发现社会经济地位和健康之间的联系在不同国家和地区表现出稳定的正向相关关系（Sakurai et al.，2010）。然而纵观学术界对二者之间因果关系讨论的文献，谁为因、谁为果是一个有争议的问题，争论的焦点主要围绕社会因果论和健康选择论这两种理论解释展开（Warren，2009）。社会因果论认为健康不平等源自人们在社会结构中的相对位置，处于社会结构上层的群体拥有更好的工作生活环境，也更容易获得全面有效的医疗卫生资源和服务，相比处于社会底层的群体更可能拥有健康优势；健康选择论的学者们持相反的观点，他们将其视为一种筛选机制，认为健康影响社会流动，即健康状况较好的人更容易向上流动，获得较高的社会经济地位（Dahl，1996；王甫勤，2011）。已有研究对这两类理论解释的合理性均进行了验证。其中之一是通过时序数据分析了 SES 和健康状况之间的因果关系；实证结果表明，一个人早期的健康状况对其今后的 SES 有影响，同时，早期的 SES 对个体今后的健康状况也有影响

（齐良书、余秋梅，2008）。虽然比较一致的结论是二者之间互为因果，但 SES 对健康的影响一直都是研究者和政策制定者更关心的方面。针对当前中国国内人口流动来说，社会因果论比健康选择论的解释力更强（王甫勤，2011）。本研究也将从社会因果论的视角来探讨社会经济地位对农民工心理健康的影响作用和影响机制。

社会经济地位被视为影响健康不平等的根本性因素，对健康的影响作用常被概括为"SES – 健康梯度效应"（郑莉、曾旭晖，2016）。SES是衡量社会成员相较于其他个体在经济地位和社会地位两方面表现优劣的重要指标，其中收入（经济地位）、教育和职业（社会地位）这三个客观社会经济地位（Objective Socioeconomic Status，简写为客观 SES 或 OSES）指标被视为最常用的 SES 指标。SES – 健康梯度指无论用何种指标来测量社会经济地位，不同社会经济地位的人群之间存在明显的梯度效应，且处于较高社会经济地位的群体健康状况更好（Adler et al.，1994）。具体来说，收入是影响个体健康最持久的因素（王甫勤，2011）。高收入意味着更好的衣食、更舒适的生活居住条件和更完善的医疗保障服务，这些因素对个体的健康水平具有明显的促进作用。职业阶层体现了社会成员的地位、权利和社会声望，而地位和权利又与个体可获得的有效社会资源相关（王甫勤，2011）。职业阶层越高的人，获得有效社会资源的可能性越大，其健康水平也会越好。受教育年限和健康之间的关系存在不稳定性：大多数学者认为二者之间有显著的正相关关系，教育还可以通过影响个人收入和职业阶层间接影响个体健康（胡安宁，2014），但也有研究认为，人们受教育水平越高，越可能从事久坐不动的非体力劳动、承受更大的工作压力，部分地削弱教育和健康之间的正向关系（王甫勤，2011）。

除了探讨客观社会经济地位对健康的影响作用，学者们已经开始关注主观社会经济地位（Subjective Socioeconomic Status，简写为主观 SES或 SSES）及其对健康的影响作用。主观社会经济地位是个体对自己在社会结构中所处位置的感知，是比绝对社会地位更宽泛的一个概念（Singh - Manoux et al.，2003）。因此，个体的主观社会经济地位既可能与客观社会经济地位一致，也可能不一致（Davis，1956）。国内外大量实证研究已经证实，主观社会经济地位作为社会经济地位的重要补充维度，对健康有着独立且稳定的显著影响（Demakakos et al.，2008；Hoebel et al.，2017；程菲等，2017）。除此之外，主观社会经济地位还在客观社会经济地位和健康之间存在中介作用（袁玥等，2021）。De-makakos 等（2008）的实证结果表明，主观社会经济地位在客观社会经济地位和不同健康指标之间存在完全或部分中介效应。Hoebel 等（2017）通过收入、教育和职业三方面衡量客观社会经济地位，发现整合后的客观社会经济地位通过主观社会经济地位影响抑郁水平的间接作用十分显著。

　　根据以上理论和实证基础，本书以第三章针对农民工社会经济融合所建立的参照群体双重框架为基础建立了如图 4 - 3 所示的社会融合影响农民工心理健康的概念模型。本书预期客观 SES 会对农民工的心理健康发挥正向作用，主观 SES 将在客观 SES 和心理健康之间发挥中介作用，即较高的客观 SES 有利于农民工高评自己的主观 SES 进而有利

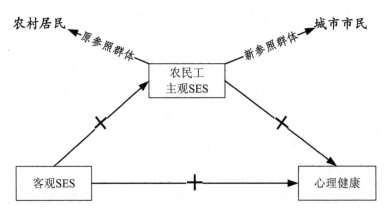

图 4 - 3　社会经济融合（包括主观 SES 和客观 SES）影响农民工
心理健康的概念模型

于农民工保持较好的心理健康状态。在农民工参照群体双重框架下，农民工既可能选择农村居民作为自评社会经济地位时的参照群体，也可能选择城市市民作为自评社会经济地位时的参照群体。

第三节　社会网络影响农民工心理健康的概念模型

在地理空间和社会空间的双重视角下，农民工社会网络主要包括非本地关系、本地非市民关系和本地市民关系。社会网络影响农民工心理健康的机制有两种：社会支持和社会比较。社会网络可以通过提供情感性支持或工具性支持促进人的身心健康（Weiss，1974）。社会网络也为社会成员评价自身的社会经济地位提供了最为直接的社会环境（Merton，Kitt，1950）。参照群体理论认为，社会网络构成个体社会比较的具体情境，个体会通过把自己的网络成员作为参照对象，通过与之比较获得自己的主观社会经济地位。鉴于无论是国际移民还是国内农民工，由于参照群体双重框架对移民的作用，移民和农民工在选择参照群体时，既有可能选择迁出地的社会成员，也可能选择迁入地的社会成员。若移民或农民工选择自己社会网络中社会经济地位高于自己的网络成员作为参照群体，那么他/她的自评的主观社会经济地位就会较低，产生相对剥夺感，不利于其心理健康。若一个人选择社会网络中社会经济地位低于自己的网络成员作为参照群体，那么他/她的自评的主观社会经济地位则会较高，会产生相对优越感，进而有利于其身心健康（Merton，Kitt，1950）。

根据社会支持机制，三类社会网络可以通过提供情感性社会支持提升农民工的心理健康。根据社会比较机制，三类社会网络可以通过影响主观社会经济地位进而影响心理健康。由文献综述和第三章对农民工社会经济融合的分析框架可知，社会经济地位由主观社会经济地位和客观社会经济地位共同构成。根据本章所确立的社会经济融合影响农民工心理健康的概念模型（如图 4-3 所示），主观社会经济地位在客观社会经济地位和心理健康之间存在中介作用。同时，已有研究已经证明社会支持所拥有的工具性支持功能会对农民工的客观经济地位产生影响（张春泥、刘林平，2008；张春泥、谢宇，2013）。综合这些理论、分析框架和已有研究所获得的发现，最终形成如图 4-4 所示的社会网络影响农民工心理健康的概念模型。

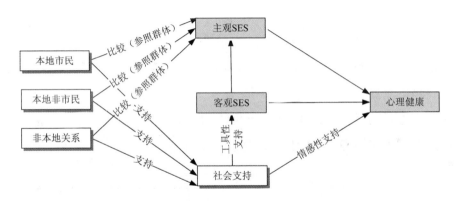

图 4-4　社会网络影响农民工心理健康的概念模型

当分析社会经济融合对农民工心理健康的影响时，农民工参照群体的双重框架显得尤为重要。从社会经济地位的客观指标上来看，农民工进城务工不同程度上提升了家庭和个人的社会经济地位。从物质层面来讲，将对其身心健康产生积极影响。从主观社会经济地位指标来看，当前一般的理论分析认为，当农民工将参照群体由农村居民变为城市市民时，由于城市市民的平均社会经济地位高于农村居民，这种转变可能让农民工产生相对剥夺感，因此参照群体的转变可能会有损农民工的心理健康。这种理论假设尚未得到验证。依据参照群体理论（Reference Group Theory）的观点，人们通常将与自己频繁互动、有社会联结的重要他人（Significant Others）作为参照群体，而不是把一个概化、抽象的群体作为自己的参照群体，参照群体对人们的自我社会经济地位的评价发挥着重要影响（Hyman，Singer，1968）。

照此推理，农民工将城市市民作为参照群体对他们的心理健康的作用是正向还是负向，应该是一个需要深入探讨的问题。参照群体的改变是好事还是坏事、影响是正向还是负向，要看农民工的选择参照群体中的重要他人是远高于他们社会经济地位的城市市民、还是与他们社会经济地位相差不多甚至还不如他们的城市市民。毕竟，改革开放以来的市场化拉大了中国社会的社会差距，伴随"下海"和"下岗"，城市社会已经不再是同质社会，其内部差异化和社会不平等有所加剧。人们的社会互动本来就会受到社会经济地位的限制，同阶层内的同质互动较不同阶层之间的异质互动更容易发生，农民工的社会网络的建构（形成参照群体的重要他人往往是社会网络成员）同样会受到天花板效应的影响。在这样的背景下，在农民工参照群体的双重框架下研究社会经济地位影响农民工心理健康的机制就越发显得重要。

第四节　文化适应影响农民工
心理健康的概念模型

关于国际移民的研究发现，文化适应影响健康可能是因为不同文化适应状态的移民的健康意识与对医疗资源的使用的不同造成的（Koneru et al.，2007；Schachter et al.，2012）。比如因为语言的不精通，导致移民不愿意与医生沟通或者不能准确地获取医生提供的建议。但是，对中国农民工来说，没有本地户口的农民本来就被制度排斥在城市社会的卫生服务体系之外了。同时，中国居民对心理健康的认识有限，对精神疾病的污名化相当严重，心理卫生服务也较为匮乏（Phillips，1998）。民众及其家庭通常不将心理健康问题视为健康问题，也不会为此前往医院寻求专业帮助。总结梳理现有理论和研究，本书认为文化适应对中国农民工心理健康的影响可能存在以下三种解释机制。

第一个机制与社会支持相关。文化行为、价值观与身份认同可能会对农民工保留原有的社会关系及建立新的社会关系产生作用（Wong, Leung, 2008b；Zhang, Ta, 2009）。社会关系是社会支持的来源，社会支持对精神健康有着正向的影响。采取融合策略的农民工更善于保持原有的与家乡亲友和同迁民工的社会关系，也更善于建立与迁入地社会居民的社会关系，这可以用来解释双语学习对自评健康的正向作用（例如 Mulvaneyday et al., 2007）。已有的研究表明，社会支持的富余或短缺对流动人口及其留守家庭成员的心理健康均有影响（Cheung, 2013；Koneru et al., 2007；Lu, 2012）。

第二个机制与文化适应压力相关。在长期的文化适应过程中，当流动人口的原有文化与迁入社会文化在行为、价值观、身份认同等方面产生冲突时，文化适应的压力就会产生（Berry, 2005；Chen et al., 2008；Schwartz et al., 2010）。但是，那些采用融合策略的移民，他们同时认可或者整合两种文化，可能在其工作场所和社区中面临更小的文化适应压力。这是因为原有文化和迁入社会文化的使用可以促进移民采取正确的文化模式以避免或者减少任何给定情况下的压力（Chen et al., 2008；Schwartz et al., 2010）。以语言为例，有限的或非本地语言使用者可能会有较高的压力水平（Gee, Ponce, 2010）。因此，双向文化持有者面对较低的文化适应压力，其心理健康水平也较高。

第三个机制可能是社会经济地位（SES），这也是公认的健康状况的主要预测指标（Gong et al., 2012；Schachter et al., 2012）。首先，语言能力往往是就业机会的决定性因素。没能熟练掌握本地语言的移民在找工作方面会遇到困难，遑论得到高薪工作。其次，如前所述，文化适应会塑造移民的社交网络，而移民的社交网络会对进入劳动力市场和收入等经济后果产生影响。特别是在迁移初期，迁入社会中的血缘、亲缘关系可以促进移民在劳动力市场中获得工作（Zhao，2003）。所以，保持与同乡的社会关系，在其社会地位获得方面发挥着重要的作用。除了亲缘关系和民族飞地关系，国内流动与国际移民群体与迁入社会居民建立社会关系，也是一种宝贵的社会资源，可以促进与迁入地的社会经济融合（Lancee，2010；Yue et al.，2013）。最后，在乡城迁移中，诸如工厂工作和城市生活等后社会化经历可以促进移民提高现代性（Inkeles et al.，1997；Inkeles，Smith，1974）。农民工的个人现代性水平提高（如提前规划事务，按时完成工作，重视多样性、开放性、创新，等等），可以使得他们更加胜任工作，收入更高，晋升更快。所有的语言能力、社会关系以及价值观等，都是农民工文化适应的一部分。因此，文章预期社会经济地位会在文化适应与心理健康之间发挥中介作用。

已有文献更加关注国际移民，而探讨农民工的文化适应与心理健康之间的关系，可以增进我们对文化适应影响心理健康背后的机制的认识。

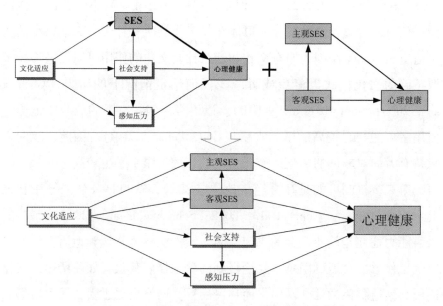

图4-5　文化适应影响农民工心理健康的概念模型

基于本章的分析，社会经济地位包含客观 SES 和主观 SES，同时社会支持会通过工具性支持影响农民工的客观社会经济地位。已有研究同样表明，社会支持有助于缓解人们的感知压力。因此本章最终的概念模型如图 4 - 5 所示。

第五节 本章小结

本章首先总结一般人群的心理健康分析框架，在充分考虑影响移民/农民工心理健康影响因素的特殊性之后，建构社会融合影响农民工心理健康的分析框架，并据此结合社会经济融合、社会网络和文化适应影响农民工心理健康的机制分析建立了三个维度影响农民工心理健康的概念模型，为第七章、第八章和第九章的机制分析奠定了理论基础。

第五章

调查与数据

　　鉴于农民工的社会融合仍具有"乡土性"，为了研究"亦城亦乡"生存状态下的农民工的社会融合特点及其对心理健康的影响，研究团队自行设计了问卷，并与其他两所高校合作于 2015 年 12 月—2016 年 3 月在广州市组织了农民工调查。为了分析当前农民工心理健康的现状，本书使用了样本量大、代表性强的全国八城市调查数据。但因为全国八城市调查对农民工社会融合信息的收集不能满足本书的研究设计和变量测量，所以本研究使用广州调查数据来分析"亦城亦乡"生活状态下的农民工的社会融合现状和社会融合影响心理健康的机制研究。

　　本章包括三部分内容。第一部分，对西安交通大学、陕西师范大学和中山大学于 2015 年 12 月—2016 年 3 月在广州合作收集的农民工调查数据（此后简称广州调查数据）进行介绍。第二部分，对国家原卫计委组织实施的 2014 年全国八城市流动人口专题调查数据（此后简称全国八城市调查数据）进行介绍，并对调查样本进行简要描述。第三部分，通过与全国八城市调查数据进行对比，对广州调查数据质量进行评估，发现广州调查数据的质量是可靠的。

第一节　广州调查

以本书在第三章、第四章所做的研究设计为基础，研究团队于2015 年 12 月—2016 年 3 月在广州市自行收集了农民工调查数据。调查由西安交通大学、陕西师范大学和中山大学合作实施。

一　调查地

广州市是广东省的省会，在 1980 年代成为中国首批沿海开放城市。广州市地处中国大陆南方，广东省中南部，珠江三角洲的北缘，总面积7434.40 平方千米，现有越秀、海珠、荔湾、天河、白云、黄埔、花都、番禺、南沙、从化、增城等 11 个区，是国家重要的中心城市、国际商贸中心和综合交通枢纽，与北京、上海并列为中国大陆经济实力最强的发达城市之一。广东省是全国流动人口第一大省，截至 2017 年 7月，广东省流动人口达 4048 万人，而广州市作为广东省的政治、经济、科技、教育和文化中心，依靠良好的区位沿海优势和开放、繁荣的经济发展吸引了大批的外来人口前来定居务工，又成为全省主要的人口流入地区，截至 2017 年 5 月底，广州市户籍人口达 888.83 万人，流动人口达 713.41 万人[①]，流动人口约占全部常住人口的 44.5%。庞大的流动人口规模是本次农民工调查开展与实施的首要条件和重要基础。另外，广州市历史渊源悠久，其独特的地理位置、气候条件和多元文化的交会形成具有鲜明地方特色的传统民俗，在岁时节庆、生活习惯、社会习俗、情感信仰、民间文艺等方面表现出岭南文化特有的形式与内容。此外，广州方言（即粤语）是中国南方地区的重要方言之一，与普通话

---

① 朱晓枫：《广东流动人口达 4048 万人珠三角为主要人口流入区》，《南方日报》2017 年 7月 11 日，https://www.sohu.com/a/156170828_237443，最后访问日期：2022 年 10 月 18 日。

有较大的不同，是粤语区地方文化的重要载体。鉴于广州市具有很强地方特色的文化习俗与方言习惯，农民工所面临的人文环境与流出地之间可能存在较大的异质性，这使得广州市农民工的文化融合或适应过程具有重要的意义和作用。因此，鲜明的文化特色也是广州市作为农民工社会融合调查理想地的又一个重要原因。

二　调查对象与抽样方法

本次调查对象为在广州居住一个月以上、15 周岁及以上、没有广州市本地户口、老家在农村的流动人口（即农民工）。计划样本量为1500 人，具体抽样与调查过程分以下两个步骤。

第一步，选择调查区及其样本量分配。由于人力和物力的有限性，此次调查无法对广州市所辖的 11 个区农民工全部进行抽样调查，而是通过挑选流动人口比例较高的几个区作为调查地来提高样本的代表性。根据广州统计局发布的 2015 年《广州统计年鉴》，利用常住人口数和户籍人口数来粗略估算广州各区的流动人口数，即流动人口数 = 常住人口数 – 户籍人口数。计算结果如表 5 – 1 所示，流动人口规模较大的 5 个中心市区分别为海珠、天河、白云、黄埔、番禺，以上五个区的流动人口规模均超过 45 万，且该 5 个区的流动人口总数量约为 376.09 万人，约占到广州市流动人口总数（465.62 万人）的 80.8%（袁玥等，2021）。因此，本次广州市农民工调查的地点最终选择在广州市流动人口的五个主要聚集区：海珠、天河、白云、黄埔和番禺。

表 5 – 1　　　　　　　　广州市各区人口分布情况　　　　　　（单位：万人）

行政区划	常住人口	户籍人口	流动人口
全市	1308.04	842.42	465.62
荔湾区	89.14	71.96	17.18
越秀区	114.65	117.55	– 2.90
海珠区	159.98	99.81	60.17

行政区划	常住人口	户籍人口	流动人口
天河区	150.61	82.43	68.18
白云区	228.89	89.83	139.06
黄埔区	88.01	42.51	45.50
番禺区	146.75	83.57	63.18
花都区	97.51	69.56	27.95
南沙区	63.53	37.74	25.79
增城市	106.97	86.46	20.51
从化市	62.00	61.00	1.00

资料来源：根据 2015 年《广州统计年鉴》数据整理。

在为各个调查区分配 1500 个样本量时，首先，计算各区流动人口数量占五个区总流动人口数量的比例，即各区流动人口比例 = 各区流动人口数量/五个区总流动人口数量；其次，计算各区的计划样本量，即各区计划样本量 = 总计划样本量 × 各区流动人口比例；最后，为了调查实施工作的便利，将计划样本量四舍五入，按百取整确定各区抽样样本数，计算结果如表 5 - 2 所示，海珠、天河、白云、黄埔、番禺调查的农民工样本量分别为 200、300、500、200 和 300 人。

表 5 - 2　　　　　　　　　调查区的样本分布情况

行政区划	流动人口数量（万人）	流动人口比例（％）	计划样本量（人）	最终样本量（人）
海珠区	60.17	16.00	240	200
天河区	68.18	18.13	272	300
白云区	139.06	36.98	555	500
黄埔区	45.50	12.10	181	200
番禺区	63.18	16.80	252	300
总计	376.09	100	1500	1500

资料来源：根据 2015 年《广州统计年鉴》和 2015—2016 年广州调查数据整理。

第二步，选取调查街道及其样本配额。本次调查的最低抽样单位为街道，每个街道的样本量为 100 个。因此，各个调查区的调查街道选取数量取决于该调查区的样本量。按照每个区需要抽取的街道/镇数目，利用 Excel 生成随机数，在该区所辖的所有街道/镇中随机选取相应数目的街道/镇（见表 5-3）。在具体实施调查的过程中，因为没有抽样框，所以采取宽松的配额抽样方法（Quota Sampling），根据国家卫计委实施的 2014 年广州市流动人口动态监测调查中农村流动人口的职业比例，通过对数据结果取整对调查街道/镇的农民工样本进行配额，以提高样本的代表性和多样性，具体配额情况如表 5-4 所示。调查员据此在指定的街道/镇按照方便或偶遇的办法寻找调查对象进行调查。

表 5-3   调查街道/镇的随机抽取结果

调查区	所辖街道总数	样本量	调查街道数量	随机抽中的街道
海珠区	18	200	2	赤岗街、瑞宝街
天河区	21	300	3	车陂街、前进街、棠下街
白云区	22	500	5	嘉禾街、三元里、石门街、松洲街、云城街
黄埔区	15	200	2	大沙街、黄埔街
番禺区	16	300	3	化龙镇、洛浦街、南村镇

资料来源：来自 2015—2016 年广州市农民工调查抽样方案。

需要说明的是，虽然本次调查无法利用来自官方数据库的抽样框来产生随机样本，但调查样本量较大，并在调查方案上通过采取以下措施来尽可能地提高调查数据的质量。第一，通过对调查区的选取保证了调查收集到农民工集中度最高的五个区的信息，使数据结果能够尽可能基本反映广州农民工的真实情况和普遍情况。第二，利用随机数的技术对调查街道进行选取，保证了各个街道被抽取的概率相等，从而最大限度地提高样本的代表性和随机性。第三，根据国家数据调查结果确定农民工的职业配额，调查员据此在指定的街道/镇按照方便或偶遇的办法寻找调查对象进行调查，这有助于改善样本的差异性和多样性。第四，调查员在执行过程中需要遵守以下几项抽样规则，来尽量规避样本内的同质性：一是1户只能调查1名农民工，不能调查2名及以上的农民工，不允许一对夫妇均填答问卷；二是一个宿舍或工棚（总人数在10人以下）仅能调查1名农民工；三是若在某个住所或单位里面的农民工总数较多，可按10∶1的比例选取农民工进行调查。但是该调查数据的局限性也不可忽视，虽然广州市是研究农民工生存发展状况的理想城市，其研究结论在全国范围内的推广性是有限的，谨慎地来讲只能在某种程度上反映珠江三角洲农民工的特征与状态。

表5-4　　　　　　　　抽中的街道或镇的农民工样本配额情况

职业类型	比例（%）	样本数
制造业工人	20	20
建筑业工人	10	10
商业、服务业劳动者		
自雇（小老板或个体户，经商或商贩）	20	20
受雇（批发零售、住宿餐饮、家政、保洁、保安、装修等）	40	40
随迁或未就业人员（如照顾家人和孩子的全职太太或随迁老人）	4	4
无固定职业者或其他职业者	6	6
小计	100	100

资料来源：来自2015—2016年广州市农民工调查抽样方案。

三　调查质量控制与评价

本次调查在现场质量控制和数据录入与清洗环节均执行了严格的质量控制程序，尽可能地保证数据采集和数据回收的科学性（如图5-1所示）。

本次调查的指导员主要由来自西安交通大学与陕西师范大学的教师、博士生和研究生组成，调查员为有偿招募的来自广州市各个高校的

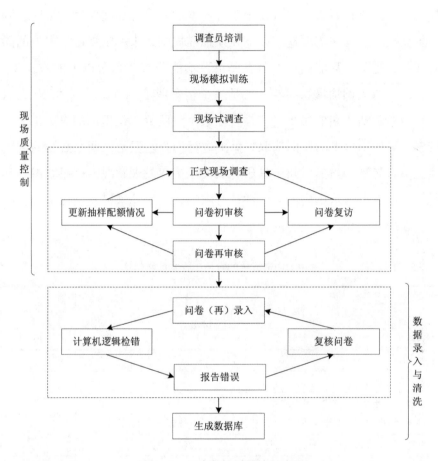

图 5-1　调查数据质量控制流程

本科生和大专生，共79名。在正式现场调查前，调查指导员在中山大学对全体调查员进行培训，培训内容包括调查执行程序、问卷编码说明、问卷填答说明、调查礼品发放以及问卷处置等方面，并重点就调查技巧、问卷中的关键概念、调查员的现场提问进行详细讲解。随后进行现场试模拟训练，即由调查指导员扮演农民工，调查员专门就问卷中较为复杂或困难的题目对调查指导员提问，再由调查指导员对调查员的提问方式、答案填写以及注意事项进行点评和指导。在现场模拟训练后，调查指导员带领调查员在中山大学北门附近的城中村开展现场试调查，要求每个调查员在城中村的范围内找到至少 1 个符合要求的调查对象，并独立完成问卷的询问与填写，然后将完成的问卷交由调查指导员审核。调查指导员根据调查问卷的完成度和填写情况提出意见和建议，询问调查员在调查过程中出现的问题和困难，并对此予以解答，目的是通过调查实践预先找出调查员在开展实际调查过程中可能出现的问题，提高调查员的执行能力。

为保证调查过程的高效性以及调查问卷的有效性，正式现场调查采用三级人员作业机制：第一级为调查员、第二级为区调查组长、第三级为调查指导员。调查员按调查区分配并固定下来，负责一线具体的调查工作；每个调查区配备相应的调查组长（海珠区 2 名、天河区 1 名、番禺区 1 名、白云区 3 名、黄埔区 2 名），除了参与平时的问卷调查，还主要负责管理各自所在调查区调查员，组织实施该区的调查任务；调查指导员负责协调全部调查区的工作安排，主要职责是不定期地对各个区的调查开展进行跟访，对全部已完成问卷进行审核和意见反馈。调查实施的具体过程如下：调查员根据职业配额的调查方案，在调查街道/镇的范围内有针对性地寻找调查对象进行调查，调查员之间通过建立微信群及时沟通配额完成情况。调查员在当天调查结束时，将完成的问卷上交至调查组长。调查组长对当日完成的各个街道的职业配额情况做好统计，基于此对次日需要展开的调查工作及时进行调整和安排，以保证街道严格按照配额完成调查。同时调查组长对所完成的问卷进行首轮初步筛查，发现有明显遗漏信息的问卷要反馈给调查员进行复访。最后将当前抽样配额的统计数据和初步筛选合格的问卷上交至调查指导员。调查指导员整体把握各个区的调查实施进度，做好统计和跟进工作，另外对各区上交的问卷进行第二轮细致的检查，主要针对问卷中的部分问题之间存在的逻辑关系进行重点审核，发现问卷中的错误信息。如果问卷存在的问题性质轻微，调查指导员将联系调查组长要求调查员对有问题的地方进行复访；如果问卷存在的问题性质严重，调查指导员则将问卷直接作废卷处理，不计入该区的有效工作量，并重新统计各个区及其街道的职业配额完成情况反馈给调查组长，以便调查组长对次日的调查安排进行调整。

数据收集完毕后，课题组招募了来自西安交通大学和陕西师范大学的本科生作为数据录入员进行数据录入与清洗工作。调查指导员利用 Epidata 软件建立数据库，并设置了问卷题目的数据合法范围和跳问条件，目的是减少录入时可能出现的人为操作失误。录入员将数据录入数据库中后以 Stata 文件的格式导出数据交至调查指导员。调查指导员将各个录入员负责的数据进行编号、汇总，利用 Stata 软件针对数据的逻辑一贯性编写检验程序检出每一份问卷资料的逻辑错误，生成错误报告并反馈录入员。录入员根据报告的问题记录，对自己负责的有问题的数据部分与原始问卷进行比照和核查，将正确的原始信息在报告中予以标注和说明，生成修改报告并反馈给调查指导员。调查指导员根据录入员提供的信息在导出的数据库中进行统一修改和再录入，然后对修改后的数据进行新一轮的计算机程序运行、生成错误报告、复核问卷和修正错误。经过以上数据清洗工作的多次反复，删除无效样本 11 个，最终保留的数据全部通过逻辑检错，有效样本量达到 1621，有效样本率达到 99.33%。

四　样本描述

表 5-5 提供了广州调查农民工样本的基本信息。

表 5-5　　　　　　　　　　　农民工样本基本信息

均值/百分比	标准差	
性别（N=1621）		
男	51.94	/
女	48.06	/
年龄（岁）（N=1621）	34.00	11.38

续表

均值/百分比	标准差	
16—24 岁	21.34	/
25—34 岁	33.31	/
35—44 岁	23.26	/
45 岁及以上	22.09	/
婚姻状态（N=1621）		
在婚	66.01	/
不在婚	33.99	/
受教育程度（N=1621）		
小学及以下	16.16	/
初中	41.95	/
高中	28.87	/
大专及以上	13.01	/
民族（N=1621）		
少数民族	3.08	/
汉族	96.92	/
流动范围（N=1619）		
跨省流动	59.17	/
省内流动	40.83	/
流动时间（年，N=1602）	8.03	6.90
2 年及以下	26.40	/
3—5 年	19.73	/
6—9 年	20.97	/
10 年及以上	32.90	/
职业类型（N=1620）		
非技术工人	15.31	/
技术工人	14.69	/
商业服务业劳动者	31.73	/
个体户	24.14	/

续表

均值/百分比	标准差	
私营企业主	0.56	/
办事人员	2.53	/
专业技术人员	2.78	/
企业商业负责人	0.80	/
农林牧渔人员	0.06	/
无固定职业	1.05	/
其他职业	0.31	/
未就业	6.05	/
就业身份（N=1621）		
雇员	65.39	/
雇主	11.35	/
自营劳动者	15.79	/
其他就业身份	1.42	/
未就业	6.05	/

注：/表示对类别变量不适合汇报标准差。

资料来源：2015—2016年广州调查数据。

第二节　全国八城市调查数据

本书分析农民工心理健康现状的数据来自国家原卫生和计划生育委员会2014年组织实施的八城市流动人口社会融合与健康专题调查。需要说明的是，本书第一作者曾为国家原卫生和计划生育委员会组建的社会融合研究项目组的成员，部分地参与了本次调查的问卷设计、培训和质量督导等工作。本书第一作者曾于2014年2月中下旬在国家卫生和计划生育委员会流动人口司工作了两周，其间，受项目组委托负责收集杨菊华教授、张红川教授等各位专家的意见并负责问卷设计和定稿工作。在杨菊华教授、张红川教授和本书第一作者等其他项目组成员的共同建议下，国家卫计委流动人口司决定将社会融合和心理健康作为本次调查的主要内容。之后，本书第一作者于 2014 年 5 月初在北京小汤山参加了全国八城市调查工作的培训会，于 2014 年 5 月 19 日至 22 日在国家原卫计委流动人口司副司长带领下先后赴广东省中山市和深圳市参加了调查问卷质量督查工作。

　　抽样采取分层、多阶段、与规模成比例的 PPS 方法，初级抽样单元为乡镇/街道。第一阶段（乡镇/街道）抽样框来源于国家原卫计委 2013 年上报的全员流动人口年报数据；第二阶段（村/居委会）抽样框由各地方卫生计生机构根据最新的统计数据编制。调查地点包括浙江省嘉兴市、福建省厦门市、北京市朝阳区、山东省青岛市、河南省郑州市、广东省深圳市和中山市、四川省成都市。调查对象为在流入地居住一个月以上，非本区/县/市户口的 15—59 岁流入人口。每个城市/区流动人口样本量为 2000 人。此外，该调查还在八城市同样按照 PPS 原则抽取相同样本量的户籍人口（指拥有本区/县/市户口的 15—59 周岁的人口）进行调查。流动人口和户籍人口总样本量均为 16000 人。

　　全国八城市调查数据包括乡—城流动人口和城—城流动人口。本书的研究对象为农民工，即乡—城流动人口，是指从农村流入城市从事非农活动的持有农村户籍的流动人口。据此本书根据问卷中的"户口性质"题项，保留"农业"和"农业转居民"的样本，去除户口性质为"非农业"和"非农转居民"的样本，即城—城流动人口，删除后得到的农民工样本量为 13927 人。此外，鉴于后续分析中涉及农民工的收入与就业情况，本书暂不将未就业的农民工纳入分析。根据问卷"您今年'五一'节前一周是否做过一小时以上有收入的工作？"题项，将回答"否"的样本删除后得到的在业农民工样本为 12785 人。其中信息缺失样本 48 人，由于样本缺失率很小（0.38%），本书直接删除这部分样本，最终进入分析的有效样本量为 12737 人。

表 5 - 6 提供了全国抽样数据农民工样本的基本信息。

表 5 - 6　　　　　　样本基本信息（N = 12737）

变量	均值/百分比	标准差
男	57.75	/
年龄	32.57	8.76
15—24 岁	19.55	/
25—34 岁	41.81	/
35—44 岁	27.82	/
45—59 岁	10.83	/
在婚	71.95	/
受教育程度		/
小学及以下	10.10	/
初中	55.26	/
高中	24.64	/
大专及以上	9.99	/
少数民族	3.52	/
流动范围		
跨省流动	53.22	/
省内跨市	43.16	/
市内跨县	3.62	/
流动时间	4.16	4.40
2 年及以下	49.29	/
3—5 年	24.06	/
6—9 年	14.63	/
10 年及以上	12.02	/
流动原因		
务工经商	98.03	/
其他原因	1.97	/
就业身份		
雇员	67.94	/

续表

变量	均值/百分比	标准差
雇主	7.20	/
就业身份		
自营劳动者	24.05	/
其他就业身份	0.81	/
就业行业		
制造业	30.53	/
建筑业	5.11	/
批发零售业	21.32	/
住宿餐饮业	14.72	/
居民服务业	15.03	/
就业行业		
其他行业	13.29	/

注：/表示对类别变量不适合汇报标准差。

资料来源：2014年国家八城市调查数据。

虽然因为抽样框和项目预算的限制，广州调查仅采用配额抽样进行，但是通过与全国调查数据比较发现，广州调查数据在一些重要的样本特征中与全国八城市调查数据基本一致，这在一定程度上说明广州调查数据具有较好的代表性。可见，广州调查的样本多样性和较大的样本量，最终对非等概率抽样所带来的抽样偏差有一定的弥补。

第三节　心理健康特点比较

本书第六章将利用全国八城市调查数据从人口特征、就业特征、流动特征等角度详细分析农民工的心理健康状态，并分别与市民和城—城流动人口进行比较，以期对农民工的心理健康的特点具有一个全面和多角度的认识。

为了进一步评估广州市农民工调查数据的质量,本节利用广州数据对广州市农民工心理健康的特征进行分析,将这些特点与第六章基于全国数据发现的农民工心理健康现状进行比较,从侧面完成对广州市农民工调查数据的评估。

利用广州数据、使用抑郁量表和生活满意度量表测量心理健康(具体操作方法见第七章变量测量部分),本书最终发现广州市农民工的心理健康有如下一些特点。

第一,女性心理健康水平略高于男性。

男女两性心理健康的差异主要体现在生活满意度上,女性生活满意度得分(14.77)显著地高于男性(14.16)。但在抑郁得分上,男性、女性不存在显著差异。这符合一般规律,女性往往比男性更长寿、健康。

第二,年长的农民工的心理健康水平高于年轻的。

将年龄按照5岁一组进行分组,通过分析发现20—24岁农民工的生活满意度最低(13.63),"55+"岁组农民工的生活满意度最高(15.63)。对抑郁得分的分析发现,整体上呈现出随年龄增加而逐渐降低的态势,仅在部分年龄组上有一些波动,15—19岁组农民工的抑郁得分最高(7.46),"55+"岁组农民工的抑郁得分最低(5.96)。在控制了其他因素的多变量分析中仍然发现,农民工年龄越大,心理健康水平越高。

第三,在婚农民工的心理健康水平高于不在婚农民工。

农民工中在婚人群(包括初婚和再婚)的抑郁得分(6.68)比不在婚人群(包括未婚、离婚和丧偶,7.28)低,而在婚人群的生活满意度得分(14.87)比不在婚人群(13.65)高。可见,在婚农民工比不在婚农民工的心理健康状况好。这一点在控制了其他因素、针对生活满意度的多变量分析中得到进一步验证,但在抑郁的多变量分析中婚姻的影响不显著。伴随婚姻产生的安全感、家庭支持以及生活照料等因素都可能会对农民工的生活满意度有维护和促进作用。

第四，雇主的心理健康水平最高，自营劳动者次高，雇员最低。

雇主的抑郁得分最低（6.09），而生活满意度得分最高（15.46）；雇员的抑郁得分最高（7.00），而生活满意度得分最低（14.22）；自营劳动者的抑郁得分居中（6.60），生活满意度得分亦居中（14.65）。这一发现在控制了其他因素的分析中得到了验证。与雇员和自营劳动者相比，雇主的劳动强度低、经济压力小、工作环境好、收入水平高，他们享有较高的社会地位和生活水平，这些都可能是导致雇主心理健康状况较好的原因。

第五，在制造业就业的农民工的心理健康水平最差。

选取制造业、建筑业、批发零售业、住宿餐饮业和其他服务业（包括租赁和商务服务业，居民服务、修理和其他服务业）这五个农民工就业的典型行业对心理健康水平的行业特点进行了比较。在制造业就业的农民工的抑郁度（7.52）比建筑业（6.39）、批发零售业（6.35）、住宿餐饮业（6.89）和其他服务业（6.69）的流动人口都高。在制造业就业的农民工的生活满意度（14.22）比建筑业（14.27）、批发零售业（14.60）、住宿餐饮业（14.42）和其他服务业（14.60）的农民工都低。制造业工人往往在流水线上工作，节奏快、重复性高、工作时间长，这样的工作环境可能是导致该群体心理健康水平较低的原因。

第六，居留时间长的农民工的心理健康水平高于居留时间短的农民工。

农民工的抑郁与居留时间并无显著关系，但农民工的生活满意度随居留时间的增加而显著增加。分析发现，居留时间1年以下的农民工生活满意度最低（13.86），居留时间为15年以上的农民工生活满意度最高（14.79）。这表明流入时间越长，农民工的心理健康状况越好。农民工在城市居住的时间越长，适应程度和融合程度就越高，生存发展状况逐步得到改善，这些有利于心理健康水平的提高。另外，那些在流入地待了一段时间后仍难以适应、遭受挫折、健康出现问题的流动人口很可能会选择离开，留下来的往往是"成功者"，这个选择过程也会使得流入时间越长的农民工健康水平越高。

将上述基于广州数据发现的农民工心理健康的特点与第六章全国数据的分析结果相比，可以发现两套数据在心理健康指标（尤其是正向指标）上的结论在以下几个方面基本相同：一是女性农民工的生活满意度显著地高于男性，在负向指标上性别差异均不显著；二是农民工年龄越大，心理健康水平越高；三是在婚农民工的心理健康水平高于不在婚农民工；四是雇主的心理健康水平高于雇员和自营劳动者；五是在制造业就业的农民工的生活满意度最低；六是流动时间越长，农民工的心理健康水平越高。这再次从侧面证明了广州数据具有较好的代表性和较高的信效度。尽管两套数据在心理健康负向指标上的结论存在差异，这很可能也是由于对心理健康负向情绪衡量的指标不同造成的：国家八城市调查数据使用的是凯斯勒心理疾患量表（K6）；而广州调查数据使用的是抑郁量表短表（CES－D10）。

总之，通过对两套数据的样本特征和农民工心理健康特征进行比较分析，发现两套数据在样本特征和农民工心理健康特点中的共性大于差异，说明广州调查数据质量较好，用其分析农民工社会融合的现状和影响机制应该具有一定的代表性和可靠性。

第四节　本章小结

本章分别对广州调查数据和国家八城市调查数据进行了介绍，并基于与全国调查数据的样本特征和心理健康特点的比较，对广州调查数据的质量进行了评估。

　　两套数据在性别比例、年龄构成、婚姻状态、受教育程度、少数民族人口构成、流动范围、就业身份和就业行业中具有相近的分布。通过对比发现，两套数据在心理健康（指标尤其是正向指标）上呈现的特点在以下几个方面基本相同：一是女性农民工的生活满意度显著地高于男性；二是农民工年龄越大，心理健康水平越高；三是在婚农民工的心理健康水平高于不在婚农民工；四是雇主的心理健康水平高于雇员和自营劳动者；五是在制造业就业的农民工的生活满意度最低；六是流动时间越长，农民工的心理健康水平越高。

　　通过对两套数据的样本特征和农民工心理健康特征进行比较分析，发现两套数据在样本特征和农民工心理健康特点中有许多共性，从而说明研究团队采用配额抽样自行收集的广州调查数据的质量较好。

第六章

农民工心理健康和社会融合的现状分析

由于全国八城市调查数据具有代表性强、样本量大等优势，因此本章基于该数据，同时利用负向指标（凯斯勒心理疾患量表，K6）和正向指标（生活满意度量表，SWLS）对流动人口的心理健康状况进行描述性统计分析，并为社会融合与心理健康的关系研究提供分析基础。由于国家八城市调查数据并未收集符合本书研究设计的社会融合数据，本章将利用研究团队自行收集的广州调查数据从社会经济融合、社会互动和文化适应三个维度对农民工社会融合现状进行分析。鉴于很少有研究采用地理空间和社会空间双重视角，将农民工的社会互动划分为本地市民关系、本地非市民关系和非本地关系，为了初步理解农民工社会互动（即三类社会网络）差异性形成的原因，本章还将利用回归分析专门探索各类社会网络规模的影响因素并揭示网络规模与社会互动维度除外的其他城乡社会融合维度的关系。

第一节　研究方法

一　变量测量

1. 心理疾患

消极情绪通过心理疾患水平测量，具体采用凯斯勒心理疾患量表

（K6，见附录二的604题），将量表5个题项得分加总，个体得分越高，心理疾患水平越高，其中心理疾患水平的得分在0—24分。该量表的Cronbach's Alpha值为0.834。已有研究证明凯斯勒心理疾患量表适合中国居民，有较好的信效度（徐浩等，2013；郑文贵等，2009），也有学者将该量表用于我国流动人口的心理健康调查（Jin et al.，2012；何江江等，2008）。

2. 生活满意度

心理健康的正向指标使用的是生活满意度量表（SWLS，见附录二的602题），将量表的5个题项得分加总，得分越高，表示生活满意度越高。它作为文化适应后果中心理健康的衡量指标在国际移民研究中被采纳（Berry et al.，2006b），在国内农民工的研究中也得到广泛使用（Gui et al.，2012；程菲等，2017；李树苗、悦中山，2012；悦中山，2011；悦中山、王红艳，2022）。本研究将5个题项加总，分值越高，农民工的生活满意度越高。该量表是7级Likert量表，所以生活满意度的得分在5—35分。该量表的Cronbach's Alpha值为0.863。

3. 社会经济融合

农民工社会经济融合可以从客观社会经济地位和主观社会经济地位两个方面来反映（袁玥等，2021）。

客观社会经济地位指标包括月收入、职业和教育三个方面。月收入指受访者在过去六个月内的平均收入（元），分析时依据收入的上四分位数、中位数和下四分位数将其分为四类：低于2500元、2500—3200元、3200—4500元、高于4500元。职业分为非体力劳动者（包括私营企业主、企业专业技术人员、企业或商业负责人和党政机关、事业单位负责人）、半体力劳动者（包括技术工人和办事人员）和体力劳动者（包括商业服务业劳动者、非技术工人、个体户和农林牧渔业人员）三类。教育为连续型变量（年），根据受访者的最高受教育程度转化为相对应的受教育年数（袁玥等，2021）。

客观社会经济地位通过自评感知社会地位、与本地居民比的相对社会地位和与老家村民比的相对社会地位这三个方面进行测度（袁玥等，2021）。自我感知社会地位采用经典的 10 级梯形评分来测量，题项为"您觉得自己处在社会中的哪个位置"，计分时将梯子等级转换成 10 点计分，取值范围为 1—10 分，得分越高，农民工认为自己的社会地位越高。与本地居民或老家村民比的相对社会地位通过"与广州市民相比，您觉得您的社会地位"和"与老家人相比，您觉得您的社会地位"分别测量，受访者从"非常高""比较高""一样""比较低""非常低"五个选项里选择最符合自己的一项，计分时将五个等级转化成 5 点计分，取值范围为 1—5 分，得分越高，农民工认为自己的相对社会地位越高。

4. 社会互动

社会互动是指农民工与流出地和流入地的社会联系状况，本书通过农民工社会网络来操作化社会互动。整合地理空间与社会空间双重视角，农民工社会网络主要包括非本地关系、本地非市民关系、本地市民关系。在调查中，被访者分别回答家人或亲戚、老乡或朋友、同事或工友的网络成员总数、本地网络成员数量和本地市民网络成员数量（见附录一的 216 题）。本地市民关系通过将三类关系中的本地市民网络成员数量加总得到。非本地关系通过三类关系的网络成员数的总和减去三类关系的本地网络成员数的总和得到。本地非市民关系通过三类关系的本地关系网络成员数总和减去三类关系的本地市民关系网络成员数总和得到。

5. 文化适应

在多维和双向框架下，农民工的文化适应通过与乡村文化和城市文化相关的文化行为、文化价值观和文化身份认同进行评估。

农民工的文化行为通过与广州市民交流时所使用的语言（1 = 粤语，2 = 双语，3 = 说家乡话或普通话）、粤语掌握情况（1 = 不懂粤语，

2 = 能听懂一些粤语但不会讲，3 = 听得懂也会讲一些粤语，4 = 听得懂且会讲）和与市民或者非市民的社会交往来测量。在调查中，我们请每位农民工回答有多少位家人、亲属和朋友为广州本地城市居民（见附录一的216题）。文章使用受访者与本地城市居民和非本地市民的社会关系来衡量农民工与本地市民和非本地市民的社会联系，这些均可以被操作为连续变量。遗憾的是，我们没有收集有关农民工食物偏好方面的信息，这可能也是测量文化行为的一种方法。

本书使用"农村文化保持"和"个人现代性"来分别测量农民工的农村文化保持水平和城市文化接受水平。农村文化保持水平通过改编自国际文献（Zagefka，Brown，2002）中的四题项文化保持量表来进行测量（见附录一的210题）。所有题项都以五级李克特量表来衡量（1 = 非常同意，5 = 非常不同意）。文化保持量表的 Cronbach's Alpha 系数为 0.785。最后将这四个题项的得分加总，用总分来衡量农民工的农村文化保持水平。沿袭 Yue 等（2013）的研究方法，本书使用个体现代性来衡量农民工对城市价值观的适应程度。本书尝试使用以下四个品质来评估农民工的现代性：媒体使用、个人效能感、计划性和对守时的态度。对 Inkeles 和 Smith（1974）提及的每一种现代性特点，本书分别使用一道题来进行测量，并且根据中国的实际情况进行了微小的调整。现代性的指标最终包括四个方面（见附录一的 202、203、204 和 205题）。文章所使用的现代性指标为这四个题项的得分加总。

本书使用"城市身份"和"农村身份"来测量两种文化身份认同。其中，对城市的归属感可以反映出农民工将自己视为城市社会成员的程度。沿袭 Yue 等（2013）的研究方法，归属感使用由 Bollen 和 Hoyle（1990）的量表改编而来的四个题项来进行衡量（见附录一的220题）。四个题项均以五级李克特量表进行评分（1 = 非常不同意，5 = 非常同意）。该量表的 Cronbach's Alpha 系数为 0.862。最后本书对这四个题项的得分进行加总，用总分来衡量农民工对城市社会的文化身份认同。基于上述的"城市身份认同"量表，本书通过将"城市"改为"家乡"来获得"农村身份认同"量表（见附录一的213题），其 Cronbach's Alpha 系数为0.832。最后也是通过对这四个题项的得分进行加总，用总分来衡量农民工对农村社会的文化身份认同。

二 分析策略

本章主要使用t检验和方差分析对不同特征的农民工的心理健康状况进行比较分析；对农民工的社会经济融合、社会互动和文化适应采用描述性分析方法揭示其现状。需要指出的是，在对农民工文化适应的类别进行分类时本章使用软件 Mplus 7.4（Muthén，Muthén，1998－2015），采取潜类分析方法（Latent Class Analysis，LCA）进行分析。在辨识出文化适应类别之后，采用事后比较分析和方差分析方法对各类农民工做了组间差异分析。

鉴于很少有研究将农民工的社会互动区分为本地市民关系、本地非市民关系和非本地关系，为了初步理解农民工社会互动（即三类社会网络）差异性形成的原因，本章将利用回归分析进一步探索各类社会网络规模的影响因素并揭示网络规模与社会互动维度除外的其他城乡社会融合维度的关系。因变量为非本地关系、本地非市民关系与本地市民关系，自变量包括城市社会融合和乡土社会融合，城市社会融合包括社会经济融合（职业阶层、主观自评社会地位、收入、社会保障、社区接纳和市民接纳）、文化适应（方言掌握和现代性、城市归属感），我们利用农民工与家乡的社会经济联系（耕地拥有情况、宅基地拥有情况、老家收入、配偶在老家、孩子在老家）来测量乡土社会融合。控制变量包括个人特征（年龄、性别、受教育程度、婚姻状态、性格外向程度、是否少数民族）、流动特征（居留时间、流出地所在区域）、就业特征（就业状态、来广州以后的工作份数、工作时长）和居住环境（邻居中拥有本地市民的情况）等变量。三类网络的规模为计数数据。尽管计数数据大多服从泊松分布，但由于因变量分布较为离散且零值过多，所以零膨胀泊松回归模型适合用来应对这两个问题（Lambert，1992）。该模型将分别对网络规模大于零和网络规模为零的样本构建"非零计数估计模型"和"零膨胀估计模型"。网络规模为零和非零之间的区别可能是质的差别，而非零样本中网络规模的大小只是量的不同。零膨胀泊松回归模型恰恰可以应对上述问题，分别分析非零和零的样本的影响因素。在回归结果中，若 Vuong 检验的 p 值显著，则表明零膨胀泊松模型优于泊松模型。

第二节 分析结果

一 心理健康现状

作为异质性较强的群体，农民工内部不同群体的心理健康水平呈现出很大差异性，本书首先从人口特征、就业特征和流动特征等方面详细分析农民工心理健康的特征，再通过农民工与城—城流动人口以及本地市民的比较深入了解农民工的心理健康状态。

1. 基于人口特征的分析

（1）女性心理健康水平略高于男性

女性农民工心理疾患得分（3.723）[①] 与男性农民工（3.722）相差不多，差异在统计上并不显著。男女两性心理健康的差异主要体现在生活满意度上，女性农民工的生活满意度（21.48）显著地比男性（21.17）农民工的高，但差距有限。

（2）农民工的心理健康水平随着年龄的增加而提高

如图 6-1 所示，通过将年龄按照 5 岁一组进行分组，本书分析发

---

① 括号内的数字如果没有特殊说明，均为本书中所提及的相应群体在相应指标上的得分。

现 15—19 岁农民工的生活满意度最低（20.35），之后的年龄组基本呈现随年龄增加逐渐提高的趋势，50—54 岁组农民工的生活满意度最高（22.75）。对心理疾患得分分析发现，整体上呈现出随年龄增加而逐渐降低的态势，仅在部分年龄组上有一些波动，25—29 岁农民工的心理疾患得分最高（3.84），50—54 岁农民工的心理疾患得分最低（3.37）。在控制了其他因素的多变量分析中仍然发现，农民工年龄越大，心理健康水平越高。

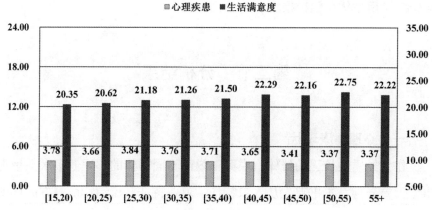

图 6-1 不同年龄段农民工的心理健康水平比较

（3）在婚农民工的心理健康水平高于不在婚农民工

农民工中在婚人群（包括初婚和再婚）的心理疾患得分（3.67）比不在婚人群（包括未婚、离婚和丧偶，3.87）低，在婚人群的生活满意度得分（21.65）比不在婚人群（20.31）高。可见，在婚农民工比不在婚农民工的心理健康状况好。这一特点在控制了其他因素的多变量分析中得到进一步验证。伴随婚姻产生的安全感、家庭支持以及生活照料等因素都可能会对农民工的心理健康有维护和促进作用。

2. 基于就业特征的分析

（1）雇主的心理健康水平高于雇员和自营劳动者

本书发现雇主的心理疾患得分最低（3.41），生活满意度得分最高

（23.08），自营劳动者的心理疾患得分最高（3.74），雇员的生活满意度最低（20.80）。这表明雇主的心理健康水平在两个指标上都是最高的，雇主的心理健康水平高于雇员和自营劳动者的。这一发现在控制了其他因素的分析中得到了验证。与雇员和自营劳动者相比，雇主的劳动强度低、经济压力小、工作环境好、收入水平高，他们享有较高的社会地位和生活水平，这些都可能是导致雇主心理健康状况较好的原因。

（2）在制造业就业的农民工的生活满意度最低

本书选取制造业、建筑业、批发零售业和住宿餐饮业这四个农民工就业的典型行业对心理健康水平的行业差异进行了比较。分析发现制造业农民工的心理疾患水平与其他三个行业的农民工相比并无显著差异。不过，在制造业就业的农民工的生活满意度（20.74）比建筑业（21.78）、批发零售业（22.21）和住宿餐饮业（21.61）的农民工低。这一发现在控制了其他因素的分析中得到了验证。制造业工人往往在流水线上工作，节奏快、重复性高、工作时间长，这样的工作环境可能是导致该群体生活满意度低的原因。

3. 基于流动特征的分析

（1）流动距离越小，农民工的心理健康水平越高

如图 6－2 所示，农民工的心理疾患得分随着流动距离的减小而减小，农民工的生活满意度随着流动距离的减小而增加，尽管差距不大，但这种差异在统计上是显著的。这说明农民工的心理健康水平随着流动距离的增加而降低。随着流动距离的增加，农民工所经历的社会环境差异、文化差异也随之变大，原有的社会支持网络越来越难以发挥作用。远距离流动使个体承受的挑战和面临的问题较多，由流动引致的压力较大，因此不利于心理健康水平的提升。

（2）流动时间越长，农民工的心理健康水平越高

农民工的生活满意度与流动时间并无显著关系，但农民工的心理疾

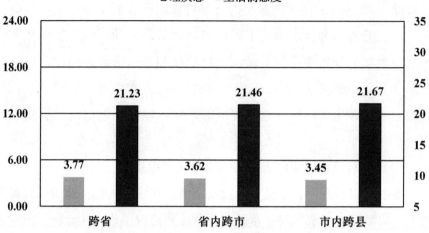

图6-2 跨省、省内跨市和市内跨县农民工的心理健康水平比较

患水平随流动时间的增加而显著降低。分析发现，流入时间 1 年以下的农民工心理疾患水平最高（4.07），流入时间为 15 年以上的农民工心理疾患得分最低（2.92）。这表明流入时间越长，农民工的心理健康状况越好。农民工在城市居住的时间越长，适应程度和融合程度就越高，生存发展状况逐步得到改善，这些有利于心理健康水平的提高。另外，那些在流入地待了一段时间后仍难以适应、遭受挫折、健康出现问题的农民工很可能会选择离开，留下来的往往是"成功者"，这个选择过程也会使得流入时间越长的农民工健康水平越高。

4. 基于农民工、城—城流动人口与市民的对比分析

同样是利用心理疾患得分均值与生活满意度得分均值，对农民工、城—城流动人口以及市民的心理健康状况进行比较分析。

（1）农民工、城—城流动人口与市民的心理健康状况比较

如表6-1所示，从消极情绪来看，农民工的心理疾患水平比城—城流动人口低。而在控制了个人特征、流动特征、就业特征和身体健康等因素后，这种差异仍然显著，从这一指标看农民工的心理健康水平高

于城—城流动人口。

表6-1　　　　　　农民工、城—城流动人口和市民心理健康状况

	心理疾患均值（标准差）	生活满意度均值（标准差）	样本量
农民工	3.72（3.27）	21.31（6.37）	13757
城—城流动人口	4.04（3.68）	21.62（6.19）	2240
市民	3.46（3.10）	22.93（6.48）	9626

资料来源：国家八城市调查数据。

从积极情绪看，农民工的生活满意度略低于城—城流动人口，但当控制了个人特征、流动特征、就业特征和身体健康等因素后，农民工的生活满意度要显著地高于城—城流动人口。这说明，虽然由于两类流动人口在人口结构特征、流动特征和社会经济地位等方面的差异，整体上城—城流动人口生活满意度略高些，但当与人口特征、流动特征相同或相似和社会经济地位相当的农民工进行比较时，这种优势不复存在，农民工生活满意度更高。究其原因，可能因为他们的参照群体和对生活的预期不同，城—城流动人口的参照群体往往是城市居民，他们对生活的预期较高；而农民工中很多人的参照群体是农村居民，他们对生活的预期比城—城流动人口低。农民工若将自己的生活境况与农村未流动的居民相比，他们在社会经济地位等方面的优势可能会有助于他们保持较高的心理健康水平。另外，如表6-1所示，从消极情绪来看，农民工的心理疾患水平比市民高。从积极情绪看，农民工的生活满意度也低于市民。

（2）农民工、城—城流动人口与市民的心理健康水平的多重比较

在表6-1的分析基础上，本书通过t检验两两验证了三个群体之间的差异是否具有统计意义上的显著性差异。分析发现：城—城流动人口的心理疾患水平显著高于市民0.57个单位、高于农民工0.31个单位。从积极情绪来看，市民的生活满意度最高，显著高于城—城流动人

口 0.25 个单位、高于农民工 0.32 个单位。农民工的生活满意度比城—城流动人口低 0.07 个单位,但没有通过显著性检验。

农民工在城市融入的过程中面临着一系列问题和挑战,较差的生存发展环境、较低的居留稳定性和较低的融合水平等各种迁移压力都会对农民工的心理疾患水平和生活满意度产生消极影响,因此农民工的心理健康状况与市民相比确实较为突出,一定程度上验证了"迁移压力"的观点。但值得注意的是,与城—城流动人口相比,农民工的心理健康水平并不差,具体表现为农民工的心理疾患状况较好,且生活满意度与城—城流动人口之间不存在显著差异。这可能是因为与农民工相比,城—城流动人口整体受教育程度较高、工作技能和专业技术较强,从户籍地流出并不是仅仅要解决生存温饱问题,而且是为了未来获得更好的发展。如果说农民工更倾向于物质型的需求层次和生存型的生活逻辑,那么城—城流动人口则更倾向于精神型的需求层次和发展型的生活逻辑(程菲等,2017)。因此基于迁移动机和期望目标的不同,城—城流动更容易因现实与理想差距的失落感和持续的工作生活压力导致其心理疾患水平高于农民工。

二 社会融合现状

1. 社会经济融合

表 6-2 提供了农民工社会经济地位的描述性分析结果。从客观社会经济地位来看,广州市农民工平均月工资为 4275.03 元,中位数为 3650.00 元,70% 左右的农民工的每月收入低于 4500 元。根据南方人才市场《2015—2016 年度广东地区薪酬调查报告》发布的数据,2015 年广州地区平均月薪 6921 元。可见,农民工的收入与全市居民(包括农村流动人口)相比还有相当大的差距。从职业状态来看,仅有 4% 为非体力劳动者(包括私营企业主,专业技术人员,企业或商业负责人,党政机关、事业单位负责人),19% 为半体力劳动者(包括技术工人、

办事人员），77% 为体力劳动者（包括非技术工人，商业、服务业劳动者，个体户，农林牧渔业从业人员和无固定职业者）。农民工以体力劳动者为主。农民工的受教育程度不高，主要为初中学历，比例占到总样本的四成以上，平均受教育年数约为十年。

在主观社会经济地位方面，农民工自评社会经济地位平均得分为4.2 分，低于中间值 5.0 分；以老家村民为参照群体的相对社会地位得分高于以本地居民为参照群体的相对社会地位，只有大约 2.0% 的农民工认为自己的社会地位高于本地居民。

表 6 - 2　　　农民工社会经济融合的描述性分析结果（N = 1422）

变量	均值	标准差	范围
客观社会经济地位			
收入（元）	4275.03	3006.58	0—40000
［0—2500 元）（参照组）	0.19	/	0，1
［2500—3200 元）	0.28	/	0，1
［3200—4500 元）	0.23	/	0，1
≥4500 元	0.30	/	0，1
职业			
体力劳动者	0.04	/	0，1
半体力劳动者	0.19	/	0，1
非体力劳动者	0.77	/	0，1
受教育程度（年）	10.09	3.13	0—19
主观社会经济地位			
自评社会地位感知	4.21	1.62	1—10
以本地居民为参照群体的相对地位	2.50	0.68	1—5
以老家村民为参照群体的相对地位	3.02	0.56	1—5

数据来源：2015—2016 年广州调查数据。

综合来看，农村流动人口的经济融合水平还不高。

2. 社会互动

本书通过农民工的社会网络操作化农民工的社会互动。

如表6-3所示，农民工本地市民关系、本地非市民关系、非本地关系网络的平均规模分别为1.38人、8.76人和7.41人，相应地，三类关系占农民工总体关系网络规模的比例分别为6%、48%和45%，即现阶段农民工本地市民关系仍处于初创阶段，本地非市民关系和非本地关系并驾齐驱构成移民网络的重要组成部分，基本符合表3-3所示的b阶段的特征。这充分说明农民工的社会网络中，农民工与市民所建立起的社会联系十分有限，农民工的社会网络成员仍以非市民关系为主，与已有研究的结论基本一致（悦中山，2011）。因此，可以说当前农民工的社会网络状态基本处在图3-2（b）所示的阶段。农民工与市民之间社会互动有限，两个群体基本处于相对隔离状态。

表6-3　　　　　　农民工社会网络描述统计表（N=1469）

变量	比例/均值	标准差	取值范围
社会网络（规模）			
本地市民关系	1.38	3.13	0—30
本地非市民关系	8.76	11.00	0—199
非本地关系	7.41	8.86	0—115
社会网络（比例）			
本地市民关系	0.06	/	0, 1
本地非市民关系	0.48	/	0, 1
非本地关系	0.45	/	0, 1

资料来源：2015—2016年广州调查数据。

表6-4提供了零膨胀泊松回归结果。我们以职业阶层为例稍加解释。非零计数模型中的显著关系包括：非体力劳动者拥有的非本地关系数量仅为体力劳动者87%，但拥有本地非市民关系的数量则为体力劳动者的1.24倍；半体力劳动者拥有本地市民关系仅为体力劳动者的79%。在零膨胀模型中，体力劳动者没有本地市民关系的可能性是半体

表6-4　农民工社会互动（三类社会网络）的零膨胀泊松回归结果（N=1275）

变量	模型1：非本地关系 非零计数模型 发生比	标准误	零膨胀模型 发生比	标准误	模型2：本地非市民关系 非零计数模型 发生比	标准误	零膨胀模型 发生比	标准误	模型3：本地市民关系 非零计数模型 发生比	标准误	零膨胀模型 发生比	标准误
城市社会融合												
社会经济融合												
职业阶层												
半体力劳动者	0.98	0.03	0.91	0.33	0.98	0.03	0.60	0.30	0.79**	0.06	0.66*	0.20
非体力劳动者	0.87*	0.05	1.52	0.57	1.24***	0.06	0.00	5792.35	0.85	0.06	0.76	0.39
自评社会地位	1.06***	0.01	0.84*	0.07	1.07***	0.01	1.13	0.07	1.15***	0.06	0.95	0.05
log（收入+1）	1.01	0.02	0.53***	0.16	1.14***	0.02	0.82	0.15	0.94	0.06	0.81	0.12
社会保障	1.02	0.03	2.73***	0.27	0.99	0.03	1.12	0.28	1.19**	0.06	0.70	0.18
社区接纳	0.91***	0.02	1.65*	0.25	0.96	0.02	0.67	0.26	0.97	0.06	0.53***	0.16
市民接纳	1.06**	0.02	1.09	0.24	0.92***	0.02	1.40	0.21	1.32***	0.06	1.22	0.15
文化适应												
方言掌握情况	1.12***	0.03	0.97	0.26	1.21***	0.03	0.83	0.23	1.57***	0.06	0.55***	0.17
现代性	1.02*	0.01	0.90	0.08	1.00	0.01	0.88*	0.07	1.01	0.06	0.96	0.05
城市归属感	1.00	0.00	1.03	0.04	1.03***	0.00	0.96	0.03	1.00	0.06	0.88***	0.03
乡土社会融合												
社会经济联系												
有耕地	0.96	0.03	0.68	0.29	1.09**	0.03	0.99	0.27	0.99	0.06	0.89	0.20

续表

变量	模型1：非本地关系				模型2：本地非市民关系				模型3：本地市民关系			
	非零计数模型		零膨胀模型		非零计数模型		零膨胀模型		非零计数模型		零膨胀模型	
	发生比	标准误	发生比	标准误	发生比	标准误	发生比	标准误	发生比	标准误	发生比	标准误
有宅基地	0.99	0.04	1.69	0.39	0.91**	0.03	0.84	0.31	0.86	0.06	1.36	0.24
老家收入（取对数）	1.00	0.00	0.93*	0.03	0.99***	0.00	1.01	0.03	0.98**	0.06	0.96*	0.02
配偶在老家	1.15***	0.04	0.31*	0.52	0.99	0.03	2.20**	0.30	0.81	0.06	1.48	0.26
孩子在老家	0.89***	0.03	0.65	0.34	1.01	0.03	1.91*	0.29	0.85*	0.06	1.11	0.21
个人特征												
年龄	0.99***	0.00	1.02	0.01	1.00***	0.00	1.02	0.01	0.99*	0.06	0.98*	0.01
男性	1.12***	0.03	0.96	0.24	1.17***	0.02	0.83	0.20	1.30***	0.06	1.35	0.15
受教育程度												
初中	1.10**	0.04	1.24	0.32	1.24***	0.04	1.09	0.29	0.86	0.06	0.57*	0.24
高中	1.00	0.04	0.74	0.40	0.94	0.03	1.28	0.32	0.90	0.06	0.42**	0.26
大专及以上	1.02	0.05	0.90	0.50	0.94	0.04	1.44	0.42	0.75**	0.06	0.34**	0.32
在婚状态	0.93*	0.03	0.70	0.33	1.03	0.03	0.43**	0.32	0.98	0.06	1.18	0.23
性格外向	1.03***	0.00	0.97	0.04	1.02***	0.00	0.98	0.03	1.04***	0.06	0.97	0.02
少数民族	1.15*	0.06	1.39	0.66	0.78***	0.05	0.92	0.58	0.89	0.06	0.95	0.43
流动特征												
居留时间（取对数）	0.85***	0.03	1.42	0.36	1.01	0.03	1.40	0.31	1.30**	0.06	0.88	0.23
流动距离												

续表

变量	模型1: 非本地关系				模型2: 本地非市民关系				模型3: 本地市民关系			
	非零计数模型		零膨胀模型		非零计数模型		零膨胀模型		非零计数模型		零膨胀模型	
	发生比	标准误	发生比	标准误	发生比	标准误	发生比	标准误	发生比	标准误	发生比	标准误
中部	1.07*	0.03	0.88	0.27	1.13***	0.03	0.80	0.24	1.07	0.06	0.86	0.17
西部	1.13**	0.04	0.92	0.42	1.07	0.04	1.10	0.34	0.98	0.06	0.67	0.27
就业特征												
就业状态												
自雇就业	1.03	0.03	1.03	0.32	0.90***	0.03	1.16	0.27	1.02	0.06	1.14	0.22
雇主	1.12**	0.04	0.84	0.40	0.81***	0.03	0.80	0.33	0.96	0.06	0.90	0.24
工作份数	1.03***	0.00	1.01	0.03	1.02***	0.00	0.93	0.05	1.05***	0.06	0.94*	0.03
工作时长	1.00	0.00	1.02**	0.01	1.00***	0.00	1.01	0.01	1.00	0.06	1.01*	0.00
居住环境												
邻居至少有一半是本地市民	0.96	0.02	1.08	0.25	0.83***	0.02	1.18	0.21	1.00	0.06	0.69*	0.16
常数项	3.08***	0.39	0.73	1.20	2.70***	0.31	0.42	1.08	0.79	0.06	288.06***	0.88
非零样本数	1170				1141				420			
零样本数	105				134				855			
Log lik.	−5779.81				−6447.57				−1787.69			
LR chi-squared	584.85***				975.84***				340.98***			
Vuong检验Z值	7.41***				9.17***				11.05***			

注：* $p < 0.05$，** $p < 0.01$，*** $p < 0.001$。

资料来源：2015—2016年广州调查数据。

力劳动者 1.52 倍（1/0.66 = 1.52），即职业阶层越高，越可能与本地市民建有社会关系。表 6 - 5 对回归结果进行了总结。若相关变量与网络规模显著正相关，则用"＋"表示，若显著负相关则用"－"表示，若相关关系不显著则用"0"表示。根据表 6 - 5 中各自变量与本地非市民的关系可知，分析结果表明职业阶层、自评社会地位、收入、方言掌握、现代性、心理认同等指标至少在一个模型中与本地非市民关系的构建呈现正相关关系。本地市民对农民工的接纳使农民工的社会关系不再囿于本地非市民关系。因此，市民的社会接纳使农民工的社会网络"去飞地化"，增加了他们与本地市民建立关系的可能性。

表6 - 5　　　　　　　　　　　　　　回归结果总结

城乡融合	操作化变量	模型1：非本地关系		模型2：本地非市民关系		模型3：本地市民关系	
		非零模型	零膨胀模型	非零模型	零膨胀模型	非零模型	零膨胀模型
城市社会经济融合	职业阶层	－	0	＋	0	－	＋
	自评社会地位	＋	＋	＋	0	＋	0
	收入	0	＋	＋	0	0	0
	社会保障	0	－	0	0	＋	0
	社区接纳	－	－	0	0	0	＋
	市民接纳	＋	0	－	0	＋	0
城市文化适应	方言掌握	＋	0	＋	0	＋	＋
	现代性	＋	0	0	＋	0	0
	城市归属感	0	0	＋	0	0	＋
乡土社会经济融合	有耕地	0	0	0	0	0	0
	有宅基地	0	0	－	0	0	0
	老家收入	0	＋	0	0	－	＋
	配偶在老家	＋	＋	0	－	0	0
	孩子在老家	－	0	0	0	－	0

注：＋表示显著正相关，－表示显著负相关，0表示不显著。

　　关于非本地关系影响因素的分析结果。由表6－4和表6－5可知，在非零计数模型中，城市社会融合指标中的自评社会地位、市民接纳、方言掌握情况和现代性以及乡土社会融合指标中的配偶在老家均与农民工非本地关系规模（不包括0，大于等于1）正相关，但职业阶层、社区接纳和孩子在老家的情况则与农民工非本地关系规模（不包括0，大于等于1）负相关。在零膨胀模型中，城市社会融合指标中的自评社会地位、城市收入以及乡土社会融合指标中的老家收入、配偶在老家的情况均有利于农民工保持与家乡社会成员的联系（即非本地关系），但社会保障和社区接纳则不利于农民工保持非本地关系。

　　关于本地非市民关系影响因素的分析结果。由表6－4和表6－5可知，在非零计数模型中，城市社会融合指标中的职业阶层、自评社会地位、收入、方言掌握和城市归属感以及乡土社会融合指标中的有耕地与农民工本地非市民关系规模（不包括0，大于等于1）正相关，但市民接纳、有宅基地和老家收入则与农民工本地非市民关系规模（不包括0，大于等于1）负相关。在零膨胀模型中，仅有城市文化适应指标中的现代性有利于农民工保有与本地非市民关系，但乡土社会融合（包括配偶在老家和孩子在老家）则不利于农民工保有本地非市民关系。整体而言：农民工城市融入水平越高，他们建构的本地非市民关系规模越大；农民工乡土社会融合水平越高，他们的本地非市民关系规模越小。

　　关于本地市民关系影响因素的分析结果。多数城市融合变量（包括自评社会地位、社会保障、社区接纳、市民接纳、方言掌握、城市归属感）与本地市民关系规模正相关。但值得指出的是，尽管在零膨胀模型中，职业阶层有助于农民工建立本地市民关系，但在非零模型中，职业阶层与本地市民关系之间负相关。综合两个模型的结果得到看似矛盾的结论：拥有较高职业阶层的农民工有更高概率与本地市民建有社会联系，一旦拥有市民关系则有较低的可能性与很多市民建立社会联系。

在"有"还是"没有"的分析中，研究结果符合预期，而在"有 1 个"或"更多"的分析中，研究结果则不符合预期。这也许因为社会关系的质量和数量有替代效应：职业阶层高的人较看重关系的质量，保持着与一两个本地市民高质量的互动之后，就不再去主动建构更多的本地市民关系；但职业阶层偏低的人则可能会积极地与更多本地市民建立联系，由于职业阶层的限制，阶层偏低的农民工很难跨越更多层级建立与较高阶层的联系，对他们来说，构建更多数量的关系以应对城市融入过程中的困难和挑战未尝不是一种策略选择。遗憾的是，调查仅收集了关系信息，未涉及质量。因此这一解释有待后续研究确认。综合来看：农民工城市融合的水平越高，他们与本地市民所建立关系的规模越大；农民工乡土社会融合水平越高，他们的本地市民关系规模越小。

总而言之，关于农民工社会互动与农民工的其他融合维度（包括社会经济融合、文化适应等）的关系研究发现：农民工的本地非市民关系和本地市民关系与农民工城市社会的融合水平正相关，与农民工乡土社会融合水平负相关；而农民工与乡土社会的社会经济联系则有利于他们的非本地关系的保持和扩大。

3. 文化适应①

表 6-6 提供了文化适应类别的拟合统计参数表。如表 6-6 所示，AIC、BIC、ABIC 和 Entropy 值显示，最好的拟合模型为将文化适应分为五类。但 LMR LRT 值和 ALMR LRT 值显示四分类要优于五分类。四分类的 LMR LRT（$p < 0.001$）和 ALMR LRT（$p < 0.001$）均显著，而五分类的 LMR LRT（$p > 0.05$）和 ALMR LRT（$p > 0.05$）均不显著，因此，统计上五分类跟四分类没有显著区别。综上，基于简易性原则，将文化适应分为四个类别最好。

---

① 本节的主体内容来自作者（悦中山、李树苗）与合作者（Eric Fong 和 Marcus W. Feldman）于 2020 年发表在英文期刊 *Population*，*Space and Place* 的论文，详细信息如下：Yue, Z., E. Fong, S. Li, and M. W. Feldman, "Acculturation of Rural – Urban Migrants in Urbanising China: A Multidimensional and Bicultural Framework", *Population*，*Space and Place*, 26 (1), 2020。

表6-6　　　　　　　　　　文化适应潜类别分析拟合统计参数

模型	AIC	BIC	ABIC	Entropy	LMR LRT P-value	ALMR LRT P-value
1类	77223.49	77565.06	77358.58	/	/	/
2类	74463.23	75141.11	74731.33	0.861	0.000	0.000
3类	72989.45	74003.64	73390.55	0.851	0.000	0.000
4类	71922.45	73272.95	72456.56	0.877	0.000	0.000
5类	71216.19	72903.01	71883.31	0.896	0.804	0.804

资料来源：2015—2016 年广州调查数据。

　　表6-7 为各潜类别样本双向与多维文化适应描述分析与事后比较结果。文章不仅计算了均值和标准差，还计算了其值域，表示子类均值占可能的分数范围的比例，其范围在 -1—1。-1 的意思是某一子类分布在城市/农村某一文化指标的最底端，0 代表分布在城市/农村某一文化指标的中点，1 代表分布在城市/农村某一文化指标的最上层。本书还计算了文化适应各子类别的城市和农村综合值域。方差分析和事后检验结果显示各类别之间在文化适应变量上的差异是显著的。

　　基于表6-7 各类别在农村、城市文化的综合值域及各维度的分布模式，本书将文化适应四类别 C1—C4 依次分别命名为偏重农村融合、偏重城市融合、融合倾向分离、边缘风险分离，四类别相应子群体占总样本的比例分别为 24.24%、28.98%、22.61% 和 24.17%。C1 类和 C2 类农民工的农村和城市文化综合值域均为正，根据 Berry 的四分类模型，他们均属于融合的两个子类。C2 类具有较高的城市文化综合值域和较低的农村文化综合值域，偏重城市融合。C1 类具有非常高的农村文化综合值域和较低的城市文化综合值域，偏重农村融合。C3 类和 C4 类均为分离型的子类。C3 类农民工具有最高的农村文化综合值域和负向但仅略低于 0（-0.02）的城市文化综合值域，非常接近融合型；C4 类农民工具有最低的负向城市文化综合值域和倒数第二低的农村文化综

表6-7　不同文化适应类型的农民工在文化适应指标上的描述性分析与事后比较分析

方向	维度（分数范围）或指标	全样本 (N=1415, 100%)		C1: 偏重农村融合 (N=343, 24.24%)			C2: 偏重城市融合 (N=410, 28.98%)			C3: 融合倾向分离 (N=320, 22.61%)			C4: 边缘风险分离 (N=342, 24.17%)			方差分析		
		M	SD	M	SD	RS¹	M	SD	RS¹	M	SD	RS¹	M	SD	RS¹	df	F	pη2
农村文化	①方言使用 (1-3)	2.36	0.88	2.51ª	0.81	0.51	2.06ᵇ	0.92	0.06	2.40ª	0.86	0.40	2.51ª	0.82	0.51	31411	23.76***	0.05
	②非市民关系 (0-248)	16.28	15.69	17.63ª	20.87	0.01	16.27ᵃᶜ	14.68	0.00	16.89ᵃᵈ	15.21	0.00	14.38ᵇᶜᵈ	10.15	-0.12	31411	2.70*	0.01
	③文化保持 (1-5)	3.69	0.67	3.98ª	0.29	0.49	3.16ᵇ	0.51	0.08	4.17ᶜ	0.72	0.58	3.60ᵈ	0.59	0.30	31411	245.25***	0.34
	④农村身份认同 (1-5)	4.04	0.61	4.03ª	0.19	0.52	3.52ᵇ	0.59	0.26	4.73ᶜ	0.46	0.87	4.00ª	0.37	0.50	31411	464.80***	0.50
	农村文化综合值域 (RS²)	/	/	/	/	0.42	/	/	0.12	/	/	0.55	/	/	0.33			
城市文化	⑤本地方言精通性 (1-4)	2.64	1.13	2.53ᵃᶜᵈ	1.09	0.02	3.05ᵇ	1.03	0.37	2.55ᶜ	1.14	0.04	2.33ᵈ	1.15	-0.12	31411	30.10***	0.06
	⑥市民关系 (0-30)	1.46	3.15	1.27ª	2.95	-0.13	2.31ᵇ	3.85	0.03	1.43ª	3.15	-0.02	0.66ᶜ	1.95	-0.55	31411	18.28***	0.04
	⑦个体现代性 (1-3)	2.34	0.37	2.35ª	0.38	0.02	2.39ª	0.34	0.08	2.35ª	0.38	0.02	2.25ᵇ	0.38	-0.04	31411	9.54***	0.02
	⑧城市身份认同 (1-5)	3.02	0.80	3.46ª	0.44	0.23	3.49ª	0.53	0.25	2.84ᵇ	0.92	-0.08	2.18ᶜ	0.33	-0.41	31411	401.01***	0.46
	城市文化综合值域 (RS²)	/	/	/	/	0.07	/	/	0.18	/	/	-0.02	/	/	-0.26			

注：/表示不适用；每一行中，具有相同上标的均值之间没有显著差异；本书采用基于真实显著性差异检验之图基（Tukey's Honestly Significant Difference test）进行事后比较分析；pη2为方差综合分析（Omnibus Analysis of Variance）所获得的partial eta-squared；* $p < 0.05$，*** $p < 0.001$。

¹ RS表示值域。个体现代性、非市民关系和市民关系是文化适应的指标，本书用总样本在指标上的均值，最小值和最大值计算其值域。如果类别均值小于总样本中值或均值，值域等于类别均值减去样本中值或均值的差除以样本中值或均值减去样本中最小值的差，值域的范围为-1.00到0.00；如果类别均值大于总样本中值或均值，值域等于类别均值减去样本中值或均值的差除以样本中最大值减去样本中值或均值的差，值域的范围为0.00到1.00。

²农村文化综合值域（RS）= [（①+②）/2+③+④]/3；³城市文化综合值域（RS）= [（⑤+⑥）/2+⑦+⑧]/3。

资料来源：2015—2016年广州调查数据。

合值域。如下图 6 - 3 所示。

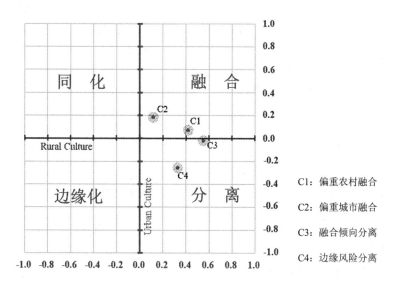

图 6 - 3　农民工文化适应类型

　　如表 6 - 7 所示，农民工文化适应类型分布情况是，24.24% 的农民工属于偏重农村融合型文化适应，28.98% 的农民工属于偏重城市融合型，22.61% 的农民工属于融合倾向分离型，24.17% 的农民工属于边缘风险分离型。可见，还有 46.78% 的农民工属于分离型，其中边缘风险分离型占比超过一半。

第三节　本章小结

　　本章利用 2014 年国家卫计委关于社会融合和心理健康的八城市专项调查数据，从消极情绪和积极情绪两方面对流动人口的心理健康状况进行了描述性统计分析。研究结果如下。

　　第一，基于人口特征的分析发现，女性农民工的生活满意度高于男性；在婚农民工的生活满意度高于不在婚的农民工；另外随着年龄的增加农民工的生活满意度也在增加。从负向指标看，全国数据表明在婚农民工心理疾患水平比不在婚群体低；且随着年龄增长，农民工心理疾患水平整体上呈现出下降的趋势。

第二，基于就业特征的分析发现，不同职业和行业的农民工心理健康状况有所不同。雇主的心理健康水平最高，雇员的心理健康水平最低，自营劳动者居中；另外，所有行业中，制造业的农民工的心理健康水平是最低的。

第三，基于流动特征的分析发现，流动时间越长、流动距离越短，农民工的心理健康水平越高。

第四，通过农民工与城—城流动人口以及市民的心理健康状态对比发现，农民工的心理健康状况较差但并不是最差。农民工的心理健康的整体水平与市民相比较低；但与城—城流动人口相比，农民工的心理疾患状况并不差，其生活满意度与城—城流动人口之间并不存在显著差异。

此外，本章从社会经济融合、社会互动和文化适应三个维度对农民工社会融合现状进行分析。主要研究发现如下。

第一，在客观社会经济融合方面，农民工收入与全市居民（包括农民工）相比还有相当大的差距；就职业阶层而言，以体力劳动者为主；他们的受教育程度不高，以初中学历为主。在主观社会经济融合方面，农民工自评社会经济地位平均得分为 4.2 分，低于中间值 5.0 分；只有大约 2.0% 的农民工认为自己的社会地位高于本地居民。

第二，在社会互动方面，农民工社会网络基本处于本地非市民关系和非本地关系并驾齐驱构成移民网络的重要组成部分、本地市民关系数量仍然十分有限的初创阶段。农民工的本地非市民关系和本地市民关系与农民工城市社会的融合水平正相关，与农民工乡土社会融合水平负相关；而农民工的非本地关系则与他们和乡土社会的社会经济联系正相关。

　　第三，在文化适应方面，发现农民工的文化适应包括四种类型，其中两类为 Berry 双向模型的"融合"子类，分别为偏重农村融合和偏重城市融合；两类为 Berry 双向模型的"分离"子类，分别为融合倾向分离、边缘风险分离。四类子群体占总样本的比例分别为 24.24%、28.98%、22.61% 和 24.17%。

第七章

社会经济融合影响农民工
心理健康的机制研究[①]

　　本章在第三章构建的农民工参照群体双重框架和第四章社会经济融合影响农民工心理健康的概念模型的指导下，使用广州调查数据，利用客观、主观两类指标综合测量农民工的社会经济融合状态，探讨社会经济融合对农民工心理健康的影响，并分析主观社会经济地位在客观社会经济地位和心理健康之间的中介作用。

第一节　研究方法

一　变量测量

1. 因变量

（1）生活满意度

　　农民工的积极心理健康状态通过生活满意度量表（SWLS）来测量，一共包括五个题项（见附录一中调查问卷的 215 题）。五个题项均采取 5 级 Likert 量表正向赋值的方法，从"非常不同意 = 1 分"到"非常同意 = 5 分"，将五个题项的得分加总作为生活满意度的综合指标，

　　① 本章的主体内容来自作者（悦中山、李树苗）与合作者袁玥于 2021 年发表在《人口学刊》的论文，详细信息如下：袁玥、李树苗、悦中山《参照群体、社会地位与农民工的生活满意度——基于广州调查的实证分析》，《人口学刊》2021 年第 5 期。

取值范围为 5—25 分，数值越大，农民工的生活满意度水平越高。该量表的 Cronbach's Alpha 值为 0.784。表 7 - 1 描述了全部农民工生活满意度的分布情况。

根据表 7 - 1 可以看出，除了 SWLS 3 题项，农民工的生活满意度在其他 4 个题项上的分布模式基本相同。SWLS 3 与其他四个题项的分布不同，选择"同意"和"非常同意"的农民工比例均高于"不同意"和"非常不同意"。另外，在 SWLS 5 题项上，农民工选择"非常不同意"的比例显著高于前面四项，有 50.0% 的农民工对"不想改变人生"持反对态度，而对前四项的表述持反对态度的比例均在 45.0% 以下。总体来看，在不考虑"既不同意也不反对"的态度下，对生活不满意的农民工比例仍然高于对生活满意的农民工比例，他们的心理健康状况较差。表 7 - 3 中全部农民工的生活满意度均值为 14.46，低于中间水平 15.0，也支持了农民工生活满意度仍然偏向于不满意这一端的观点。同时，表 7 - 3 中农民工生活满意度的标准差为 3.50，表明应该关注农民工这一群体内部结构的差异性。

表 7 - 1　　　　　　　　**农民工生活满意度分布情况**　　　　　（单位:%）

题项	非常不同意	不同意	既不同意也不反对	同意	非常同意
SWLS 1：与理想的生活一致	4.32	34.51	27.22	31.98	1.98
SWLS 2：生活条件很好	4.26	34.16	38.05	21.99	1.54
SWLS 3：对生活很满意	2.59	25.12	28.77	40.19	3.33
SWLS 4：得到了想要的东西	5.00	37.74	27.05	27.24	2.96
SWLS 5：不想改变人生	10.20	39.80	25.65	20.64	3.71
样本数	1437				

资料来源：2015—2016 年广州市农民工调查数据。

（2）抑郁度

农民工的消极心理健康状态通过抑郁度量表（CES - D）来测量，

一共包括十个问题，其中 2 个题项为正向问题，8 个题项为反向问题，被访者被问到在过去一周里是否 10 种感觉：比如"我感到消沉"（见附录一中 224 题）。其中题项 5 和题项 8 为正向问题。被访者的回答有四个选项："总是 = 3"，"经常 = 2"，"有时 = 1"和"没有 = 0"。将正向题目进行转换处理后再将所有题项的得分加总作为抑郁度的综合指标，取值范围为 0—30 分，得分越高，农民工的抑郁程度越严重。该量表的 Cronbach's Alpha 值为 0.806。表 7 - 2 描述了全部农民工抑郁度的分布情况。

表 7 - 2 　　　　　　　　农民工抑郁各题项的分布情况 　　　　　（单位:%）

题项	没有	有时	经常	总是
CES - D 1：有烦心事	43.03	49.72	5.57	1.67
CES - D 2：不能集中精力	45.15	47.75	5.87	1.24
CES - D 3：感到消沉	56.27	37.18	5.68	0.86
CES - D 4：做事费力	54.44	37.84	6.42	1.30
CES - D 5：感到未来有希望	23.34	38.51	27.31	10.84
CES - D 6：感到害怕	65.66	30.02	3.27	1.05
CES - D 7：睡不安稳	59.91	31.93	6.11	2.04
CES - D 8：感到快乐	16.60	45.86	31.05	6.48
CES - D 9：觉得孤独	53.21	38.63	6.49	1.67
CES - D 10：提不起劲	52.47	40.62	5.62	1.30
样本数	1429			

资料来源：2015—2016 年广州市农民工调查数据。

由表 7 - 2 可以看出，8 个反向情绪"经常"或"总是"发生的比例均低于 10.0%，2 个正向情绪没有发生过的比例也不高。表 7 - 3 中全部农民工抑郁度的均值为 6.88，明显低于均值 15.0，也表明农民工的抑郁程度并不是很严重。但和生活满意度类似，抑郁度的标准差为 4.27，因此农民工群体内部的异质性也是需要引起注意的。

2. 自变量

依据已有文献（程菲等，2018），社会经济地位对农民工心理健康的影响可以从客观社会经济地位（月收入、职业和教育）和主观社会经济地位（自评社会地位感知、与本地居民比的相对社会地位和与老家村民比的相对社会地位）两个方面来测量。具体操作同第六章。

3. 控制变量

控制变量包括人口学特征、流动经历和就业情况。农民工的社会人口学特征包括性别、年龄、婚姻状况、方言掌握程度和健康自评状况。其中，年龄为数值型变量；将调查问卷中的初婚、再婚、离婚和丧偶进行合并，将婚姻状况划分为未婚和已婚两类；方言掌握程度分为会说粤语和不会说粤语两类；健康自评状况来自 SF－36 通用健康量表中 General Health 子量表的五个题项，将五个题项的分数相加即可得到农民工健康自评状况的综合得分，取值范围为 0—100 分，得分越高，农民工的健康自评状况越好。流动经历包括本地居留时间、社会歧视状况和流动距离。其中，本地居留时间通过农民工初次来广州的时间至调查时间（2016 年 3 月）之间的长度来测量，分析中为数值型变量；社会歧视状况借助问卷中"在工作和生活中，您是否受到过广州市民的歧视"来测量，分为"几乎没有"和"有时/经常"两类；流动距离分为省内跨市和跨省流动两类。就业情况包括工作时间和工作稳定性。其中，工作时间通过每周平均工作的小时数来测量；工作稳定性借助问卷中"来广州后，您做过几份工作"来测量。

二　分析策略

因为生活满意度指标为连续型因变量且近似正态分布，在分析社会经济地位对生活满意度的影响作用时，采用 OLS 方法；抑郁度指标为连续型因变量，但其分布呈现右偏特征，因此，在进入模型分析时本书对抑郁度指标取对数处理，使处理后的抑郁度指标近似正态分布，分析时也采用 OLS 方法。

　　分析过程分两步，首先，利用嵌套模型，将客观社会经济地位指标和主观社会经济地位指标依次作为最后的变量组放入模型，分别计算和评价客观、主观两方面对农民工心理健康积极和消极两方面的方差解释力。其次，本研究利用结构方程模型（SEM）分析主观社会经济地位在客观社会经济地位和心理健康之间的中介作用。

第二节　分析结果

一　描述性分析

　　本书第五章已经提供了农民工社会经济融合（即本章的自变量）的描述性信息，因此本章在表 7 - 3 中仅提供了农民工心理健康和一些控制变量的信息：农民工的生活满意度得分为 14.46 分；抑郁得分为 6.88 分。样本中 52.0% 为男性；平均年龄 34.49 岁；66.0% 为已婚状态（包括初婚、再婚、离异和丧偶）；超过一半的农民工可以说粤语；自评健康状况平均得分为 66.82 分；平均在广州市生活 7.78 年，59.0% 的农民工为跨省流动；农民工每周工作时间仍然较长，平均每周工作时间约 60 个小时。

表 7 - 3　　　　农民工心理健康影响因素回归分析变量描述性信息

变量	全部农民工		
	均值	标准差	取值范围
因变量			
生活满意度	14.46	3.50	5—25
抑郁度	6.88	4.27	0—30
抑郁度（logged）	1.88	0.67	0—3.43

续表

变量	全部农民工		
	均值	标准差	取值范围
控制变量			
个人特征			
性别（女）			
男	0.52	/	0，1
年龄	34.49	11.38	15.58—77.5
婚姻状况（未婚）			
已婚	0.66	/	0，1
方言掌握（不会说粤语）			
会说粤语	0.54	/	0，1
自评健康状况	66.82	17.01	0—100
流动经历			
本地居留时间（单位：年）	7.78	6.91	0—37.75
受歧视程度（几乎没有）			
有时/经常	0.39	/	0，1
流动距离（省内跨市）			
跨省流动	0.59	/	0，1
就业情况			
工作时间（单位：小时）	59.61	21.81	0—147
工作稳定性	2.30	2.61	0—30

资料来源：2015—2016 年广州市农民工调查数据。

二　嵌套回归分析

表7-4 提供了社会经济地位影响农民工生活满意度和抑郁度的回归结果。模型一与模型二是客观、主观社会经济地位影响生活满意度的回归结果。模型一展示了在控制主观社会经济地位之前，客观社会经济地位对农民工生活满意度的直接影响作用。客观社会经济地位的三个测量指标中，只有收入对农民工生活满意度有显著影响；高收入农民工的生活满意度显著高于低收入农民工的，与已有研究结果一致（程菲等，

2017；袁玥等，2021）。由此说明，收入仍然是农民工群体最关心、最看重的方面，较好的经济状况可以提高家庭的整体经济实力和生活居住条件、增强农民工的自尊心和自信心，使个体对未来充满信心，进而提高其生活满意度。

表7-4　　　　　　社会经济地位对心理健康的 OLS 回归结果

变量	生活满意度		抑郁度	
	模型一	模型二	模型三	模型四
自变量				
客观社会经济地位				
收入（［0—2500 元）)				
［2500—3200 元)	0.301	0.344	-0.057	-0.064
［3200—4500 元)	0.414	0.411	-0.016	-0.021
≥4500 元	1.196***	1.136***	-0.106	-0.109
受教育程度（年）	-0.013	-0.078*	-0.010	-0.004
职业（体力劳动者）				
半体力劳动者	-0.073	-0.024	0.082	0.075
非体力劳动者	0.168	0.128	0.052	0.060
主观社会经济地位				
自评社会地位感知		0.374***		-0.024*
与本地居民比		0.789***		-0.106***
以老家村民比		0.351*		0.012
控制变量				
个人特征				
性别（女）				
男	-0.687***	-0.530**	0.024	0.008
年龄	0.030*	0.031**	-0.010***	-0.011***
婚姻状况（未婚）				
已婚	0.830***	0.709**	-0.078	-0.067
方言掌握程度（不会说粤语）				
会说粤语	0.130	-0.090	0.047	0.061

续表

变量	生活满意度		抑郁度	
	模型一	模型二	模型三	模型四
自评健康状况	0.020 ***	0.019 ***	− 0.009 ***	− 0.009 ***
流动经历				
本地居留时间	− 0.013	− 0.017	0.004	0.005
受歧视程度（几乎没有）				
有时/经常	− 0.429 *	0.067	0.126 ***	0.078 *
流动距离（省内跨市）				
跨省流动	0.125	0.073	− 0.022	− 0.020
就业情况				
工作时间	− 0.008	− 0.006	0.002	0.001
工作稳定性	− 0.017	− 0.026	0.014 *	0.015 *
常数项	12.170 ***	8.142 ***	2.751 ***	3.076 ***
调整后的 R²	0.052	0.129	0.072	0.087
样本数	1433	1429	1426	1422

注：* $p < 0.05$，** $p < 0.01$，*** $p < 0.001$。

资料来源：2015—2016 年广州市农民工调查数据。

　　模型二在客观社会经济地位的基础上纳入主观社会经济地位。职业对农民工生活满意度依然无显著影响，收入对生活满意度的影响作用保持不变，但受教育程度对农民工生活满意度产生消极影响。已有研究也表明教育与健康水平之间存在不一致的相互关系，受过中等教育的人比受过大学教育的人表现出更明显的健康优势（王甫勤，2011）。这种不一致关系的可能原因是，随着受教育程度的提高，农民工越可能接触到城市中的中上层群体，群际间的显著差异容易导致农民工更深刻地体验到先赋性身份地位带来的不平等，产生更强烈的相对剥夺感和不满足感，从而严重降低农民工的生活满意度水平（袁玥等，2021）。本研究发现，二者之间的负向显著关系是在加入了主观社会经济地位后出现的，很有可能是教育通过主观社会经济地位对心理健康产生了负向作用，这一作用机制将在后文的中介作用里进行深入分析。由模型二还可以看出，在控制了客观社会经济地位后，主观社会经济地位的三个指标对农民工生活满意度均具有显著影响：自评社会地位感知分数越高、与本地居民和老家村民比相对社会地位越高，生活满意度水平越高。另外，自评社会地位感知和以本地居民为参照群体的相对社会地位对农民工生活满意度的影响程度强于以老家村民为参照群体的相对社会地位，而以本地居民为参照群体的相对社会地位每提高一个单位，农民工生活满意度水平提高的幅度又大于自评社会地位感知影响作用，所以，以本地居民作为参照对象产生的优越感对农民工生活满意度的影响最强烈。由此可知，农民工群体在迁移的过程中存在参照群体变化的特点，以本地居民为代表而形成的新参照群体对生活满意度的预测作用最强。进一步，由表7-5可得，客观社会经济地位的影响占到生活满意度被解释方差的26.67%，主观社会经济地位占55.51%，是客观社会经济地位的近两倍。总的来看，这些主观、客观社会经济地位指标对农民工生活满意度的贡献较大，解释比例高达67.37%。

模型三与模型四是客观、主观社会经济地位影响抑郁水平的回归结果。模型三展示了在控制主观社会经济地位之前，客观社会经济地位对农民工抑郁水平的直接影响作用。客观社会经济地位的三个测量指标对抑郁水平均没有显著影响。模型四在客观社会经济地位的基础上纳入主观社会经济地位，客观社会经济地位的三个指标依然对抑郁水平均无显著影响。由模型四还可以看出，在控制了客观社会经济地位后，主观社会经济地位的三个指标中，自评社会地位感知和以本地居民为参照群体的相对社会地位对农民工抑郁水平具有显著影响：自评社会地位感知分数越高、与本地居民比相对社会地位越高，抑郁水平越低。以上结果与胡荣和陈斯诗对影响农民工精神健康的绝对社会经济地位和相对社会经济地位的研究结果一致（胡荣、陈斯诗，2012）。另外，以本地居民为参照群体的相对社会地位对农民工抑郁水平的影响程度显著强于自评社会地位感知的影响作用。由表 7 - 5 可得，主观、客观社会经济地位只能解释抑郁度方差的 24.92%，解释力度显著弱于生活满意度。

表 7 - 5 　　　主观、客观社会经济地位对农民工心理健康的方差的

解释显著性及比例

变量	生活满意度		抑郁度（logged）	
	R^2变化	解释比例（%）	R^2变化	解释比例（%）
客观社会经济地位	0.0168 ***	26.67	0.0063	7.80
主观社会经济地位	0.0786 ***	55.51	0.0184 ***	18.57
总计	0.0954 ***	67.37	0.0247 ***	24.92

注：* $p < 0.05$，** $p < 0.01$，*** $p < 0.001$。

资料来源：2015—2016 年广州市农民工调查数据。

在影响农民工生活满意度和抑郁水平的其他控制变量中，性别、年龄、婚姻状况和自评健康对生活满意度均有显著影响，而只有年龄和自评健康对抑郁水平有显著影响。女性比男性、已婚比未婚生活满意度高。婚姻被视为农民工心理健康的保护伞，但婚姻的保护作用仅体现在对心理健康积极方面的促进作用，而在心理健康的消极方面不起作用。年龄越大、自评健康状况越好，农民工的生活满意度水平越高，抑郁度水平越低。另外，农民工受歧视的程度对抑郁水平有显著的影响作用，当农民工经常感受到来自他人的歧视时，抑郁的风险会明显增加，这可能是因为：经常被歧视会导致农民工自尊心受损，产生自我怀疑和自闭的情绪，使农民工在融入城市时遭受更大的压力，从而对心理健康产生不利的影响。

三　结构方程模型分析

1. 变量相关分析

结构方程模型中所用变量的相关系数矩阵见表 7 - 6。

表 7 - 6　　　　结构方程模型中所用变量的相关系数矩阵表（N = 1515）

变量	1	2	3	4	5	6	7	8
自评社会地位	1.000							
与老家人比	0.312 ***	1.000						
与市民比较	0.411 ***	0.271 ***	1.000					
收入类型	0.082 **	0.039	0.040	1.000				
教育（年）	0.168 ***	0.052 *	0.223 ***	0.183 ***	1.000			
职业	0.055 *	-0.043	0.026	0.149 ***	0.204 ***	1.000		
生活满意度	0.258 ***	0.173 ***	0.201 ***	0.140 ***	-0.022	0.008	1.000	
抑郁水平	-0.110 ***	-0.072 **	-0.116 ***	-0.072 **	-0.006	0.015	-0.161 ***	1.000

注：* $p < 0.05$，** $p < 0.01$，*** $p < 0.001$。

资料来源：2015—2016 年广州市农民工调查数据。

2. 测量模型检验结果

在进一步评估结构模型之前，先对本研究的测量模型进行了检验。分析结果表明，在生活满意度模型中，$\chi^2 = 194.963$，df = 41，p < 0.001，CFI = 0.949，RMSEA = 0.05。在抑郁度模型中，$\chi^2 = 317.798$，df = 100，p < 0.001，CFI = 0.976，RMSEA = 0.038。由于卡方值对样本量比较敏感，虽然两模型卡方值仍然显著，但两者 CFI 均大于 0.9 且 RMSEA 小于等于 0.05，因此可以说，两模型拟合均较好。各模型观测变量对其相应潜变量的标准化因子载荷如表 7 - 7 和表 7 - 8 所示。

表 7 - 7　　　　生活满意度模型各观测变量对相应潜变量标准化因子载荷

潜变量	观测变量	因子载荷
生活满意度	我的生活在大多数方面都接近于我的理想	0.696
	我的生活条件很好	0.751
	我对我的生活是满意的	0.773
	迄今为止，我在生活中已经得到了我想要得到的重要东西	0.584
	假如生活可以重新过一次的话，我基本上不会作任何改变	0.468

续表

潜变量	观测变量	因子载荷
客观社会 经济地位	收入	0.294
	教育	0.750
	职业	0.285
主观社会 经济地位	自评社会地位感知	0.687
	以本地居民为参照群体的相对社会地位	0.610
	以老家村民为参照群体的相对社会地位	0.438

资料来源：2015—2016 年广州市农民工调查数据。

表 7 - 8　　　抑郁度模型各观测变量对相应潜变量标准化因子载荷

潜变量	观测变量	因子载荷
心理 抑郁度	我烦一些原来不烦心的事	0.643
	我不能集中精力做事情	0.728
	我感到消沉	0.817
	我感觉做每件事都费力	0.739
	我感到未来有希望	0.353
	我感到害怕	0.710
	我睡不安稳	0.604
	我感到快乐	0.422
	我觉得孤独	0.641
	我提不起劲儿来做事	0.716
客观社会 经济地位	收入	0.317
	教育	0.740
	职业	0.357
主观社会 经济地位	自评社会地位感知	0.681
	以本地居民为参照群体的相对社会地位	0.629
	以老家村民为参照群体的相对社会地位	0.427

资料来源：2015—2016 年广州市农民工调查数据。

3. 结构方程模型分析结果

在生活满意度模型中，检验结果表明，生活满意度中介模型拟合较好。拟合指标 $\chi^2 = 194.963$，$df = 41$，$p < 0.001$，CFI = 0.949，RMSEA = 0.05。虽然卡方仍然显著，但 CFI 大于 0.9，且 RMSEA 等于 0.05。农民工生活满意度方差的 19.8% 可被模型解释。

图 7-1 的分析结果表明，较高的客观社会经济地位对农民工的主观社会经济地位有显著影响（$\beta = 0.337$，$p < 0.001$），农民工主观社会经济地位的提高有利于其生活满意度的提高（$\beta = 0.471$，$p < 0.001$）；客观社会经济地位对农民工生活满意度具有直接的负向影响（$\beta = -0.132$，$p < 0.01$），即客观社会经济地位越高，农民工的生活满意度越低。模型结果显示，客观 SES 通过主观 SES 影响生活满意度的间接效应为 0.159（$p < 0.001$）。主观 SES 在客观 SES 和生活满意度之间发挥着部分中介作用，即一方面客观 SES 不利于农民工生活满意度的提高，另一方面又通过主观 SES 有助于生活满意度的提高，且间接作用大于直接作用（即 0.159 的绝对值大于 -0.132 的绝对值），客观 SES 影响生活满意度总效应为正。不过，客观 SES 对生活满意度具有直接的、显著的负向影响这一结果值得深思。由表 7-6 相关系数分析发现，在客观 SES 的三个测量指标中，只有教育与生活满意度之间呈现负相关，即农民工接受教育年数越多，所获文凭越高，其生活满意度越差，尽管相关系数并不显著；这启发我们进一步推测：教育水平越高的农民工越可能会对自己当前的工作、生活情况不满，可能对自己本应有的生活状态

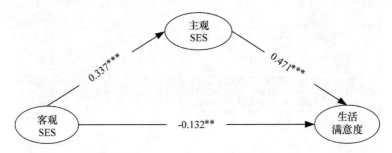

图 7-1　主观 SES、客观 SES 和生活满意度之间的标准化路径系数

注：** $p < 0.01$，*** $p < 0.001$。

抱有更高的期待，当这种理想与现实不一致时，会促使他们对现实生活有诸多不满，因此可能导致客观 SES 对生活满意度具有显著的负向影响。当然这一解释有待后续研究做进一步深入分析。

在抑郁度模型中，检验结果表明，抑郁度中介模型拟合较好。拟合指标 $\chi^2 = 309.953$，df = 100，p < 0.001，CFI = 0.977，RMSEA = 0.037。虽然卡方值仍然显著，但 CFI 大于 0.95，且 RMSEA 小于 0.05。农民工抑郁度方差的 3.8% 可以被模型解释。

图 7-2 的分析结果表明，较高的客观社会经济地位对农民工的主观社会经济地位有显著影响（β = 0.303，p < 0.001），农民工的主观社会经济地位有利于减少农民工的抑郁水平（β = - 0.205，p < 0.001）；但是，客观社会经济地位对农民工抑郁水平的直接影响并不显著（β = 0.056，p > 0.05）。模型结果显示，客观 SES 通过主观 SES 影响抑郁的间接效应为 - 0.062（p < 0.001）。此结果说明，主观 SES 在客观 SES 和抑郁之间发挥完全中介作用，即客观 SES 对抑郁没有显著的直接影响，其对农民工抑郁水平的影响是通过提升主观 SES 来实现的。

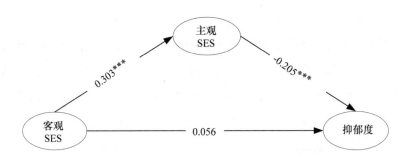

图 7-2 主观 SES、客观 SES 和抑郁度之间的标准化路径系数

注：*** p < 0.001。

第三节　讨论

本研究考察了社会经济地位与农民工心理健康的关系，结果发现，农民工的社会经济融合全貌需要从客观社会经济地位和主观社会经济地位两方面综合测量，"SES－健康梯度效应"对农民工心理健康积极和消极两方面影响作用不同。首先，不论是客观社会经济地位还是主观社会经济地位，高社会经济地位的农民工总是与高生活满意度水平和低抑郁水平相联系，显示出梯次特征，即提高农民工的社会经济融合水平对心理健康的积极方面有促进作用，对消极方面有抑制作用。其次，社会经济地位对积极方面（生活满意度）的影响作用大于对消极方面（抑郁度）的影响作用，说明梯次效应对心理健康的积极影响更多的是通过社会经济地位对生活满意度的正向影响来实现的。再次，客观社会经济地位与生活满意度之间存在显著的正相关关系，但对抑郁度没有影响，并且，客观社会经济地位影响生活满意度的三个指标中只有收入存在积极影响。最后，主观社会经济地位对生活满意度和抑郁度都有显著影响，但其对前者的影响作用更大，表明随着传统客观社会经济地位因素对心理健康影响作用的逐渐弱化，主观社会经济地位逐渐成为影响心理健康的重要方面。一方面，Han（2015）从理论层面对幸福感的讨论认为，主观和客观两个基本维度都是幸福感的影响因素，可以带来愉悦的心理体验或精神感受。另一方面，影响心理健康最重要的因素不再是社会经济地位的客观水平，而是由社会比较引起的相对社会经济地位不平等，主观社会经济地位则细致地刻画了这一相对地位不平等的现象（Sakurai et al.，2010）。对农民工群体来说，这一相对地位不平等的现象既通过自我社会地位的感知测评，也通过与其关系最密切、最直接的老家村民和本地居民这两个参照群体的社会比较来衡量。当农民工主观感受到自己的社会经济地位优于老家村民或本地居民时，即使绝对收入仍然较低（尤其低于本地居民时），他们仍会认为迁移是正确的、成功的，并产生积极的心理状态。这种通过相对社会地位而产生的优越感会对农民工的心理健康产生显著的促进作用，如提高生活满意度或降低抑郁水平。

如上所述，主观 SES 和客观 SES 对农民工心理健康均有重要影响。此外，客观 SES 还可以通过主观 SES 对农民工心理健康产生间接影响。本研究通过对客观 SES、主观 SES 和心理健康的中介效应检验，结果发现，主观 SES 在客观 SES 和农民工生活满意度、抑郁度之间的中介作用显著，验证了主观 SES 是客观 SES 影响农民工心理健康的重要心理解释路径（Demakakos et al.，2008；Hoebel et al.，2017）。客观社会经济地位较高的农民工容易形成对自己主观社会经济地位的积极认知，在获得高主观社会经济地位的同时，会对自己做出比较积极的评价，从而增加了心理健康。但这一中介作用机制在心理健康的正负指标上表现出差异性，农民工生活满意度方差的 19.8% 可由该中介模型解释，而该模型只能解释抑郁度方差的 3.8%。就生活满意度来讲，主观 SES 在客观 SES 与其之间存在部分中介效应，客观 SES 一方面通过主观 SES 提高生活满意度，另一方面又不利于直接提高生活满意度，产生直接效应和间接效应的"不一致"（MacKinnon et al.，2000）。程菲等发现，长期以来，户籍制度下的城乡二元结构在我国农民工的经济生活领域起着根本性的制约作用，使农民工长期处于不利的社会生活环境中，仅从表面提高他们的文化水平无法解决本质问题，反而会使他们因受教育程度的提高感受到更多的城乡经济发展和资源配置不平衡，由此带来的冲突感和矛盾感会进一步降低心理健康水平（程菲等，2018）。因此，教育对心理健康的反向作用可能正是产生直接效应和间接效应"不一致"的原因之一。而主观 SES 在客观 SES 与抑郁度之间发挥完全中介效应，即客观 SES 对农民工抑郁水平没有直接影响，只能通过提高个体主观

SES 来间接影响抑郁度。主观 SES 是在一定参照群体下产生的主观知觉，也是一种相对地位，既涉及对客观因素的主观认知（陈艳红等，2014），还包括与周围人群在客观社会经济地位方面进行比较产生的相对地位评价。主观感到自己处于社会较高阶层的个体会对自我形成更积极的认识和评价，从而获得高生活满意度和低抑郁水平。正是通过主观 SES 这一中介变量，农民工的客观 SES 才会影响其心理健康水平。

总的来说，尽管主观、客观社会经济地位对农民工心理健康都有显著影响，但相比客观社会经济地位，主观社会经济地位对农民工心理健康的方差解释更强、影响作用更大，与 Sakurai 等（2010）的研究结论一致。他们认为主观社会地位是比客观社会经济地位（如收入、教育和职业）更显著的心理健康影响因素；同时，主观社会经济地位对个体心理健康的影响作用也更为显著和稳定，不会因不同国家社会结构和文化情境等因素的不同而发生变化（Sakurai et al., 2010）。与以往研究仅关注客观 SES、主观 SES 对心理健康的直接影响相比，本研究还验证了主观 SES 是客观 SES 影响农民工心理健康的一个内部机制，即在探讨农民工社会经济地位与心理健康的关系时，不能只考虑客观 SES 这一单纯客观环境变量，而应综合考虑自评社会地位、以本地居民为参照群体的相对地位和以老家村民为参照群体的相对地位，由强调 SES 的绝对作用转向强调 SES 的相对作用，引导农民工正确、积极感知其所在的社会地位。这对于长期处于低 SES 的农民工来说具有重要意义。

第四节　本章小结

本章在第三章构建的农民工参照群体双重框架的指导下，利用客观、主观两类指标综合测量农民工的社会经济融合状态，探讨社会经济融合对农民工心理健康的影响，分析主观社会经济地位在客观社会经济地位和心理健康之间的中介作用。

　　本研究验证了"SES－健康梯度效应"，即不论是客观社会经济地位还是主观社会经济地位，高社会经济地位的农民工总是与高生活满意度水平和低抑郁水平相联系，显示出梯次特征。

　　传统客观社会经济地位因素对心理健康的影响作用逐渐弱化，主观社会经济地位对心理健康发挥着更重要的影响作用。影响心理健康最重要的因素不是社会经济地位的客观水平，而是由社会比较引起的相对社会经济地位。

　　主观 SES 在客观 SES 和心理健康之间发挥着中介作用。客观 SES 较高的农民工更容易形成对自己主观 SES 的积极认知，进而产生更高的生活满意度和更少的抑郁情绪。就生活满意度来讲，主观 SES 在客观 SES 与其之间存在部分中介效应，客观 SES 一方面通过主观 SES 提高生活满意度，另一方面又不利于直接提高生活满意度，产生直接效应和间接效应的"不一致"。教育对心理健康的反向作用可能是产生这种"不一致"的原因之一。

第八章

社会支持还是社会比较？社会网络影响农民工心理健康的机制研究①

本书从社会网络的角度分析社会互动。本章基于第三章对农民工社会网络类型的建构，将农民工社会网络分为非本地关系、本地非市民关系和本地市民关系三类，在第四章社会网络影响农民工心理健康的概念模型的指导下，利用广州调查数据，根据研究假设验证社会网络通过社会支持和社会比较影响农民工心理健康的机制和路径。

第一节　研究假设

根据动机的不同可以把社会行动分为表达性行动（Expressive Action）和工具性行动（Instrumental Action）两类（Lin，2001）。维持和获得有价值的资源是社会行动的两个主要动机（Lin，1994；2001）。旨在维护或保持现有资源的行动就是表达性行动，旨在获取新的有价值的资源的行动是工具性行动。根据互动双方的社会经济地位的差异又可以把社会互动分为同质互动和异质互动（Lin，1994；2001）。同质互动的双方往往来自同一个社会圈子，具有相仿的生活方式，具有较强的情感

① 本章的主体内容来自作者（悦中山、王红艳）于2022年发表在《社会学评论》的论文，详细信息如下：悦中山、王红艳，《社会支持还是社会比较——社会网络影响农民工精神健康的机制研究》，《社会学评论》，2022年第5期。

和信任，蕴含的资源也比较类似，有利于维持和强化已经获取的资源。因此，同质互动可以使表达性行动获得更好的效果。异质互动往往发生在社会经济地位相差很大的行动者之间。与同质互动相比，互动双方往往来自不同的社会圈子，异质互动双方在资源类型上差异较大，有利于双方互通有无，获取异质性资源，更有利于旨在获取新资源的工具性行动的开展。因此，进行异质互动可以使工具性行动达到更好的效果。

根据对农民工社会网络的分析，当前农民工的社会网络状态基本处在图 3 - 2（b）所示的阶段。在此阶段，非本地网络和本地非市民网络在网络中处于主导地位（见表 3 - 3）。农民工与非本地关系和本地非市民关系的互动基本属于同质互动；农民工的本地市民网络仍处于从属地位，农民工群体和本地市民群体在社会空间中仍处于隔离状态，是横跨"新二元社会"之间的社会互动，仍然以异质互动为主（如表 3 - 2 所示）。

通过动员社会网络的资源保持心理健康水平是一种表达性行动，同质性互动有助于行动效果的达成，异质性互动的效果则欠佳。因此本书预期非本地网络和本地非市民网络均可以通过提供情感性支持促进农民工的心理健康（见表 8 - 1 中假设 1 和假设 5）。而由于异质互动，本地市民网络并不太可能通过提供情感性支持促进农民工的心理健康（见表 8 - 1 假设 9）。

非常多的研究已经证明通过动员社会网络的资源提供工具性支持有利于农民工获得较高的收入和较好的工作（即图 4 - 4 的客观 SES）（曹子玮，2003；李培林，1996；刘传江、周玲，2004；刘林平，2001；张春泥、刘林平，2008；张春泥、谢宇，2013）。如前所述，与本地市民的异质互动有助于工具性行动效果的达成，客观社会经济地位对农民工心理健康具有显著的积极影响，因此得到假设 10，即本地市民网络所提供的工具性社会支持有利于农民工的客观社会经济地位的提升进而借此提升农民工的心理健康水平。因为第七章已经证明客观社会经济地位

对主观社会经济地位存在正向影响，因此得到假设 11，即本地市民网
络通过提供工具性支持促进客观 SES 的提升，进而有助于提升主观
SES，最终有助于心理健康水平的提升。相反，因为农民工与非本地关
系和本地非市民关系进行同质互动，所以非本地关系与本地非市民关系
对农民工的客观社会经济地位的提升没有影响，因而也不会影响到农民
工的心理健康（见表 8 - 1 中的假设 2 和假设 6）。自然，非本地关系和
本地非市民关系通过工具性支持、客观 SES、主观 SES 影响心理健康的
多步中介效应也不会存在（见表 8 - 1 中的假设 3 和假设 7）。

表 8 - 1   社会网络影响心理健康的机制、路径假设

关系类型	影响机制与假设	相应影响路径
非本地关系	假设 1：情感支持	支持—>健康（+）
	假设 2：工具支持	支持—>OSES—>健康（0）
	假设 3：工具支持 + 主观 SES	支持—>OSES—>SSES—>健康（0）
	假设 4：比较	比较—>健康（+）
本地非市民关系	假设 5：情感支持	支持—>健康（+）
	假设 6：工具支持	支持—>OSES—>健康（0）
	假设 7：工具支持 + 主观 SES	支持—>OSES—>SSES—>健康（0）
	假设 8：比较	比较—>健康（0）
本地市民关系	假设 9：情感支持	支持—>健康（0）
	假设 10：工具支持	支持—>OSES—>健康（+）
	假设 11：工具支持 + 主观 SES	支持—>OSES—>SSES—>健康（+）
	假设 12：比较	比较—>健康（-）

注：括号内"+"表示相应的网络类型对心理健康有显著正向影响，括号内"0"表示无显
著影响，括号内"-"表示显著负向影响。

关于社会网络经由社会比较如何影响心理健康，首先需要判断农民
工与非本地关系、本地非市民和本地市民相比的相对社会经济地位。我
们一般认为，由于城乡二元社会的长期影响，作为一个整体，市民的社
会经济地位优于农民工。在农村社会，尽管由于大量社会网络的存在，

已经使得农民工外出务工的选择性有所降低，但仍然存在，选择外出务工仍然是在教育和年龄上有相对优势的群体。同时城市务工收入一般高于未流入城市社会的农村居民从事农林牧副渔业得到的收入，因此可知农民工的社会经济地位一般高于自己社会网络中的非本地社会关系成员的社会经济地位。农民工进城以后，往往与自己的同乡或其他地方的农民工共同生活、一起工作（刘海泳、顾朝林，1999；张春泥、谢宇，2013）。他们工作性质、收入水平往往相当，因此农民工极易建立起对本地非市民群体的认同感和归属感，作为内群体成员，"你就是我、我就是你"，"你中有我、我中有你"，他们很多时候不会去有意识地与本地非市民关系进行比较，即使比较，往往也难分伯仲。因此，结合当前农民工的生存状态，大部分农民工极有可能认为自己社会经济地位低于本地市民、高于非本地关系而与本地非市民不分伯仲。

由于本地市民关系比农民工群体的社会经济地位高，则易导致农民工低评自己的主观 SES。已有研究已经证明农民工进城后的确会将评估社会经济地位的标准提高（Wang，2017）。评价标准的提升更容易造成农民工低评自身的社会经济地位，由于"比上不足"进而产生相对剥夺感，最终有损健康（见表 8-1 假设 12）。Jin 等（2012）的研究为此提供了初步的证据，即拥有越多本地关系（包括本地市民和本地非市民）的农民工越容易低估自己的社会经济地位（与城市市民相比）。相反，由于农民工与非本地关系相比，具有社会经济地位上的优势，因此更可能导致农民工高评自己的主观 SES，从而产生"比下有余"的优越感，最终有利于农民工的心理健康（见表 8-1 假设 4）。Jin 等（2012）的研究结论支持这一假设，即社会比较在非本地关系和心理健康之间发挥着显著的中介作用。在本阶段，绝大部分农民工融于本地非市民群体之中，"你中有我，我中有你""你就是我，我就是你"的情况不易产生比较，即使比较亦是伯仲难分，所以本书认为本地非市民网络不会通过社会比较这一机制影响农民工的心理健康（表 8-1 假设 8）。

第二节 研究方法

一 变量测量

文章用抑郁度和生活满意度来测量心理健康，具体操作化同第七章。

本研究的自变量为农民工非本地关系、本地非市民关系与本地市民关系，具体操作化同第六章

本研究的中介变量为社会支持和社会比较。本研究修改了 Zimet 等（1988）提出的 12 题项多维度社会支持量表来衡量农民工的社会支持。这些题项分别评估了来自家人或亲戚、朋友或老乡和同事或工友的社会支持。来自家人或亲戚的支持包括"我的家人或亲戚能够切实具体地给我帮助"等四个题项，来自朋友或老乡的支持包括"我的朋友或老乡能够真正地帮助我"等四个题项，来自同事或工友的支持包括"在我遇到问题时同事或工友会出现在我的身旁"等四个题项。被访者从"非常不同意"到"非常同意"五个选项中进行选择，每题得 1–5 分，分值越高，代表社会支持程度越高。三个子量表的信度系数 Cronbach's Alpha 分别为 0.749、0.774 和 0.854。由于社会支持的观测变量有 12 个且有 3 个子量表构成，因此采用项目打包（Item Parceling）的办法，将三个子量表相关题项的总分作为潜变量社会支持的观测变量进入模型。与单个指标相比，项目打包可带来更高的信度（Little et al., 2002），使得数据分布形态更接近正态、更易收敛（Marsh et al., 1998），以及更好的模型拟合（Rogers, Schmitt, 2004）。

本书的社会比较机制具体通过主观社会经济地位变量体现。主观社会经济地位潜变量通过自评社会经济地位、与老家人比社会经济地位、与市民比社会经济地位三个观测变量构成，具体操作见第六章。此外，

客观社会经济地位作为社会支持影响主观社会经济地位和心理健康的中间变量，为本书的链式中介变量，通过收入、教育和职业三个观测变量构成，具体操作见第六章。

二　分析策略

该研究使用 Mplus 7.4 统计软件对心理健康的两个指标——抑郁度和生活满意度——分别运行结构方程模型来检验假设是否成立。

本书通过假设检验卡方值（χ^2）、比较拟合指数（CFI）和近似误差均方根（RMSEA）三大指标来评估测量模型和结构模型的模型拟合度。

为了对比三类关系在社会支持和社会比较中所发挥的作用，本章依据相关理论、研究提出了 12 个假设，其中包括 6 条不显著（即理论上认为不存在）的路径。为了同时验证显著的路径和不显著的路径，本章首先依据图 8-1 所示的模型，设定各个路径均存在，运行初始模型，完成对不显著路径的检验。然后，本书只保留显著（即理论上认为存在）的路径，运行最终模型。本研究将在结果和讨论中主要展示最终模型的系数，但会对初始模型中不显著路径的系数和结果做简要介绍。其实，通过对比初始模型和最终模型的比较拟合指数和近似误差均方根系数发现，在去掉不显著路径后，模型的拟合优度均有微小的改进，但变化不是很大（见表 8-6）。

综上，其运行了测量模型、验证模型和反向因果模型：基于所有潜变量构建测量模型，评估其拟合效果；构建全路径模型以确认未纳入假设路径的不显著性，形成假设验证模型，检视假设是否成立；本章补充建立了社会比较机制的反向因果模型和社会支持机制的反向因果模型，通过比较不同模型的 BIC 值，评估假设模型所设定的因果关系的可靠性。

第三节 分析结果

一 描述性分析

表8-2展示了本研究的样本构成状况。如表8-2所示，纳入模型的1469个样本中男性占比为53%，女性占比为47%。样本平均年龄为34.23周岁。在婚状态样本占比为65%，非在婚样本占比为35%。样本平均受教育年限为10.09年。59%的农民工为跨省流动，41%为省内流动，平均流动时间为7.75年。就业状态为雇主的比例为11%，为雇员的比例为68%，为自雇的比例为16%，此外，还有5%的农民工未就业。农民工月均收入为3927.95元。对本地市民关系、本地非市民关系、非本地关系的描述见第五章。

表8-2 样本特征的描述性分析

变量	比例/均值	标准差	取值范围	N
性别				1469
男	0.53	/	0, 1	
女	0.47	/	0, 1	
年龄（周岁）	34.23	11.09	16—73	1452
婚姻状态				1469
在婚	0.65	/	0, 1	
不在婚	0.35	/	0, 1	
教育程度（年）	10.09	3.04	0—19	1469
流动距离				1467
跨省流动	0.59	/	0, 1	
省内流动	0.41	/	0, 1	
流动时间（年）	7.75	6.85	0—37.75	1453
就业状态				1469
雇主	0.11	/	0, 1	

续表

变量	比例/均值	标准差	取值范围	N
就业状态				1469
雇员	0.68	/	0，1	
自雇	0.16	/	0，1	
未就业	0.05	/	0，1	
收入（元）	3927.95	2991.98	0—40000	1469
社会网络（规模）				
本地市民关系	1.38	3.13	0—30	1469
本地非市民关系	8.76	11.00	0—199	1469
非本地关系	7.41	8.86	0—115	1469
社会网络（比例）				
本地市民关系	0.06	0.12	0—1	1469
本地非市民	0.48	0.28	0—1	1469
非本地关系	0.45	0.28	0—1	1469

注：/表示对类别变量不适合汇报标准差。

资料来源：2015—2016 年广州市农民工调查数据。

结构方程模型中所用变量的相关系数矩阵见表 8 - 3。

二　测量模型检验

在进一步评估结构模型之前，先对本研究的测量模型进行了检验。分析结果表明，在抑郁度模型中，$\chi^2 = 544.766$，$df = 145$，$p < 0.001$，$CFI = 0.957$，$RMSEA = 0.043$。在生活满意度模型中，$\chi^2 = 270.645$，$df = 71$，$p < 0.001$，$CFI = 0.947$，$RMSEA = 0.044$。由于卡方值对样本量比较敏感，虽然两模型卡方值仍然显著，但两者 CFI 均大于 0.9 且 RMSEA 小于 0.05，因此可以说，两模型拟合均较好。各模型观测变量对其相应潜变量的标准化因子载荷如表 8 - 4 和表 8 - 5 所示。

表8-3　结构方程模型中所用变量的相关系数矩阵

变量	1	2	3	4	5	6	7	8	9	10	11	12
1. 本地市民	1.000											
2. 本地非市民	-0.005	1.000										
3. 非本地关系	-0.032	0.221***	1.000									
4. 社会支持	-0.023	0.097***	0.108***	1.000								
5. 自评社会地位	0.152***	0.068**	0.089***	0.112***	1.000							
6. 与老家人比较	0.061*	0.004	0.017	0.101***	0.309***	1.000						
7. 与市民比较	0.150***	0.029	0.038	0.104***	0.406***	0.270***	1.000					
8. 收入类型	-0.004	0.062*	0.068**	0.072**	0.053*	0.018	0.017	1.000				
9. 教育	0.150***	0.009	0.038	0.039	0.154***	0.050	0.216***	0.204***	1.000			
10. 职业	0.021	0.064*	0.006	0.047	0.047	-0.044	0.023	0.176***	0.206***	1.000		
11. 生活满意度	0.039	0.027	0.025	0.284***	0.260***	0.173***	0.203***	0.127***	-0.028	0.008	1.000	
12. 抑郁水平	-0.033	-0.025	-0.067*	-0.219***	-0.111***	-0.075*	-0.110***	-0.086***	-0.007	0.021	-0.164***	1.000

注: * $p<0.05$; ** $p<0.01$; *** $p<0.001$。

表8-4 抑郁度模型各观测变量对相应潜变量标准化因子载荷表

潜变量	观测变量	因子载荷
心理 抑郁度	我烦一些原来不烦心的事	0.650
	我不能集中精力做事情	0.726
	我感到消沉	0.821
	我感觉做每件事都费力	0.740
	我感到未来有希望	0.364
	我感到害怕	0.701
	我睡不安稳	0.599
	我感到快乐	0.424
	我觉得孤独	0.641
	我提不起劲儿来做事	0.712
社会 支持	同事或工友支持	0.492
	家人或亲戚支持	0.558
	老乡或朋友支持	0.704
主观社会 经济地位	自评社会经济地位	0.674
	与老家人比社会经济地位	0.440
	与市民比社会经济地位	0.615
客观社会 经济地位	收入	0.313
	教育	0.722
	职业	0.292

资料来源：2015—2016年广州市农民工调查数据。

表8-5 生活满意度模型各观测变量对相应潜变量标准化因子载荷表

潜变量	观测变量	因子载荷
生活 满意度	我的生活在大多数方面都接近于我的理想	0.693
	我的生活条件很好	0.752
	我对我的生活是满意的	0.773
	迄今为止，我在生活中已经得到了我想要得到的重要东西	0.587
	假如生活可以重新再过一次的话，我基本上不会作任何改变	0.447
社会 支持	同事或工友支持	0.591
	家人或亲戚支持	0.399
	朋友或老乡支持	0.865

续表

潜变量	观测变量	因子载荷
主观社会 经济地位	自评社会经济地位	0.679
	与老家人比社会经济地位	0.440
	与市民比社会经济地位	0.609
客观社会 经济地位	收入	0.282
	教育	0.751
	职业	0.287

资料来源：2015—2016 年广州市农民工调查数据。

三 结构方程模型分析

1. 假设检验模型的分析结果

农民工社会关系影响心理健康的机制路径假设相应检验结果如表 8 - 6 所示。接下来对仅放入显著路径的模型结果进行汇报，具体分析如下。

在抑郁度模型中，检验结果表明，抑郁度中介模型拟合较好。拟合指标 $\chi^2 = 708.511$，df = 196，p < 0.001，CFI = 0.948，RMSEA = 0.042。虽然卡方仍然显著，CFI 大于 0.9，且 RMSEA 小于 0.05。农民工抑郁度的方差的 13.6% 被模型解释掉。

抑郁度中介模型的标准化路径如图 8 - 1 所示。非本地关系主要通过三条间接路径影响农民工抑郁度。首先，非本地关系网络规模越大，农民工所获得社会支持越多（β = 0.121，p < 0.01），进而会降低农民工抑郁度（β = - 0.319，p < 0.001）。其次，非本地关系网络规模越大，农民工所获得社会支持越多（β = 0.121，p < 0.01），进而会促进农民工客观社会经济地位的提升（β = 0.234，p < 0.001），其客观社会经济地位的提升又会促进其主观社会经济地位的提升（β = 0.343，p < 0.001），最终降低农民工抑郁度（β = - 0.208，p < 0.001）。最后，非本地关系网络规模越大，使农民工产生有利的社会比较，有助于提高其主观社会经济地位（β = 0.068，p < 0.01），从而降低其抑郁度（β =

- 0.208，p < 0.001）。非本地关系作用于农民工抑郁度的总的间接效应为 - 0.051（p < 0.01），农民工非本地关系经过假设 1 至假设 4 四条路径间接影响抑郁的间接效应的标准化系数分别为 - 0.039（p < 0.01）、0.004（p > 0.05）、- 0.002（p < 0.05）、- 0.014（p < 0.05）。可见，假设 1、假设 2 和假设 4 得到验证，假设 3 没有得到验证，即假设 2 所指出的路径确实不存在，假设 1、假设 3 和假设 4 所指出的路径是实际存在的。非本地关系对农民工抑郁度的直接效应不显著。因此，非本地关系主要通过假设 1、假设 3 和假设 4 所指出的三条路径间接作用于农民工抑郁度。

本地非市民关系主要通过两条路径间接影响农民工抑郁度。首先，本地非市民关系网络规模越大，农民工所获得社会支持越多（β = 0.114，p < 0.01），进而会降低农民工抑郁度（β = - 0.208，p < 0.001）。其次，本地非市民关系网络规模越大，农民工所获得社会支持越多（β = 0.114，p < 0.01），进而会促进农民工客观社会经济地位的提升（β = 0.234，p < 0.001），客观社会经济地位的提升又会促进其主观社会经济地位的提升（β = 0.343，p < 0.001），最终降低农民工抑郁度（β = - 0.208，p < 0.001）。农民工本地非市民关系作用于其抑郁度的三条路径（即假设 5 至假设 7）的效应系数分别为 - 0.036（p < 0.01）、0.004（p > 0.05）和 - 0.002（p < 0.05），本地非市民关系作用于农民工抑郁度的总间接效应为 - 0.035（p < 0.01）。由此可见，假设 5 和假设 6 得到验证，假设 7 没有得到验证，即假设 6 所指出的路径确实不存在，假设 5 和假设 7 所指出的路径实际是存在的。本地非市民关系对农民工抑郁度的直接效应不显著，农民工本地非市民关系主要通过假设 5 和假设 7 两条路径间接作用于其抑郁度。

本地市民关系主要通过社会比较路径间接影响农民工抑郁度。本地市民关系网络规模占其总体网络规模的比例越大，越能够使农民工产生有利的社会比较，有助于提高其主观社会经济地位（β = 0.219，p <

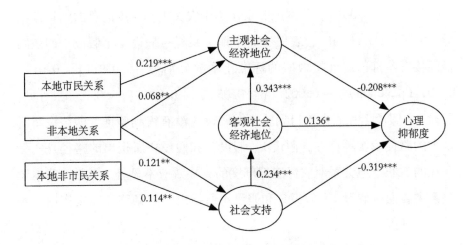

图 8 - 1 社会网络影响农民工抑郁的标准化路径系数

注：* p < 0.05；** p < 0.01；*** p < 0.001；圆框内为潜变量。

0.001），从而降低其抑郁度（β = - 0.208，p < 0.001）。由此可见，假设 12 没有得到验证，假设 12 社会比较路径的作用方向与预期的相反。本地市民关系对农民工抑郁度的直接效应不显著，本地市民关系主要通过提供有力的社会比较，促进农民工主观社会经济地位，间接作用于农民工抑郁度。

在生活满意度模型中，检验结果表明，生活满意度中介模型拟合较好。拟合指标 χ^2 = 388.206，df = 107，p < 0.001，CFI = 0.927，RMSEA = 0.042。虽然卡方值仍然显著，CFI 大于 0.9，且 RMSEA 小于 0.05。农民工抑郁度的方差的 26.2% 被模型解释掉。

生活满意度中介模型的标准化路径如图 8 - 2 所示。非本地关系主要通过两条间接路径影响农民工生活满意度。首先，非本地关系网络规模越大，农民工所获得社会支持越多（β = 0.103，p < 0.01），进而会提高农民工心理生活满意度（β = 0.324，p < 0.001）。其次，非本地关系网络规模越大，使农民工产生有利的社会比较，有助于提高其主观社会经济地位（β = 0.089，p < 0.05），从而提高其生活满意度（β =

表 8 - 6　社会关系影响心理健康的假设及验证结果

关系类型	假设与影响机制	抑郁		满意度	
		初始模型：全路径	最终模型：显著路径	初始模型：全路径	最终模型：显著路径
非本地关系	假设 1：情感支持	-0.038**	-0.039**	0.033**	0.033**
	假设 2：工具支持	0.004	0.004	-0.002	-0.002
	假设 3：工具支持 + 主观 SES	-0.002*	-0.002*	0.002	0.002
	假设 4：比较	-0.014*	-0.014*	0.034**	0.037**
本地非市民关系	假设 5：情感支持	-0.035**	-0.036**	0.032**	0.032**
	假设 6：工具支持	0.003	0.004	-0.002	-0.002
	假设 7：工具支持 + 主观 SES	-0.002*	-0.002*	0.002	0.002
	假设 8：比较	-0.007	无此路径	0.017	无此路径
本地市民关系	假设 9：情感支持	0.006	无此路径	-0.003	无此路径
	假设 10：工具支持	-0.001	无此路径	0.000	无此路径
	假设 11：工具支持 + 主观 SES	0.000	无此路径	0.000	无此路径
	假设 12：比较	-0.046***	-0.046***	0.084***	0.084**
模型拟合参数		RMSEA：0.043 CFI：0.946	RMSEA：0.042 CFI：0.948	RMSEA：0.043 CFI：0.927	RMSEA：0.042 CFI：0.927

资料来源：2015—2016 年广州市农民工调查数据。

0.423，p＜0.001）。非本地关系作用于其生活满意度的总的间接效应为
0.071（p＜0.001），农民工非本地关系经过假设1至假设4四条间接路
径影响生活满意度的间接效应的标准化系数分别为0.033（p＜0.01）、
−0.002（p＞0.05）、0.002（p＞0.05）、0.037（p＜0.01）。由此可
见，假设1、假设2、假设3和假设4均得到验证，即假设1和假设
4两条路径确实存在，假设2和假设3两条路径确实不存在。非本
地关系对农民工生活满意度的直接效应不显著，也就是说，农民工
非本地关系主要通过假设1和假设4两条路径间接作用于其生活满
意度。

本地非市民关系主要通过社会支持路径间接影响农民工生活满意
度。本地非市民关系网络规模越大，农民工所获得社会支持越多（β＝
0.099，p＜0.01），进而会提高农民工生活满意度（β＝0.324，p＜
0.001）。农民工本地非市民关系作用于生活满意度的总的间接效应为
0.032（p＜0.01），通过假设5至假设7三条路径作用于其生活满意
度的间接效应的标准化系数分别为0.032（p＜0.01）、−0.002（p＞
0.05）、0.002（p＞0.05），因此，假设5、假设6和假设7均得到验
证，即假设5路径确实存在，假设6和假设7两条路径确实不存在。
本地非市民关系对农民工生活满意度的直接效应不显著，农民工本地
非市民关系主要通过假设5的社会支持路径间接作用于其生活满
意度。

本地市民关系主要通过社会比较路径间接影响农民工生活满意度。
本地市民关系网络规模占其总体网络规模的比例越大，越能够使农民工
产生有利的社会比较，有助于提高其主观社会经济地位（β＝0.198，p
＜0.001），从而提高其生活满意度（β＝0.423，p＜0.001）。因此，假
设12没有得到验证，假设12社会比较路径的作用方向与预期的相反。
本地市民关系对农民工生活满意度的直接效应不显著，农民工本地市民
关系主要通过提供有力的社会比较，促进农民工主观社会经济地位，间

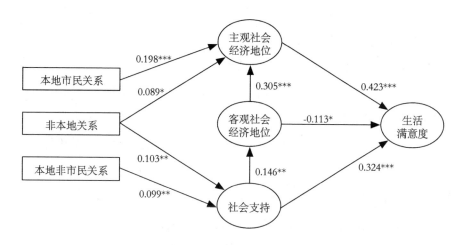

图 8-2　社会网络影响生活满意度的标准化路径系数

说明：* p < 0.05；** p < 0.01；*** p < 0.001；圆框内为潜变量。

接作用于其生活满意度。

　　综上所述，分析结果表明，农民工非本地关系、本地非市民关系、本地市民关系对其心理健康的影响机制不同。农民工非本地关系通过社会比较和社会支持的双重路径促进其心理健康。一方面，非本地关系网络规模越大，能够为农民工提供的社会支持越多，这种社会支持能直接降低农民工抑郁度和提升其生活满意度，又能通过促进其客观社会经济地位的提升，进而促进其主观社会经济地位的提升，间接降低其抑郁度。另一方面，非本地关系能够为农民工提供有利的社会比较，促进其主观社会经济地位的提升，从而降低农民工抑郁度和提升其生活满意度。本地非市民关系主要通过社会支持机制促进其心理健康。本地非市民关系网络规模越大，能够为农民工提供社会支持越多。较多的社会支持既能直接降低农民工抑郁度和提升其生活满意度，又能通过促进其客观社会经济地位的提升，进一步促进其主观社会经济地位的提升，从而间接降低其抑郁度。本地市民关系主要通过社会比较路径促进其心理健康。本地市民关系网络规模占其总体网络规模的比例越大，越能够使农民工产生有利的社会比较，有助于提高其主观社会经济地位，进而降低其抑郁度、提高其生活满意度。

2. 评估反向因果模型的分析结果

由于竞争性解释的存在，社会网络和社会行动之间可能存在内生性（Mouw，2006），即精神健康可能和社会网络之间经由社会比较、社会支持存在反向机制。就社会比较机制而言，健康选择论认为健康影响人的社会经济地位（West，1991）。个人的社会地位决定了其社会网络的构成，呈现"富在深山有远亲，穷在闹市无人问"的因果关系。据此，本章将假设验证模型中社会比较直接或者间接影响精神健康的关系全部反向处理，从而得到比较机制反向模型。就社会支持机制而言，对精神健康的人来说，正是因为他们"阳光、快乐"所以有更多的人愿意与之保持联系，并为农民工提供社会支持；而对精神健康有问题的人来说，"不快乐、不阳光"的问题本身导致其他人不愿意与之交往，自然导致他们的社会支持水平变得有限，网络规模日渐减少。据此，本章设定支持机制反向模型，将假设验证模型中社会网络经由社会支持影响精神健康的关系全部反向处理。分析结果表明，社会比较机制反向因果模型和社会支持机制反向因果模型 BIC 值均远远大于假设验证模型，说明假设验证模型的效果更好，为本章假设的验证提供了有力证据。

第四节　讨论

本章主要探究地理—社会空间双重视角下农民工非本地关系、本地非市民关系和本地市民关系对其心理健康的影响机制、路径。基于地理—社会空间的双重视角，本章构建出移民社会网络时空演变的动态过程。具体来看，大致可以分为以下几个阶段：迁移初期，移民网络以非本地社会网络为主，本地非居民网络处于初创阶段；随后会经历一个移民本地非居民网络和非本地网络并驾齐驱构成其移民网络主要组成部分的阶段，与此同时，非本地网络开始弱化，本地居民网络开始出现；然后会进入以本地非居民网络为主导的阶段，此时，非本地网络进一步弱化，本地居民网络逐步建立；最后是本地非居民网络出现弱化，以本地居民网络为主导的阶段，此时非本地网络已经比较有限。

针对农民工，本书通过对双重视角下三类不同关系对农民工心理健康的实证研究发现，非本地关系通过社会比较和社会支持的双重路径促进其心理健康。这与本章假设和以往的研究结论一致，非本地关系确实能够通过同质性互动在农民工保持心理健康的表达性行动中为农民工提供情感支持（Jin et al.，2012）。同时，非本地关系有助于农民工群体在主观社会经济地位的评价上找到优越感，从而对其心理健康具有增益作用；非本地关系能够为农民工客观社会经济地位的提升提供工具性支持，进而通过提升主观 SES 促进心理健康，此路径仅对心理健康的抑郁指标有显著影响，对生活满意度的影响不显著。

本地非市民社会关系主要通过社会支持的机制促进农民工心理健康，这与相关理论和假设相一致，本地非市民关系确实能够通过同质性互动在农民工保持心理健康的表达性行动中为农民工提供情感性支持，且能够为农民工客观社会经济地位的提升提供工具性支持，进而借由提升主观 SES 最终促进心理健康。与非本地关系相似，此路径仅对心理健康的抑郁指标有显著影响，对生活满意度的影响不显著。与假设一致，本地非市民社会关系通过社会比较影响心理健康的机制不显著，说明农民工在自评社会经济地位时，并没有把本地非市民关系作为参照群体。

本地市民关系仅仅通过社会比较机制促进农民工心理健康，这在以往的研究中还没有被专门地检验。农民工本地市民关系规模占总体网络的规模越大，有助于提升农民工主观社会经济地位，从而间接降低其抑郁度、提升其生活满意度，这与本章假设不同。这一结论出乎意料，仔细分析却又在情理之中。可能的解释有二。第一，农民工本地市民网络中的成员往往处于城市下层，由于社会结构对网络建构的限制，农民工社会网络中的市民的社会经济地位不会太高，这导致其市民关系网络的社会经济地位并不高于农民工。Yue 等（2013）的研究证明了这一点，通过位置生成法对社会资本的计算发现，市民网络的社会资源在网顶这一指标上并没有显著地高于非市民网络，而在网络规模、网差和异质性几个指标上则显著地低于非市民网络。因此不难理解，若农民工所交往的市民的社会经济地位并不比自己高，则完全可能有助于农民工高评自己的社会经济地位，从而促进其心理健康。第二，可能是认知偏差造成的心理落差的作用。在未进入城市之前，受到传统认知和影视作品的影响，农民工可能会将市民作为一个抽象的群体看待，认为市民群体毫无内部差异性，全部过着优雅的生活。但现实的情况是，改革开放以来，"下海""下岗"大潮之后，市民内部开始出现分化，社会分层和贫富差距一直在拉大，城市社会底层贫困市民的生活是农村居民不能想象的。农民工进城务工后，在对城市社会底层居民的生活有了感性认识之后，认知偏差得到纠正，产生了"不过如此"的想法，"见面不如闻名"的心理落差使农民工产生某种程度的满足感，因此促进农民工高评自己的社会经济地位，进而促进其心理健康。实证研究发现，农民工本地市民关系既不能为农民工提供有效的情感性支持，亦不能提供工具性支持，前者是因为异质互动很难达成表达性行动效果，后者则可能同样是农民工市民网络的资源有限造成的。

综上，非本地关系、本地非市民关系和本地市民关系影响农民工心理健康的机制、路径各不相同，恰恰说明从地理空间、社会空间双重视角探究农民工不同社会关系类型对其心理健康影响的必要性和重要性。因为社会网络是个体评估自身主观社会经济地位的直接环境和具体场域，所以社会比较是影响农民工心理健康的重要机制，这一机制在以往的研究中有所忽略，今后的研究应该加以重视。

由于制度障碍仍然存在，农民工在城市面临着很多挑战，城市社会仍存在诸多不利于农民工心理健康的因素。在渐进式制度改革的背景下，也许通过改善社会关系来促进农民工心理健康。随着农民工社会融入水平的提升，本地市民网络将逐渐发挥着越来越重要的作用，因此，相关部门可以从加强农民工和市民的互动方面着手多做工作，借此促进农民工心理健康水平的提升。

第五节 本章小结

本章以第三章对农民工社会关系的分类和第四章所构建的社会网络影响农民工心理健康的概念模型为基础，使用结构方程模型检验非本地关系、本地非市民关系、本地市民关系分别如何通过社会支持、社会比较的机制影响农民工的心理健康。

非本地关系通过社会比较和社会支持的双重路径影响农民工心理健康。非本地关系确实能够为农民工提供情感支持和工具支持，同时，有助于农民工群体在主观社会经济地位的评价上找到优越感，从而对其心理健康具有增益作用。

本地非市民关系主要通过社会支持机制影响农民工心理健康，即本地非市民关系通过为农民工提供情感和工具支持促进农民工心理健康。

本地市民关系仅仅通过社会比较机制影响农民工心理健康。农民工本地市民关系比例的增加有助于提升农民工主观社会经济地位，从而间接降低其抑郁度、提升其生活满意度，这与本章假设不同。可能的解释有二：农民工本地市民网络中的成员社会经济地位并不高于农民工，可能有助于农民工高评自己的社会经济地位，从而促进其心理健康；农民工在进城务工后，对城市社会底层居民生活的认知偏差得到纠正，"见面不如闻名"的心理落差使农民工产生某种程度的满足感，因此促进农民工高评自己的社会经济地位，进而有助于其保持较高的心理健康水平。

第九章

文化适应影响农民工心理健康的机制研究[①]

以第三章构建的农民工文化适应的双向、多维分析框架为理论基础，在第四章文化适应影响农民工心理健康的概念模型的指导下，基于第六章利用 LCA 分析所辨识出来的文化适应的四种类型，本章利用广州调查数据对文化适应影响农民工心理健康的路径和机制进行分析。

第一节　研究方法

一　变量测量

文章使用抑郁度和生活满意度两个变量来测量心理健康，其测量与第七章的抑郁度和生活满意度完全一致。

本章自变量为文化适应，其测量与第六章完全一致。

中介变量包括社会支持、客观社会经济地位、主观社会经济地位和感知压力。其中社会支持、客观社会经济地位和主观社会经济地位的测量具体见第六章。本书从中国感知压力量表（CPSS）（杨廷忠、黄汉

---

① 本章的主体内容来自作者（悦中山、李树苗）与合作者（王博文、Eric Fong 和 Marcus W. Feldman）于 2021 年发表在英文期刊 *Cities* 的论文，详细信息如下：Yue, Z., B. Wang, S. Li, E. Fong, and M. W. Feldman, 2021, "Advantages of being bicultural: Acculturation and mental health among rural-urban migrants in China", *Cities* 119, https://doi.org/10.1016/j.cities.2021.103357。

腾，2003）中选择了 4 个题项来测量感知压力，这个量表是由 Cohen 等（1983）的感知压力量表（PSS）翻译过来的。例如，其中的一个题项为"对于有能力处理自己私人的问题感到很有信心"。这四个题项都采用五级量表（1 = 从不；5 = 经常）。该量表的 Cronbach's Alpha 系数为0.617。对四个题项的得分进行加总来测量农民工的感知压力水平。

二 分析策略

第六章利用 Mplus 7.4（Muthén，Muthén，1998 - 2015）使用 LCA方法辨识出的农民工的文化适应类别是本章自变量的操作化依据，在模型中把 C1（偏重农村融合）作为参照组。

本书根据第六章的分组结果首先对各组在中介变量上的差异做了描述性分析。然后本章使用 Mplus 7.4（Muthén，Muthén，1998 - 2015）软件进行路径分析来辨识文化适应影响心理健康的显著路径。测量模型和结构模型的模型拟合度均通过检验卡方值（χ^2）、比较拟合指数（CFI）和近似误差均方根（RMSEA）三大指标来评估。

排除 31 个变量中任一变量存在缺失值的样本后，最终纳入分析的样本量为 1378。平均来看，每个变量排除 7.83 个样本，其中年龄等 9个变量不存在缺失值，就业状况变量缺失值最多，有 64 个样本（占所有 1621 个样本的 3.95%）因为就业信息缺失被剔除，未纳入模型。没有明确的证据表明这部分数据缺失会产生系统偏差。

第二节　分析结果

一 描述性分析

表 9 - 1 给出了全样本、四类文化适应类型（详见图 6 - 3 中的文化适应分析部分）的农民工在各个中介变量上的统计值。如表 9 - 1 所示，

表9—1　全样本和各潜类别样本特征描述分析

变量	全样本 (N=1378)				C1: 偏重农村融合 (N=337)		C2: 偏重城市融合 (N=395)		C3: 融合倾向分离 (N=311)		C4: 边缘风险分离 (N=335)	
	M	SD	Min	Max	M	SD	M	SD	M	SD	M	SD
1 社会支持	43.771	5.822	14	60	45.323	4.757	43.306	5.119	43.859	6.903	42.675	6.159
2 自评SES	4.211	1.609	1	10	4.424	1.372	4.719	1.467	4.090	1.696	3.510	1.649
3 与老家人比SSES	3.006	0.563	1	5	3.027	0.452	3.081	0.492	3.023	0.679	2.881	0.602
4 与广州市民比SSES	2.496	0.678	1	5	2.620	0.565	2.711	0.594	2.363	0.783	2.242	0.660
5 收入（元）	3913.377	2929.114	0	40000	3897.404	2442.553	4196.861	3281.362	4038.077	3715.349	3479.424	1886.284
5 收入（分类）	5.292	1.993	1	10	5.401	1.835	5.463	2.045	5.196	2.127	5.072	1.935
6 教育	10.153	3.030	0	19	9.955	2.842	11.286	2.864	9.601	3.017	9.528	3.062
7 职业	1.273	0.535	1	3	1.228	0.474	1.367	0.645	1.235	0.501	1.242	0.462
8 感知压力	5.885	2.569	0	15	5.665	2.356	5.959	2.573	5.788	2.702	6.107	2.631
9 生活满意度	14.365	3.488	5	25	15.546	3.258	14.380	3.313	14.479	3.682	13.054	3.286
10 抑郁度	6.896	4.272	0	30	6.359	3.971	6.825	4.142	7.305	4.455	7.137	4.493

注：/表示不适用。

资料来源：2015—2016年广州市农民工调查数据。

表9－2 结构方程模型中所用变量的相关系数矩阵表

变量	1	2	3	4	5	6	7	8	9	10
1 社会支持	1.000									
2 自评SES	0.117***	1.0000								
3 与老家人比SSES	0.108***	0.310***	1.0000							
4 与市民比SSES	0.106***	0.405***	0.274***	1.0000						
5 收入（10级分类）	0.069*	0.046	0.0145	0.012	1.0000					
6 教育	0.026	0.155***	0.050	0.224***	0.194***	1.0000				
7 职业	0.041	0.046	-0.049	0.021	0.168***	0.211***	1.0000			
8 感知压力	-0.183***	-0.065*	-0.053*	-0.044	-0.106***	-0.030	-0.005	1.0000		
9 生活满意度	0.285***	0.246***	0.168***	0.201***	0.135***	-0.036	0.010	-0.184***	1.0000	
10 抑郁度	-0.215***	-0.114***	-0.069*	-0.114***	-0.086**	-0.001	0.023	0.478***	-0.152***	1.0000

注：* $p < 0.05$；** $p < 0.01$；*** $p < 0.001$。
资料来源：2015—2016年广州市农民工调查数据。

属于文化适应 C2 类的农民工受教育年限最高、非体力劳动者比例最高、收入最高、主观社会经济地位最高；相比较之下，C4 类农民工受教育年限最低、收入最低、主观社会经济地位最低、感知压力最高、社会支持最少、生活满意度最低、抑郁度第二高。C2 类农民工的社会经济地位明显好于 C4 类。此外，C3 类农民工的抑郁度最高；C1 类农民工群体非体力劳动者比例最低、感知压力最小、社会支持最高、生活满意度最高、抑郁度最低。结构方程模型中所用变量的相关系数矩阵见表 9 - 2。

二　测量模型检验

在进一步评估结构模型之前，先对本研究的测量模型进行了检验。分析结果表明，在抑郁度模型中，$\chi^2 = 869.801$，df = 218，$p < 0.001$，CFI = 0.936，RMSEA = 0.047。在生活满意度模型中，$\chi^2 = 402.161$，df = 124，$p < 0.001$，CFI = 0.936，RMSEA = 0.040。由于卡方值对样本量比较敏感，虽然两模型卡方值仍然显著，但两者 CFI 均大于 0.9 且 RMSEA 小于 0.05，因此可以说，两模型拟合均较好。各模型观测变量对其相应潜变量的标准化因子载荷如表 9 - 3 和表 9 - 4 所示。

表 9 - 3　　抑郁度模型各观测变量对相应潜变量标准化因子载荷表

潜变量	观测变量	因子载荷
心理抑郁度	我烦一些原来不烦心的事	0.659
	我不能集中精力做事情	0.723
	我感到消沉	0.815
	我感觉做每件事都费力	0.736
	我感到未来有希望	0.406
	我感到害怕	0.691
	我睡不安稳	0.585
	我感到快乐	0.459

续表

潜变量	观测变量	因子载荷
心理抑郁度	我觉得孤独	0.640
	我提不起劲儿来做事	0.705
社会支持	同事或工友支持	0.449
	家人或亲戚支持	0.588
	朋友或老乡支持	0.644
主观社会经济地位	自评社会经济地位	0.673
	与老家人比社会经济地位	0.440
	与市民比社会经济地位	0.619
客观社会经济地位	收入	0.320
	教育	0.698
	职业	0.296
感知压力	感觉无法控制自己生活中重要的事情	0.577
	对于有能力处理自己私人的问题感到有信心	0.442
	感到事情顺心如意	0.452
	感到困难的事情堆积如山，而自己无法克服	0.539

资料来源：2015—2016 年广州市农民工调查数据。

表 9 - 4   生活满意度模型各观测变量对相应潜变量标准化因子载荷表

潜变量	观测变量	因子载荷
生活满意度	我的生活在大多数方面都接近于我的理想	0.692
	我的生活条件很好	0.753
	我对我的生活是满意的	0.767
	迄今为止，我在生活中已经得到了我想要得到的重要东西	0.581
	假如生活可以重新再过一次的话，我基本上不会作任何改变	0.479
社会支持	同事或工友支持	0.586
	家人或亲戚支持	0.383
	朋友或老乡支持	0.857
客观社会经济地位	收入	0.238
	教育	0.835
	职业	0.259

续表

潜变量	观测变量	因子载荷
感知 压力	感觉无法控制自己生活中重要的事情	0.651
	对于有能力处理自己私人的问题感到有信心	0.357
	感到事情顺心如意	0.297
	感到困难的事情堆积如山，而自己无法克服	0.692

资料来源：2015—2016 年广州市农民工调查数据。

三　结构方程模型分析

农民工文化适应影响心理健康的机制路径相应分析结果如表 9 - 5 所示，具体分析如下。

在抑郁度模型中，分析结果表明，抑郁度中介模型拟合较好。拟合指标 $\chi^2 = 995.102$，$df = 275$，$p < 0.001$，$CFI = 0.930$，$RMSEA = 0.044$。虽然卡方值仍然显著，CFI 大于 0.9，且 $RMSEA$ 小于 0.05。农民工抑郁度的方差的 55.7% 被模型解释掉。

文化适应对抑郁的作用路径模型如图 9 - 1 所示。就直接效应而言，相比偏重农村融合型的农民工，边缘风险型的农民工具有更高水平的抑郁（$\beta = -0.231$，$p < 0.05$）；偏重城市融合型（$\beta = -0.114$，$p > 0.05$）和融合倾向分离型（$\beta = 0.086$，$p > 0.05$）的农民工与偏重农村融合型农民工的抑郁水平没有显著差异。

就间接效应而言，偏重城市融合型文化适应主要通过四条路径间接作用于农民工抑郁。首先，偏重城市融合型的文化适应不利于农民工获得较多的社会支持（$\beta = -0.489$，$p < 0.001$），较少的社会支持会加重农民工抑郁（$\beta = -0.126$，$p < 0.01$）。其次，偏重城市融合型的文化适应有助于提升农民工客观社会经济地位（$\beta = 0.806$，$p < 0.001$），较高的客观社会经济地位会加重农民工抑郁（$\beta = 0.184$，$p < 0.05$）。再次，偏重城市融合型的文化适应不利于农民工获得较多的社会支持（$\beta = -0.489$，$p < 0.001$），较少的社会支持不利于农民工客观社会经

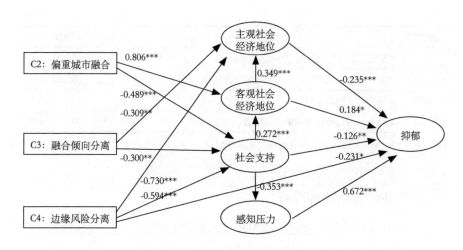

图 9 - 1　文化适应与抑郁标准化路径系数

注：* p < 0.05，** p < 0.01，*** p < 0.001；椭圆代表潜变量。

济地位的提升（β = 0.272，p < 0.001），较低的客观社会经济地位会抑制其主观社会经济地位（β = 0.349，p < 0.001），较低的主观社会经济地位会加重农民工抑郁度（β = − 0.235，p < 0.001）。最后，偏重城市融合型的文化适应不利于农民工获得较多的社会支持（β = − 0.489，p < 0.001），较少的社会支持会提升农民工的感知压力水平（β = − 0.353，p < 0.001），较高的感知压力水平会加重农民工抑郁（β = 0.672，p < 0.001）。农民工偏重城市融合型文化适应通过路径 1 至路径 7 作用于抑郁的间接效应系数分别为：0.062（p < 0.05）、0.007（p > 0.05）、0.149（p < 0.05）、− 0.002（p > 0.05）、− 0.025（p > 0.05）、0.011（p < 0.05）、0.116（p < 0.001），可见，路径 1、路径 3、路径 6 和路径 7 是存在的，路径 2、路径 4 和路径 5 没有得到统计结果的验证。偏重城市融合型文化适应作用于农民工抑郁的总的间接效应为 0.318（p < 0.01）。综上，偏重城市融合型文化适应主要通过路径 1、路径 3、路径 6 和路径 7 四条路径间接影响农民工抑郁。

表 9 – 5　　　　　　　　文化适应影响心理健康的机制路径及分析结果

文化适应类型	网络影响文化适应的路径 （SS—社会支持；SSES—主观；OSES—客观； CPSS—感知压力；MH—心理健康）	分析结果	
		抑郁	满意度
C2 偏重 城市 融合	路径 1：C2 – > SS – > MH	0.062 *	– 0.081 **
	路径 2：C2 – > CPSS – > MH	0.007	– 0.038
	路径 3：C2 – > OSES – > MH	0.149 *	– 0.085 **
	路径 4：C2 – > SSES – > MH	– 0.002	0.035
	路径 5：C2 – > SS – > OSES – > MH	– 0.025	– 0.013 **
	路径 6：C2 – > SS – > OSES – > SSES – > MH	0.011 *	0.003
	路径 7：C2 – > SS – > CPSS – > MH	0.116 ***	– 0.002
C3 融合 倾向 分离	路径 8：C3 – > SS – > MH	0.038	– 0.060 *
	路径 9：C3 – > CPSS – > MH	0.002	– 0.036
	路径 10：C3 – > OSES – > MH	– 0.021	0.019
	路径 11：C3 – > SSES – > MH	0.073 **	– 0.128 **
	路径 12：C3 – > SS – > OSES – > MH	– 0.015	– 0.009 *
	路径 13：C3 – > SS – > OSES – > SSES – > MH	0.007	0.003
	路径 14：C3 – > SS – > CPSS – > MH	0.071 *	– 0.002
C4 边缘 风险 分离	路径 15：C4 – > SS – > MH	0.075 *	– 0.124 ***
	路径 16：C4 – > CPSS – > MH	0.045	– 0.049 *
	路径 17：C4 – > OSES – > MH	– 0.017	0.022
	路径 18：C4 – > SSES – > MH	0.172 ***	– 0.290 ***
	路径 19：C4 – > SS – > OSES – > MH	– 0.030 *	– 0.019 **
	路径 20：C4 – > SS – > OSES – > SSES – > MH	0.013 *	0.005
	路径 21：C4 – > SS – > CPSS – > MH	0.141 ***	– 0.004

注：* p < 0.05；** p < 0.01；*** p < 0.001。

资料来源：根据路径分析结果整理。

　　融合倾向分离型文化适应主要通过两条路径间接作用于农民工抑郁。首先，融合倾向分离型文化适应会抑制农民工主观社会经济地位（β = – 0.309，p < 0.01），较低的主观社会经济地位加重农民工抑郁（β = – 0.235，p < 0.001）。其次，融合倾向分离型文化适应不利于农

民工获得较多的社会支持（β = - 0.300，p < 0.01），较少的社会支持会提升农民工的感知压力水平（β = - 0.353，p < 0.001），较高的感知压力水平会加重农民工抑郁（β = 0.672，p < 0.001）。农民工融合倾向分离型文化适应通过路径 8 至路径 14 作用于抑郁的间接效应系数分别为：0.038（p > 0.05）、0.002（p > 0.05）、- 0.021（p > 0.05）、0.073（p < 0.01）、- 0.015（p > 0.05）、0.007（p > 0.05）、0.071（p < 0.05），可见，路径 11 和路径 14 得到统计结果的支持，路径 8 至路径 10、路径 12 和路径 13 没有获得统计模型的支持。融合倾向分离型文化适应作用于农民工抑郁的总的间接效应为 0.154（p > 0.05）。综上，融合倾向分离型文化适应主要通过路径 11 和路径 14 两条路径间接影响农民工抑郁。

边缘风险分离型文化适应主要通过五条路径间接作用于农民工抑郁。首先，边缘风险分离型的文化适应不利于农民工获得较多的社会支持（β = - 0.594，p < 0.001），较少的社会支持会加重农民工抑郁（β = - 0.126，p < 0.01）。其次，边缘风险分离型文化适应会抑制农民工主观社会经济地位（β = - 0.730，p < 0.001），较低的主观社会经济地位加重农民工抑郁（β = - 0.235，p < 0.001）。再次，边缘风险分离型文化适应不利于农民工获得较多的社会支持（β = - 0.594，p < 0.001），较少的社会支持不利于农民工客观社会经济地位的提升（β = 0.272，p < 0.001），较低的客观社会经济地位会降低农民工抑郁（β = 0.184，p < 0.05）。又次，边缘风险分离型文化适应不利于农民工获得较多的社会支持（β = - 0.594，p < 0.001），较少的社会支持不利于农民工客观社会经济地位的提升（β = 0.272，p < 0.001），较低的客观社会经济地位会抑制其主观社会经济地位（β = 0.349，p < 0.001），较低的主观社会经济地位会加重农民工抑郁度（β = - 0.235，p < 0.001）。最后，边缘风险分离型文化适应不利于农民工获得较多的社会支持（β = - 0.594，p < 0.001），较少的社会支持会提升农民工的感知压力

水平（$\beta = -0.353$，$p < 0.001$），较高的感知压力水平会加重农民工抑郁（$\beta = 0.672$，$p < 0.001$）。农民工边缘风险分离型文化适应通过路径15 至路径 21 作用于抑郁的间接效应系数分别为：0.075（$p < 0.05$）、0.045（$p > 0.05$）、-0.017（$p > 0.05$）、0.172（$p < 0.001$）、-0.030（$p < 0.05$）、0.013（$p < 0.05$）、0.141（$p < 0.001$），可见，路径15、路径 18 至路径 21 得到统计结果的支持，路径 16 和路径 17 没有得到支持。边缘风险分离型文化适应作用于农民工抑郁的总的间接效应为0.398（$p < 0.001$）。综上，边缘风险分离型文化适应主要通过直接效应和路径 15、路径 18 至路径 21 五条间接路径影响农民工抑郁。

在生活满意度模型中，检验结果表明，生活满意度中介模型拟合较好。拟合指标 $\chi^2 = 515.905$，$df = 166$，$p < 0.001$，$CFI = 0.925$，$RMSEA = 0.039$。虽然卡方仍然显著，CFI 大于 0.9，且 RMSEA 小于 0.05。农民工抑郁度的方差的 31.0% 被模型解释掉。

文化适应对生活满意度的作用路径模型如图 9－2 所示。就直接效应而言，相比偏重农村融合型农民工，偏重城市融合型（$\beta = -0.229$，$p < 0.01$）和边缘风险分离型（$\beta = -0.338$，$p < 0.001$）农民工具有更低的生活满意度；融合倾向分离型农民工的抑郁水平则与偏重农村融合型（$\beta = -0.148$，$p > 0.05$）的生活满意度没有显著差异。

就间接效应而言，偏重城市融合型文化适应主要通过三条路径间接作用于农民工生活满意度。首先，偏重城市融合型的文化适应不利于农民工获得较多的社会支持（$\beta = -0.315$，$p < 0.001$），较少的社会支持会降低农民工生活满意度（$\beta = 0.258$，$p < 0.001$）。其次，偏重城市融合型的文化适应有助于提升农民工客观社会经济地位（$\beta = 0.616$，$p < 0.001$），较高的客观社会经济地位不利于农民工生活满意度（$\beta = -0.138$，$p < 0.01$）。最后，偏重城市融合型的文化适应不利于农民工获得较多的社会支持（$\beta = -0.315$，$p < 0.001$），较少的社会支持会提升农民工的感知压力水平（$\beta = -0.202$，$p < 0.001$），较高的感知压力水

平会降低农民工生活满意度（β = - 0.200，p < 0.001）。偏重城市融合型文化适应通过路径 1 至路径 7 作用于农民工生活满意度的间接效应系数分别为：- 0.081（p < 0.01）、- 0.038（p > 0.05）、- 0.085（p < 0.01）、0.035（p > 0.05）、- 0.013（p < 0.01）、0.003（p > 0.05）、- 0.002（p > 0.05），可见，路径 1、路径 3 和路径 5 获得统计模型的支持，路径 2、路径 4、路径 6 和路径 7 没有得到支持。偏重城市融合型文化适应作用于农民工生活满意度的总的间接效应为 - 0.081（p < 0.01）。综上，偏重城市融合型文化适应主要通过直接效应和路径 1、路径 3、路径 5 三条间接路径影响农民工生活满意度。

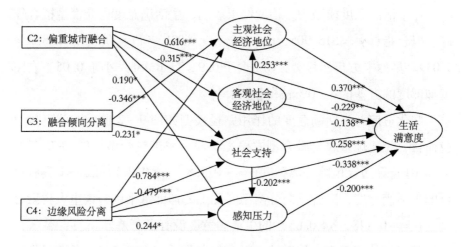

图 9 - 2　文化适应与生活满意度标准化路径系数

说明：* p < 0.05，** p < 0.01，*** p < 0.001；椭圆代表潜变量。

　　融合倾向分离型文化适应主要通过三条路径间接作用于农民工生活满意度。首先，融合倾向分离型文化适应不利于农民工获得较多的社会支持（β = - 0.231，p < 0.05），较少的社会支持会降低农民工生活满意度（β = 0.258，p < 0.001）。其次，融合倾向分离型文化适应会抑制农民工主观社会经济地位（β = - 0.346，p < 0.001），较低的主观社会经济地位会降低农民工生活满意度（β = 0.370，p < 0.001）。最后，融

合倾向分离型文化适应不利于农民工获得较多的社会支持（β＝
－0.231，p＜0.05），较少的社会支持会提升农民工的感知压力水平
（β＝－0.202，p＜0.001），较高的感知压力水平会降低农民工生活满
意度（β＝－0.200，p＜0.001）。融合倾向分离型文化适应通过路径8
至路径14作用于农民工生活满意度的间接效应系数分别为：－0.060
（p＜0.05）、－0.036（p＞0.5）、0.019（p＞0.5）、－0.128（p＜
0.01）、－0.009（p＜0.05）、0.003（p＞0.5）、－0.002（p＞0.5），
可见，路径8、路径11和路径12得到分析结果的支持，路径9、路径
10、路径13和路径14没有得到支持。融合倾向分离型文化适应作用于
农民工生活满意度的总的间接效应为－0.213（p＜0.001）。综上，融
合倾向分离型文化适应主要通过路径8、路径11和路径12三条路径间
接影响农民工生活满意度。

　　边缘风险分离型文化适应主要通过四条路径间接作用于农民工生活
满意度。首先，边缘风险分离型文化适应不利于农民工获得较多的社会
支持（β＝－0.479，p＜0.001），较少的社会支持会降低农民工生活满
意度（β＝0.258，p＜0.001）。其次，边缘风险分离型文化适应会提高
农民工的感知压力水平（β＝0.244，p＜0.05），较高的感知压力水平
会降低农民工生活满意度（β＝－0.200，p＜0.001）。再次，边缘风险
分离型文化适应会抑制农民工主观社会经济地位（β＝－0.784，p＜
0.001），较低的主观社会经济地位会降低农民工生活满意度（β＝
0.370，p＜0.001）。最后，边缘风险分离型文化适应不利于农民工获得
较多的社会支持（β＝－0.479，p＜0.001），较少的社会支持会提升农
民工的感知压力水平（β＝－0.202，p＜0.001），较高的感知压力水平
会降低农民工生活满意度（β＝－0.200，p＜0.001）。边缘风险分离型
文化适应通过路径15至路径21作用于农民工生活满意度的间接效应系
数分别为：－0.124（p＜0.001）、－0.049（p＜0.05）、0.022（p＞
0.05）、－0.290（p＜0.001）、－0.019（p＜0.01）、0.005（p＞

0.05)、-0.004（p>0.05），可见，路径15、路径16、路径18和路径
19得到分析结果的支持，路径17、路径20和路径21没有得到支持。
边缘风险分离型文化适应作用于农民工生活满意度的总的间接效应为
-0.459（p<0.001）。综上，边缘风险分离型文化适应主要通过直接
效应和路径15、路径16、路径18、路径19四条间接路径影响农民工生
活满意度。

　　综上所述，文化适应与心理健康有着直接且显著的关联，偏重农村
融合型农民工心理健康水平较高；此外，文化适应通过社会支持、感知
压力、主观社会经济地位和客观社会经济地位间接影响农民工心理健
康。相比偏重农村融合的农民工，偏重城市融合型的农民工具有社会支
持、感知压力双重劣势，具有客观社会经济地位优势；融合分离倾向型
和边缘风险分离型的农民工具有社会支持、感知压力、主观社会经济地
位三重劣势。社会支持、主观社会经济地位、感知压力的劣势以及客观
社会经济地位的优势对农民工心理健康具有不利影响。

第三节　讨论

　　发展中国家的社会经济转型带来了城市化的快速发展，也加速了乡
城人口迁移。中国的农民工经历了一个特殊的乡城文化适应的过程。根
据已有的对国际移民的研究，文化适应可能是农民工心理健康的重要预
测指标。但目前很少有实证研究关注农民工的文化适应，而研究文化适
应与健康之间的关系的文章则更是少见。基于多维和双向文化适应理论
框架，本章是少数探讨农民工的文化适应与心理健康之间关系的实证研
究之一。文章总结了现有的关于国际移民与国内流动人口的文化适应理
论和研究方法。与已有的对国际移民的研究结果一致，本章研究发现，
融合型农民工的心理健康状况最佳。

　　在控制了所有中介变量和协变量之后，我们发现文化适应与心理健康有着直接显著的关联。偏重农村融合型农民工心理健康水平较高，这可能意味着在一定程度上保留较高水平的农村文化，同时习得城市文化可能对农民工的心理健康十分有利。偏重城市融合或其他两种分离子类，可能对他们的心理健康会产生不利的影响，这一发现是双向文化方法优于单向方法的有力佐证。因此，政策和实践应当鼓励农民工在保留农村文化的同时，适应城市文化。单向推动农民工融入城市文化，抛弃农村文化，将危害他们的心理健康。政府和社会都应该提供更友好的社会环境，促进农民工的融合，同时，必须小心处理农村文化与城市文化之间的关系，尤其是当他们相互冲突时。一旦发生这样的情况，就必须在颁布流动人口政策前后进行科学的分析和评估。

　　与许多国际移民相关研究相一致，本书发现，无论在抑郁还是生活满意度模型中，相比偏重农村融合的农民工，偏重城市融合型的农民工具有社会支持、感知压力双重劣势，具有客观社会经济地位优势；融合分离倾向型和边缘风险分离型的农民工具有社会支持、感知压力、主观社会经济地位三重劣势。社会支持、主观社会经济地位、感知压力的劣势对农民工抑郁和生活满意度具有不利影响，这是造成其他三种文化融合类型农民工心理健康比偏重农村融合型农民工心理健康差的原因。意外的是，客观社会经济地位的优势对农民工抑郁和生活满意度具有不利影响，为偏重城市融合型农民工心理健康比偏重农村融合型农民工心理健康差的另一线索。以上发现启示我们在社会支持方面要考虑到偏重城市融合型农民工非本地社会关系的流失和融合分离倾向型、边缘风险分离型农民工本地、非本地社会关系的双重短缺，在主观社会经济地位方面获得感低以及在面对城市、农村文化碰撞感知压力较高的情况，从以上方面着手，为农民工营造良好的环境氛围，逐步促进其心理健康。

第四节　本章小结

以第三章农民工文化适应的双向、多维分析框架为基础，利用第六章农民工文化适应类型的分析结果，本章对文化适应类型与农民工心理健康的关系及文化适应影响农民工心理健康的路径进行分析。

文化适应与心理健康有着直接且显著的关系，偏重农村融合型农民工心理健康水平较高。这可能意味着在一定程度上保留较高水平的农村文化，同时习得城市文化可能对农民工的心理健康十分有利。偏重城市融合或其他两种分离子类，可能对他们的心理健康会产生不利的影响，这一发现为双向文化适应模型优于单向文化适应模型这一观点提供了有力佐证。

文化适应经由社会支持、感知压力、主观社会经济地位和客观社会经济地位对农民工的心理健康有间接影响，即社会支持、感知压力和社会经济地位在文化适应和心理健康之间发挥着一定的中介作用。分析发现，偏重农村融合型农民工因为具有丰富的社会支持资源从而具有较高的心理健康水平；偏重城市融合型农民工因为具有较高的社会经济地位而具有较高的心理健康水平，但社会支持的匮乏、感知压力大的双重劣势对他们的心理健康有不利影响；与偏重农村融合型农民工相比，融合倾向分离型和边缘风险分离型的农民工因为在社会支持、感知压力和主观社会经济地位上均处于不利处境，从而有损于他们的心理健康。

第十章

政策分析与政策建议

　　本章首先总结中国人口流动政策的发展和变迁并指出当前面临的挑战，以期为后续的政策分析提供宏观的政策背景，最后本章基于政策现状，结合农民工社会融合、心理健康的现状以及社会融合影响心理健康的机制，给出一些促进农民工社会融合和提升农民工心理健康水平的政策建议。

第一节　中国人口流动政策的发展历史
与当前面临的挑战

一　政策的发展与变迁

　　我国人口迁移流动（尤其是乡城流动）的社会现象与我国人口流动迁移政策密切相关。在我国社会经济发展的不同阶段，流动人口（主要为乡—城流动人口，即本研究的农民工）所呈现的规模、流向、结构等基本特征不同，由此引起的社会问题不同，从而导致针对这一群体而出台的相关政策及关注重点在不同历史发展阶段表现出差异性。具体来说，参考《中国流动人口发展报告 2018》中"我国人口流动迁移政策变迁分析"部分（国家卫生健康委员会，2018），根据时间将与农民工相关的政策分为四个阶段，如图 10 - 1 所示。

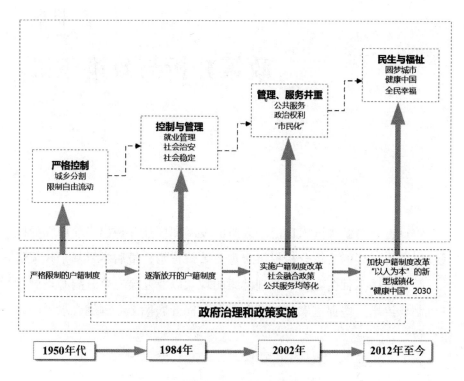

图 10-1 中国人口流动政策的发展与变迁

第一阶段为 1950 年代至 1984 年之间的严格控制阶段。这一阶段实行计划经济管理和严格的户籍制度，由此建立的制度壁垒限制了人口在城—城之间和乡—城之间的自由流动。在这种背景下，流动人口极少，自然也没有关于流动人口的相关政策。

第二阶段为 1985 年至 2002 年的逐步放开阶段，以 "控制与管理" 的政策为主。1980 年代中期以后，随着改革开放的有序推进，农村释放了大量的剩余劳动力，同时，城市经济体制改革也需要大量的劳动力来发展城市经济。由此产生的推力和拉力引起了越来越大规模的乡城人口流动，相关限制人口流动的政策也逐步放开。1984 年国务院发布了《关于农民进入集镇落户问题的通知》，标志着农村人口进入中小城镇务工、经商的限制获得一定程度的放松。随后，国家还推出一系列措施为流动人口进城务工经商提供了便利条件。1990 年之后，流动人口规模快速增长，流入地也从小城镇向大中城市转移（段成荣等，2008）。由此，政府开始关注并出台相关政策解决流动人口的生存发展问题。比如，1998 年国家教委联合公安部出台的《流动儿童少年就学暂行办法》。这一阶段的流动人口政策仍以中央政府自上而下的推动为主，地方政府的积极性不高，并没有把农民工视为城市的成员，也没有肯定他们为城市经济发展所做的贡献，反而将其视为导致城市脏乱差和社会不稳定的危险因素；同时，相关政策放宽的程度仍然有限，无法从根本上解决农民工在城市务工经商所面临的基本问题，例如一些大城市仍然出台带有歧视性的就业政策，导致农民工只能从事"收入低、强度大、危险高"的工作。

第三阶段为 2003 年至 2012 年的理念转变阶段，此阶段强调"管理与服务并重"。2003 年国务院办公厅发布了《关于做好农民工进城务工就业管理和服务工作的通知》，旨在消除针对农民工群体的就业歧视问题。2006 年国务院出台第一个关于农民工问题的系统性、全面性文件，即《关于解决农民工问题的若干意见》，明确提出对农民工群体要"公平对待，一视同仁"。这表明国家对流动人口的重视程度被提高到了前所未有的高度。在进入 21 世纪后，改善民生成为党和政府工作的重中之重，因此，在这一阶段着重提出了公平对待流动人口的理念，从而促进流动人口的社会融合。2012 年国务院出台的《关于印发国家基本公共服务体系"十二五"规划的通知》从制度方面为流动人口享受基本公共服务均等化提供了保障。这一阶段，虽然工作理念已经发生了转变，但传统的管理与控制的思维和工作做法仍然普遍存在，管理与服务孰多孰少，因时因地而异。

第四阶段为 2012 年以来的全面推进市民化阶段，政策重点转向"民生与福祉"。党的十八大报告提出"加快改革户籍制度，有序推进农业转移人口市民化，努力实现城镇基本公共服务常住人口全覆盖"。

2014 年 3 月国家颁布了《国家新型城镇化规划（2014—2020 年）》。在此之后，国务院出台的《关于进一步推进户籍制度改革的意见》和《关于进一步做好为农民工服务工作的意见》突出了针对流动人口问题的重点工作，明确提出促进农业转移人口融入城镇是中国"以人为本"新型城镇化的内在要求和主要任务。党的十九大报告提出破除阻碍人口流动的壁垒，促进市民化发展的重要性，同时要求"加强人口发展战略"。与此同时，为了促进我国人口与可持续发展，关注人民群众的健康与福祉，中共中央、国务院 2016 年发布的《"健康中国 2030"规划纲要》重点提出"将健康融入所有政策，人民共建共享"的理念，将"健康中国"作为国家优先发展的重要战略，旨在通过各项公共政策促进健康服务的公平性和可及性（石琦，2019）。

国家发改委 2019 年 4 月发布《2019 年新型城镇化建设重点任务》，进一步放宽大城市的落户限制，积极推动长期在城镇工作生活的农业转移人口的落户工作，加快农民工市民化进程，这必然带来更大规模的农民工及农民工家庭向城市转移，在激活城市经济发展的活力与动力时，也必然为城市治理带来更多的政策挑战；同时该文件还提出要推动城市高质量发展，提升城市可持续发展能力。这两方面说明国家此次针对农民工提出的人口发展战略的重点是要让农民工和城市居民一样，享受到经济发展带来的红利，尤其是公平享有基本公共服务的权利。在"以人为本"新型城镇化战略和"健康中国"的背景下，未来对农民工的关注重点也必然包括农民工的可持续发展、健康和福祉。

二 面临的挑战

中央政府逐步完成了一些重要民生和福祉政策的部署，社会融合政策和"健康中国"建设是其中的重要组成部分。但需要特别注意，无论是社会融合政策还是心理健康促进政策，政策从部署到落实之间的

"最后一公里"仍有待打通，"玻璃门"现象仍然存在（悦中山等，2017）。

以社会融合政策的分析为例。研究团队受 X 省农民工工作领导小组办公室委托，作为第三方对 X 省农民工社会融合状况进行评估。基于对调查、访谈、座谈等资料分析和对全省和各市区的政策文件的梳理和研究，发现在促进农民工社会融合的过程中至少存在以下一些挑战。

1. 农民工工作机制仍有待完善

第一，协调机制有待完善。部分基层政府的农民工工作领导小组未开展实质性工作，仅限于组织开会、汇报，未能切实发挥协调各部门发现问题、共同制定完善政策，打破农民工工作条块分割局面的功能。

第二，考评机制有待完善。省级和市/区级层面均缺乏对农民工社会融合工作的分类指导，没有可用的评估考核指标。

第三，信息采集机制有待完善，现有信息难以为农民工服务和管理工作提供支撑。现有关于农民工的信息收集工作存在底数不清、标准多元的问题；政府有关职能部门多头采集信息、分散管理，共享机制滞后。

2. 基层政府在政策落实中担心"洼地效应"

基层的社会融合政策普遍停留在部署层面，各类政策的落实程度均不理想（李艳、韩丹，2017）。目前各项服务的财政支出主要由市/区政府负担，中央政府和省政府的转移支付有限，基层政府普遍担心为农民工提供基本公共服务会增加财政负担、挤占本地市民的社会福利（李艳、韩丹，2017）。基层政府也担心基本公共服务均等化引致"洼地效应"，即政府提供的公共服务越好，越可能吸引更多农民工流入本地，进一步增加财政压力。因此基层政府在农民工社会融合工作中往往抱着"不得不做，但不能做得太好"的态度（李艳、韩丹，2017）。以该省省会为例：由北京师范大学中国社会管理研究院、国家行政学院社会治理研究中心共同组织编写的《社会体制蓝皮书：中国社会体制改革报告（2016）》将该省省会与北京市、上海市、广州市、深圳市等城市一道列为全国 10 大最难拿户口的城市；权威刊发的报道指出，与成都相比，在该市落户不仅条件更多，而且申请材料也更严。"洼地效应"的顾虑导致基层优先考虑局部利益而非全局利益，优先考虑短期利益而非长远利益。虽然 2018 年以来全国几个省会城市通过降低落户门槛先后加入"抢人大战"，但是显然这些政策不能让绝大多数的农民工受益，其本质仍是"人才"争夺战，农民工并不是各城市争夺的目标人群。

3. 政策落实成效不显著，政策部署并未有效转化为农民工的"获得感"，存在"玻璃门"现象

全省政策部署情况很好，各市/区将省文件基本下发，各项政策基本出台。但农民工社会融合政策落实的短板明显，主要体现在住房保障、就业服务、社会保障和权利享有这四个方面。从全省水平来看，各类基本公共服务落实情况都不理想，原因来自多个方面：第一，政府提供的服务不符合农民工的需求，或农民工需求不高，因此他们不会主动获取服务，影响了服务覆盖率；第二，农民工有服务需求，政府也提供了相应的服务，但公共服务获取的手续繁杂、条件严苛，"玻璃门"有待打破，以农民工迫切希望政府解决他们的住房问题为例，要么各市/区的保障性住房不对市/区外户籍人口开放，要么虽然政策开放了，但申请门槛仍然偏严、偏高，实际申请、审批流程复杂、严格、可望不可即，最终农民工群体的保障房覆盖率非常有限（李艳、韩丹，2017）；第三，农民工有需求，政府也提供了服务，但农民工和政府的信息不对称，农民工并不知晓政府的服务内容以及获取渠道，而在权利享有方面，被调查农民工明确表示企业有工会或联合工会的比例为 36.0%，而其中，参加了工会的农民工比例为 37.4%。

第二节　政策建议

中华人民共和国成立以来，中国关于人口流动的政策已经从"严格控制"经由"控制与管理""管理、服务并重"发展到了现今的"民生与福祉"阶段。促进社会融合（民生的内容）和心理健康（福祉的内容）已经被纳入 2012 年以来的现行的流动人口政策。在此背景下，本书既研究了农民工社会融合和心理健康的现状，也分析了社会融合影响心理健康的机制。在国家开始关注农民工"民生与福祉"的宏观政策背景下，结合本书的研究发现，我们提出了一些促进农民工社会融合以及提升农民工心理健康水平的政策建议。

本书认为在应对当前面临的挑战时，政府在促进农民工社会融合和心理健康的工作中要协调城乡均衡发展，促进城乡政策的衔接与融合，实现城乡基本公共服务的均等化。鉴于农民工的生活状态仍具有"乡土性"，本书建议在政策部署和落实中相关部门也应该超越"城市融入"视角，逐步推进流出地（即乡土社会）和流入地（即城市社会）之间政策的衔接和融合，进而有助于农民工社会融合工作的推进。保证农民工进城可以享受新型城镇化政策的红利，返乡可享受乡村振兴战略带来的惠民政策，实现农村居民来去自愿，在城、在乡均可享受比较同质的公共服务的目标。城乡社会公共服务和社会福利的供给既有助于农民工社会融合水平的提升也有助于提升他们的心理健康（悦中山等，2012）。比如，流出地政府可以利用春节前后等时机在心理健康促进中发挥一定作用，如宣传国家、地方关于流动人口管理和服务的政策，告知其外出的权利和权益，宣传心理健康知识。这些举措既有利于提高他们的心理健康知识水平，也有利于流动人口在流入地主动寻求服务。

以中国现有的流动人口政策和当前面临的挑战为基础，结合我国农民工心理健康促进工作的实践，在以上国外现有相关政策体系框架、实践原则的指导下，根据研究的主要发现，从社会融合角度出发，本书借鉴国际政策体系框架，发展出了基于社会融合的农民工心理健康促进框架。据此，本书提出了以下一些政策建议以期促进农民工社会融合和提升农民工的心理健康水平。

1. 将城乡社会均纳入施策视野，完善社会融合政策体系，加强促进农民工社会融合和心理健康的顶层设计

本书研究发现，国家和各省市在宏观发展规划中对农民工心理健康的关注度不够；针对农民工心理健康服务的政策还比较有限；针对农民工心理健康的预防和干预机制尚未发展成熟；且缺少系统化的框架设计，尚未充分关注社会环境因素（如社会融合因素）对农民工心理健康的影响。社会融合与农民工心理健康的发展密切相关，是影响农民工心理健康的重要的社会、经济和文化因素。因此，本书建议，通过健全社会融合政策体系和建立城乡之间和多部门之间的合作机制，制定促进农民工心理健康的公共政策。具体包括以下三方面的建议。

第一，充分发挥各级政府设立的农民工工作领导小组的协调作用，制定中长期规划，通过体制机制的改革、创新疏通障碍，全面推进农民工户籍管理的制度改革，为农民工的社会融合扫清制度障碍，提供机制保障，从而有效预防制度壁垒对农民工心理健康的不利影响。

首先，充分发挥各级农民工工作领导小组的职能和作用，加强农民工服务管理政策的落实工作，适时启动、制定农民工社会融合中长期规划，实现统筹决策协调机制的制度化和常态化。协调流入地与流出地共同促进社会融合，由县及市、由市及省、由省及全国、从易到难逐级疏通体制机制障碍，逐渐理顺流入地与流出地之间推进农民工社会融合工作涉及的人、地、钱之间的关系（李艳、韩丹，2017），探索建立以房地产税、消费税为主体税种的地方税新体系，建立城镇新增建设用地、财政转移支付、基建投资同农民工市民化的挂钩机制，调动流入地推动

农民工社会融合工作的积极性。

其次，从根本上化解农民工社会融合及其心理健康问题，要求进一步推进户籍制度改革，实行居住证互通互认，探索以经常居住地登记户口。进一步降低大城市落户门槛，全面取消中小城市落户限制，逐步落实县城"零门槛"落户政策，确保新落户农民工与原有城镇居民享有同等公共服务，保障农民工等非户籍人口均等享有各项基本公共服务。基于邻近性和互补性，鼓励城市之间、城市群内部实行居住证互通互认制度，逐步探索以经常居住地登记户口制度。但需要注意，基本公共服务政策的实施并不必然会提升农民工个体的社会融合水平和身心健康，以居住质量为例，融合政策可能吸引更多的农民工进城工作和生活，人口规模的增加造成房地产市场供给紧张反而导致农民工居住质量下降或者承受高房租或高房价；另外，由于服务提供过程中强化了农民工的"外来"身份可能反而不利于他们对城市身份的认同，"静音"服务的理念值得继续研究、实验以便推广（悦中山等，2017）。

第二，统一认识，实现农民工与当地市民的"共建、共享、共治"，进一步完善"大卫生""大健康"工作理念，将心理健康融入所有的社会政策（程菲、悦中山，2018），并确保健康融入所有政策所需的组织结构和程序，完善政府人口服务管理职能的定位。

在新型城镇化进程中，各地政府仍存在着为了短期利益牺牲长期利益、为了地方利益牺牲全局发展的问题。短期来看，从地方利益出发，为农民工提供公共服务增加了地方财政负担、挤占了本地居民的资源；保护农民工的权益和权利则增加了企业用工成本，"恶化了投资环境"，影响地方的招商引资和经济发展，但从长远来看，站在全国的角度，从全局出发，在中国少子化和老龄化的人口形势下，能否吸引包括农民工在内的流动人口参与地方经济建设对各地经济可持续发展至关重要。促进农民工的社会融合有利于全国劳动力资源的有效配置，也有利于农民工心理健康的有效提升。

实现农民工与当地市民的"新型城镇共建、发展成果共享、城市社会共治"是扩大内需、改善民生的重要举措，是贯彻中共中央、国务院以人的城镇化为核心、以理念创新为先导、以体制机制改革为动力的新型城镇化战略的内在要求。坚持以民为本、以人为本，深入推进流动人口卫生计生基本公共服务均等化建设，贯彻落实流动人口健康教育和促进行动计划（程菲、悦中山，2018）。将农民工心理健康促进作为流动人口服务管理的重要内容纳入政府的战略部署和工作规划，在国家层面制定相关行政法规，明确农民工心理健康促进的总体工作思路、行动范围、行动目标、工作任务和保障措施（程菲、悦中山，2018）；各省市围绕实际情况，把农民工心理健康促进作为创新社会管理的有机组成部分纳入民生建设，研究和确定农民工心理健康服务项目和开支，纳入同级财政预算，制定具体实施方案，规划工作要点和工作方向，科学建立农民工心理健康促进评估指标体系框架，统筹指导地方农民工心理健康促进工作（程菲、悦中山，2018）。

第三，建立基于"大数据"的农民工信息挖掘和决策辅助系统，实现农民工信息跨部门、跨系统、跨地区共享，夯实农民工服务管理工作基础。在此基础之上，探索统筹调动各类资源，完善农民工心理健康促进的组织管理体制。

在全国层面，发挥农民工工作领导小组在信息管理系统建设方面的协调优势，了解国家在农民工服务管理信息系统方面的工作安排，据此完成农民工服务管理信息系统的顶层设计，由易到难、逐步推进、逐渐构建和完善农民工综合服务管理信息平台，实现农民工信息跨部门、跨系统、跨地区共享。建议以农民工信息管理系统较完善的市/区为试点，在全国顶层设计的指导下，充分利用统计、公安、人社、卫生计生等部门的管理资源，建立标准统一、规范一致的农民工信息采集、更新和动态管理制度，加强农民工变动趋势的预警监测和综合分析，全面掌握农民工生存发展状况，利用"大数据"为农民工基本公共服务均等化的落实与推进、促进农民工社会融合与心理健康提供信息支撑和决策依据。

在地方具体做法上，突出政府主导作用，建立由党政部门主抓，卫生部门牵头，民政、财政、公安、人社、残联等部门共同参与、协同配合的组织管理工作机制。首先，要加强领导，成立农民工心理健康促进工作领导小组，由卫健委牵头，各个职能部门参与，包括文明办、公安、民政、社保、总工会、团委、妇联、残联、老龄委等，统一领导农民工心理健康促进工作。其次，要完善机制，建立省/市心理卫生工作联席会议制度，通过例会制度互通信息、相互配合、相互支持，协调解决推进农民工心理健康促进工作的发展。再次，建立政府行政功能和社会自治功能互补、政府管理力量和社会调节力量互补的社会管理网络，充分引入社会力量，发挥来自社会、社区、企业、群众等各方能动作用，建设多方参与的工作格局，例如通过非政府组织筹集社会资源和提供相关服务。政府应逐渐探索农民工心理健康服务的购买机制，在条件成熟时，考虑利用政府财政向社会组织采购心理健康服务项目，最大限度地满足农民工的多样化需求，提高服务效率和质量。

卫生计生机构的合并为农民工心理健康服务的提供带来了新的契机。计生部门的工作网络健全（特别是基层网络力量较强），工作人员在社区，经常服务居民，熟悉群众，这为农民工信息采集、健康教育、宣传咨询、随访等工作的开展提供了人员保障。卫生部门具有专业技术优势，深受群众信任，但基层网络较薄弱，对流动人口的信息掌握不足。整合双方优势资源，结合农民工特点，遵循心理健康促进工作的内在规律，将有望更好地推动农民工心理健康服务工作。

2. 明晰城乡政府、企业、城乡社会的边界，逐渐形成"政府主导、企业履责、社会协同"的农民工社会融合工作模式。在新模式的基础之上，根据社会融合各维度影响农民工心理健康的机制，创造相应的支持性环境，发挥社会融合对农民工心理健康的积极影响作用政府通过简政放权、放管结合逐渐明晰政府、企业和社会的边界，层层编制权力清单和责任清单，把政府不该管、管不了、管不好的事项交给企业和社会。政府在农民工社会融合工作中的主要职责是服务、赋权和维权。政府可以通过两条路径为农民工提供服务（李艳、韩丹，2017）：一是市民化，合理确定落户条件，以大中城市为重点推动稳定就业、长期居住的农民工在城镇落户，在此过程中需要注意尊重农民工个人意愿，防止"被市民化"；二是均等化，逐步实现基本公共服务由户籍人口向包括农民工在内的常住人口的拓展，实现基本公共服务均等化。赋权可以为农民工享受服务提供政治和法律依据，有利于农民工名正言顺地享受流入地提供的服务。政府通过制定政策、完善法律从制度层面逐渐赋予农民工在社会、经济和政治等领域与户籍人口均等的权利（李艳、韩丹，2017）。针对农民工权利、权益受损问题（如欠薪），政府需要进一步规范企业用工行为，强化执行能力，建立健全监督反馈机制，切实保障农民工的合法权利和权益，引导企业建立互利共赢、和谐稳定的新型劳资关系。同时政府还要注意积极培育社会组织，加大政府向社会力量购买服务的能力，向社会投入更多的事权和资源，培育社会主体健康成长，引导社会组织成为政府公共服务和农民工维权的协同合作方（李艳、韩丹，2017）。"政社合作"既有助于农民工方便、可及时地获取服务，也有助于维护农民工的权利和权益。

实证研究结果表明，社会融合是农民工心理健康的显著预测因素，但是各个社会融合维度及各维度社会融合不同指标所发挥的影响作用并不一致。社会经济融合中，主观社会经济地位为农民工心理健康的保护性因素。主观社会经济地位逐渐成为影响心理健康的重要方面，且比客观社会经济地位作用更大。即影响心理健康最重要的因素不再是社会经济地位的客观水平，而是由社会比较引起的相对社会经济地位不平等。客观社会经济地位对心理健康的影响出现直接和间接效应之间作用方向不一致的现象。客观社会经济地位一方面通过主观 SES 提高生活满意度，另一方面又不利于直接提高农民工的生活满意度。已有研究发现，长期以来，户籍制度下的城乡二元结构在我国农民工的经济生活领域起着根本性的制约作用，使农民工长期处于不利的社会生活环境，仅从表面提高他们的文化水平无法解决本质问题，反而会使他们因受教育程度的提高感受到更多的城乡经济发展和资源配置不平衡，由此带来的冲突感和矛盾感会进一步降低心理健康水平（程菲等，2018）。因此，教育对心理健康的反向作用可能正是产生"不一致"中介效应的原因之一。社会网络为农民工心理健康的保护性因素，非本地关系、本地非市民关系规模越大，市民关系比例越高，农民工心理健康状况越好。非本地关系确实能够通过为农民工提供情感和工具支持，有助于农民工群体在主观社会经济地位的评价上找到优越感，从而对其心理健康具有增益作用。本地非市民关系确实能够为农民工提供情感性和工具性支持。本地市民关系能够为农民工提供有利的社会比较，但不能为农民工提供有效的情感性支持和工具性支持，这可能是异质互动很难达成表达性行动效果和农民工市民网络的资源有限造成的。文化适应与心理健康有着直接且显著的关联。偏重农村融合型农民工心理健康状况最好，其次是偏重城市融合型。偏重农村融合型农民工具有最高水平的社会支持、最小的感知压力。偏重城市融合型农民工相比融合倾向分离型和边缘风险分离型农民工的优势在于社会经济地位较高。融合倾向分离和边缘风险分离两种分离型文化适应对农民工的心理健康具有不利影响。此外，文化适应通过社会支持、感知压力、主观社会经济地位和客观社会经济地位间接影响农民工心理健康。

因此，在宜居城市建设中推进农民工市民化政策，为农民工心理健康发展提供良好的经济、文化和社会环境：在经济方面，客观上要打造公平公正的劳动力市场，促进农民工就业创业，提升农民工生存发展能力，逐步缩小农民工和市民之间的经济差距（程菲、悦中山，2018）。具体措施（如对农民工进行职业技能培训），提升农民工人力资本；提高农民工收入。在缩小农民工与本地市民在客观社会经济地位指标上的差距的同时，引导农民工选择合适的参照群体进行社会比较，正确、积极感知其所在的社会地位，对农民工来说具有重要意义。在社会互动方面，当前农民工的社会网络状态基本处在非本地关系和本地非市民关系并驾齐驱、本地市民关系初创、总体社会互动水平比较有限的阶段。随着农民工社会融入水平的提升，本地市民网络将逐渐发挥着越来越重要的作用，因此，相关部门要顺应农民工社会网络的动态衍化规律，从加强农民工和市民的互动方面着手多做工作，如相关部门可以采取多种形式和途径在社区、企业开展公共活动，鼓励和支持农民工参与到各项活动中来；扩大农民工在流入地参与社会组织的渠道，创造环境让农民工平等地参与到工会、党团组织、选举活动和社区管理活动中来，促进本地市民与农民工之间的交往互动，增加他们之间的情感沟通，实现农民工与本地市民实质性的交往、交流和融合。在文化适应方面，我们发现，仍有28.98%的农民工属于偏重城市融合型，22.61%的农民工属于融合倾向分离型，24.17%的农民工属于边缘风险分离型。为此，我们要积极搭建对话平台，鼓励文化之间的交融，可以通过电视网络、图书报纸等新闻媒体，积极引导和鼓励农民工了解流入地城市的风俗习惯和价值观念。在此基础上，也要倡导在习得较高水平的城市文化之前，一定程度上保留较高水平的农村文化。

3. 搭建"主客"沟通平台，优先推进青年、未婚、远距流动、制造业农民工等重点人群的心理健康促进工作

本书发现青年、未婚、流动距离远、制造业的农民工心理健康较差，而本地市民关系并未通过提供社会支持进而有效地促进农民工心理健康。伴随婚姻产生的安全感、家庭支持以及生活照料等因素都可能会对农民工的心理健康有维护和促进作用，缺少配偶支持则不利于未婚农民工的心理健康。随着流动距离的增加，农民工个体承受的挑战和面临的环境较为复杂，由流动引致的压力较大，原有社会支持网络发挥的作

用被弱化，甚至不再起作用，这些都不利于其心理健康水平的提升。社会支持和压力感知本身是社会融合影响农民工心理健康的关键因素和中介因素。社会支持对感知压力对农民工心理健康的损害也有一定的作用。对此，可以在流入地构建农民工社区支持体系，构建平台促进"主客"沟通，弥补未婚农民工社会支持体系的短板；将农民工纳入社区管理、社区服务、社区保障以及其他社区管理体制、公共服务，向所有居民开放公共活动空间和设施，增加农民工和本地市民接触和互动的机会，帮助解决农民工远距离流动带来的困难和压力，增进群体间相互理解，最终使农民工融入社区、融入城市社会。届时，本研究所发现的本地市民关系并未通过提供社会支持进而促进农民工心理健康的现象有望得到改变。同时，赋予农民工参与管理社区公共事务的权利，吸纳农民工参与社区治安、环境整治、参政议政等活动，培育农民工和本地市民的信任感，缩短心理距离。而制造业农民工往往在流水线上工作，节奏快、重复性高、工作时间长，这样的工作环境可能是导致该群体心理健康水平较低的原因，可以在企业内多开展心理健康教育讲座、培训、指导，设置心理咨询室和情绪调节室，配备专业心理疏导人员。

4. 加强面向亚健康人群、健康人群的初级预防措施，提高农民工心理健康意识和心理保健意识和能力，尤其是要加强压力管理方面的心理健康服务和个人增能服务（程菲、悦中山，2018）

农民工心理卫生服务不仅包括精神疾病的预防、医疗和康复，政府和社会还应加强农民工心理卫生的宣教活动和早期干预（程菲、悦中山，2018）。根据国家八城市调查数据分析发现，流动人口接受过心理健康教育的比例较低，心理健康知识知晓率有待提高；心理保健意识较差，流动人口选择就医应对心理健康问题的比例较低。流动人口中表示没有接受过精神障碍防治教育的比例高达89.3%，表示接受过的仅为10.7%，远远低于生殖健康教育项目的受教育比例。流动人口精神卫生与心理保健知识题项的平均得分为3.63（总分在0—5分），其心理健康知识知晓率仍有较大提升空间。在心理保健方面，找朋友或家人聊天是流动人口最普遍的心理健康问题应对方式，比例占到44.05%，其次是上网/看电视/看书（19.97%）、休息（9.19%）、逛街/购物/吃东西（8.96%）。但也有相当一部分比例的人群通过喝酒/抽烟等不健康的生活方式（6.93%）来消极应对心理健康问题。此外，在选择就医（包括西医、中医、精神科医生）上，流动人口的比例均不超过1%，选择心理咨询的比例也仅为0.22%，表明流动人口的心理保健意识较差。压力管理方面的心理健康服务和个人增能为目前农民工比较突出的心理保健服务和能力需求。农民工在社会融合的过程中难免会产生一些心理压力。感知压力不仅对农民工心理健康具有直接的影响作用，还在社会网络、文化适应影响农民工心理健康的过程中起到显著的中介作用。对压力调节等心理健康意识和心理保健能力的普及可以通过电视、电台、微信、微博、门户网站等渠道，采取入户走访、义诊宣传、讲座培训、团体活动等方式，提高农民工心理健康知识知晓率和心理健康服务多样性（程菲、悦中山，2018）。

5. 按照"重心下移、力量下沉、保障下倾"的原则依托城乡社区和企业构筑农民工服务管理网络，推进心理健康促进项目、扩大农民工心理健康服务覆盖率

完善以城乡社区为基础的农民工服务管理网络，提升服务管理水平。建立和完善城乡社区人口服务管理综合平台，具体承担人口登记、农民工信息采集及各类基本公共服务、社会救济及其他有关事项的落实工作。费随事转，向城乡社区投放转移更多资源，使得社区有钱、有人提供服务和管理。发挥城乡社区资源整合功能，形成以城乡社区村委会、居委会为基础，主要依靠公安、劳动保障、卫生计生、民政部门资源，以社会组织为补充的服务管理网络。强化农民工聚集社区的工作网络建设，为农民工提供更加便捷高效的服务，解决基本公共服务"最后一公里"的问题，打破"玻璃门"。

　　一方面，以城乡社区为平台，发展"互联网＋心理健康促进"的服务管理模式，通过建立社区心理服务云平台对所辖范围内农民工的心理健康状况及其心理健康服务需求进行总体了解，发展并完善心理测评、数据反馈、教育管理、档案管理、心理健康培训等功能，将系统生成的心理分析报告作为城乡社区机构进行心理健康教育和心理健康服务决策的重要参考依据；以城乡社区为阵地，将包含心理减压在内的心理卫生服务下放基层卫生医疗机构；凭借社区健康服务中心的网络资源，推进初级心理健康教育、咨询、诊断等基础工作，提高农民工心理健康服务的可及性。另一方面，协助企业建立内部心理健康服务体系，设置心理咨询室，培训心理健康服务队伍，建立心理援助及心理行为干预机制，为外来务工人员提供心理健康防治指导和转诊服务（程菲、悦中山，2018）。

第三节　本章小结

　　本章总结了我国人口流动政策的发展和变迁并指出当前面临的挑战。通过政策研究发现，我国基层政府落实农民工社会融合和服务均等化政策存在困难，从部署到落实的"最后一公里"亟待打通，"玻璃门"现象仍然存在；国家和各省市在宏观发展规划中对农民工心理健康的关注不够；针对农民工心理健康服务的政策还比较有限；针对农民工心理健康的预防和干预机制尚未发展成熟；缺少系统化的框架设计，较少关注社会环境因素（如社会融合）对农民工心理健康的影响。基于政策现状，结合农民工社会融合、心理健康的现状以及社会融合影响心理健康的机制，本书针对农民工的社会融合和心理健康促进工作提出了一些政策建议。

第十一章
结论与展望

　　虽然离土离乡的农民工生活在城市的物理空间中，但其社会生活仍具有"乡土性"。本书尝试突破既有文献仅仅关注农民工城市融入状态对心理健康的影响的局限，以国际、国内研究的理论和实证研究为基础，充分考虑农民工群体仍具"乡土性"的生活状态。本书超越"城市融入"单向视角，分别针对农民工的社会经济融合、社会互动和文化适应提出了农民工参照群体双重框架，农民工社会网络分析的地理—社会空间双重视角，双向、多维的农民工文化适应分析框架。以此为基础，建构了社会融合影响农民工心理健康的分析框架与概念模型。本书分别利用全国八城市调查数据和广州调查数据分析了农民工的心理健康现状和社会融合现状，并利用广州调查数据分析了社会经济融合、社会网络和文化适应影响农民工心理健康的机制。最后基于政策分析给出了若干提高农民工社会融合和心理健康的政策建议。本章首先总结本书的主要结论、发现以及本书提出的政策建议，最后讨论本书在数据收集、变量测量、因果关系确立等方面所具有的局限性并讨论未来可能的努力方向。

第一节　主要结论、发现及建议

本书的主要内容包括四大部分：一是理论研究，考虑农民工"亦城亦乡"的生活实践及其社会生活的"乡土性"，将农村社会和城市社会同时纳入农民工社会融合的发生场域，建立研究农民工社会融合和心理健康之间关系的理论框架和概念模型；二是现状研究，基于调查数据分析农民工心理健康和社会融合的现状；三是机制研究，以本书所构建的理论框架和概念模型为基础，研究社会融合影响心理健康的机制；四是政策研究，根据研究发现提出基于社会融合提升农民工心理健康水平的政策建议。下面就四部分研究的主要结论和发现总结如下。

1. 理论研究的主要结论与发现

第一，既有的农民工社会融合研究未对农民工社会生活的"乡土性"给予充分重视，本书聚焦农民工"亦城亦乡"的生存状态及其社会生活的"乡土性"，从社会经济融合、社会互动和文化适应等三个维度研究了农民工的社会融合。

第二，本书针对社会经济融合构建了农民工参照群体的双重框架，该框架强调农民工在主观评价自己的社会经济地位时，其参照群体既可能是农村居民也可能是城市市民；在地理、社会空间双重视角下本书把农民工的社会网络划分为非本地关系、本地非市民关系和本地市民关系，三类关系在社会网络中的分布情况反映了农民工在城市的社会融合状态；本书构建的双向、多维的文化适应分析框架有助于辨识和理解农民工仍具"乡土性"生活状态下文化适应的模式和特点。

第三，本书以一般人群的心理健康影响因素框架为基础，发展、构建了社会融合影响农民工心理健康的专门的分析框架，并据此分别建立社会经济融合、社会互动和文化适应影响农民工心理健康的机制的分析框架：第一，以参照群体为基础的主观社会经济地位在客观社会经济地位和心理健康之间发挥中介作用；第二，异质性互动有助于工具性行动效果的达成，同质性互动有助于情感性行动效果的达成，以此为据，三类社会网络通过社会支持和社会比较影响心理健康的路径有12条之多，有待于通过实证研究逐一进行验证；第三，社会支持、感知压力和社会经济地位在文化适应和心理健康之间发挥中介作用。

2. 现状研究的主要结论与发现

第一，农民工心理健康的整体水平比城市市民低。群体内部存在如下一些差异性：女性心理健康水平略高于男性；年长的农民工的心理健康水平高于年轻的；在婚农民工的心理健康水平高于不在婚的；雇主的心理健康水平高于雇员和自营劳动者；制造业就业的农民工的心理健康水平最低；短距流动的农民工的心理健康水平高于长距流动的；流动时间长的农民工的心理健康水平高于流动时间短的。

第二，农民工仍未完全融入城市社会且具有明显的"乡土性"。农民工以体力劳动者为主，收入与城市居民相比还有较大差距；受教育程度不高，以初中学历为主；他们对自己的主观社会经济地位评价不高；以农村居民为参照群体的相对社会经济地位得分高于以城市市民为参照群体的相对社会经济地位，只有约2.0%的农民工认为自己的社会经济地位高于城市市民。农民工拥有的本地市民关系的数量仍然有限，农民工社会网络基本以本地非市民关系和非本地关系为主，某种程度上呼应了城市已经形成"新二元社会"的论断。农民工的本地非市民关系、本地市民关系与农民工在城市的社会经济融合、文化适应水平正相关，与农民工在农村的社会经济融合水平负相关；而农民工的非本地关系则与他们和乡土社会的社会经济联系正相关。利用潜类分析方法发现农民工的文化适应具有四种类型，包括偏重城市融合型、偏重农村融合型、融合倾向分离型和边缘风险分离型。整体而言，几乎所有的农民工仍然在城市社会保留着自己的农村文化特征；偏重城市融合型、偏重农村融合型的农民工在保留家乡文化的同时开始逐渐习得、认同城市文化；目前尚没有农民工完全脱离自己的家乡文化完全融入城市文化，即农民工群体中尚未出现国际移民中普遍存在的"同化"型文化适应群体。

3. 机制研究的主要结论与发现

第一，社会经济融合影响心理健康的机制：本书验证了"SES–健康梯度效应"，发现影响心理健康最重要的因素不是农民工的客观社会经济地位，而是农民工通过与参照群体进行社会比较后所感知到的主观自评社会经济地位。主观SES在客观SES和心理健康之间发挥着中介作用。农民工与老家村民比相对社会经济地位越高，其生活满意度水平越高。说明农民工在社会经济方面的"乡土性"对他们的心理健康有正向保护作用。这一研究结论与已有的关于城市社会经济融入有利于农民工心理健康的发现相互呼应，丰富了我们对社会融合与心理健康之间关系的理解，亦说明在定义社会融合时找回"乡土"、超越"融入"的重要性和必要性。

第二，社会网络影响农民工心理健康的机制：非本地关系同时通过社会比较和社会支持机制影响农民工心理健康；本地非市民关系仅通过社会支持机制影响农民工心理健康；本地市民关系仅通过社会比较机制影响农民工心理健康。值得指出的是，本地市民关系通过社会比较对农民工心理健康发挥正向作用，即农民工拥有越多的本地市民关系，越有利于他们高评自己的社会经济地位，进而提升其心理健康水平。这与本书所提假设完全相反。探讨其背后原因可能有两个：首先，农民工本地市民网络中的网络成员的社会经济地位并不比农民工高，因此有助于农民工高评自己的社会经济地位，从而有益于其心理健康；其次，农民工在进城务工后，他们过去对城市社会底层居民生活状态的高估偏差得到纠正，"闻名不如见面"的心理落差使农民工产生某种程度的优越感和满足感，最终导致农民工高评自己的社会经济地位，进而有益于其心理健康。总之，家乡和城市的社会网络分别通过社会支持或社会比较两种机制对农民工的心理健康发挥着不同的影响。在三类社会关系中，只有农民工在农村社会的社会网络（非本地关系）同时通过社会支持和社会比较两种机制影响他们的心理健康。可见将农民工与农村的联系纳入社会融合分析视野对理解社会融合影响农民工心理健康十分必要且非常重要。

第三，文化适应影响农民工心理健康的机制：文化适应对心理健康有显著的直接影响，偏重农村融合型农民工的心理健康水平相对较高；社会支持、感知压力和社会经济地位在文化适应和心理健康之间发挥着一定的中介作用。分析发现，偏重农村融合型农民工因为具有丰富的社会支持资源从而具有较高的心理健康水平；偏重城市融合型农民工因为具有较高的社会经济地位而具有较高的心理健康水平，但社会支持的匮乏、感知压力大的双重劣势对他们的心理健康有不利影响；与偏重农村融合型农民工相比，融合倾向分离型和边缘风险分离型的农民工因为在社会支持、感知压力和主观社会经济地位上均处于不利处境，从而有损于他们的心理健康。这些结论同样表明了找回"乡土"、超越"融入"的社会融合视角对理解农民工心理健康具有重要贡献。

4. 政策研究的主要发现及政策建议

通过政策研究发现，我国基层政府落实农民工社会融合和服务均等化政策存在困难，从部署到落实的"最后一公里"亟待打通，"玻璃门"现象仍然存在。本书建议在农民工的社会融合和心理健康促进工作中，注意协调城乡均衡发展，促进城乡政策的衔接与融合，实现城乡基本公共服务的均等化，提出如下一些政策建议。

第一，完善社会融合政策体系，加强促进农民工心理健康的顶层设计，具体包括：首先，充分发挥各级政府设立的农民工工作领导小组的协调作用，制定中长期规划，通过体制机制的改革、创新疏通障碍，全面推进农民工户籍管理的制度改革，为农民工的社会融合扫清制度障碍，提供机制保障，从而有效预防制度壁垒对农民工心理健康的不利影响；其次，统一认识，实现农民工与当地市民的"共建、共享、共治"，进一步完善"大卫生""大健康"工作理念，将心理健康融入所有的社会政策，并确保健康融入所有政策所需的组织结构和程序，促进政府人口服务管理职能的重新定位；最后，建立基于"大数据"的农民工信息挖掘和决策辅助系统，实现农民工信息跨部门、跨系统、跨地区共享，夯实农民工服务管理工作基础。在此基础之上，探索统筹调动各类资源，完善农民工心理健康促进的组织管理体制。

第二，明晰城乡政府、企业、城乡社会的边界，逐渐形成"（城乡）政府主导、企业履责、（城乡）社会协同"的农民工社会融合工作模式。在新模式的基础之上，根据社会融合各维度影响农民工心理健康的机制，创造相应的支持性环境，发挥社会融合对农民工心理健康的积极影响作用。

第三，搭建"主客"沟通平台，优先推进青年、未婚、远距流动、制造业农民工等重点人群的心理健康促进工作。

第四，加强面向亚健康人群、健康人群的初级预防措施，提高农民工心理健康意识和心理保健意识和能力，尤其是要加强压力管理方面的心理健康服务和个人增能服务。

第五，按照"重心下移、力量下沉、保障下倾"的原则依托城乡社区和企业构筑农民工服务管理网络，推进心理健康促进项目，扩大农民工心理健康服务覆盖面。

第二节　研究展望

本书注意到农民工的社会生活具有"乡土性"，超越"城市融入"单向视角，对"亦城亦乡"生活状态下农民工的社会融合现状、心理健康现状以及社会融合影响心理健康的机制进行研究，并有一些新的发现。但本书在数据收集、变量测量、因果关系确立等方面还存在一些局限性，我们对此展开讨论，希望未来能在现有研究的基础上进一步改进。

第一，广州调查的抽样方法不是等概论抽样，而是利用配额抽样方法收集的。这就导致关于农民工一些指标的状况的结论难以推广。不过这种局限主要体现在农民工社会融合的现状分析中。因为心理健康现状的分析是基于全国八城市数据进行的。不过通过与全国八城市数据的对比发现，广州调查数据在样本特征和农民工心理健康特点上与全国数据有许多共同的特征和模式，从而从侧面说明研究团队采用配额抽样自行收集的广州调查数据的质量也还不错。加之广州数据样本量较大，差异性较好，各行各业的农民工均有所覆盖。这些都保证了广州调查数据在影响机制分析中具有很好的可用性，相关研究结论比较可靠。

第二，本书使用的数据为横截面数据，可靠的因果关系的确认需要依靠纵向数据，因此在解释和推广本书的研究结论的时候要谨慎。然而，不可否认的是，纵向数据的收集要受到包括人力、物力和财力等各种资源的限制，加之农民工具有高流动性的特点，针对农民工群体进行追踪、收集纵向面板数据更具挑战。不过随着现代科学技术（尤其是移动通信技术和互联网＋技术）的发展和推广，农民工纵向数据收集的瓶颈有望在未来数年内被打破。

第三，本书中一些变量的测量以及测量的信度和效度有待在未来的研究中得到提升：一是本书中感知压力量表（CPSS）的 Cronbach's Alpha 系数仅为 0.617，可靠性差强人意；二是尽管本书依据当前主流文献将收入、教育和职业阶层作为观测变量测量了客观社会经济地位这一潜变量，但从测量模型的检验结果来看，职业和收入的因子载荷系数仅为 0.3 左右，显然偏低。但在目前的数据中已无更好的指标可以替代他们，希望在未来的研究中能够改善；三是在本书所建立的双向、多元的文化适应理论框架中，农民工在行为维度的文化适应本是包括饮食行为的，但由于广州调查数据并未收集饮食行为的信息，因此未能将其纳入实证分析。中国地域广阔，饮食文化的多样性应该是区域文化差异的重要体现，饮食习惯的变化是农民工文化适应的重要组成部分，所以有必要在未来的研究中纳入分析视野。

附录一

广州市流动人口/农民工调查问卷

调查对象：在广州长期生活一个月及以上的，非广州市、农业户口 15 周岁及以上（即 2000 年 11 月及以前出生）的男性和女性流动人口（军人和学生不属于本次调查对象）。

尊敬的先生/女士：

您好！西安交通大学、陕西师范大学和中山大学正在做一项农村外来流动人口的社会调查，为相关学术研究提供数据来源，特邀请您参加本次调查，谢谢您的支持和合作！调查中将询问一些问题。本次调查收集到的信息将严格保密，除了合格的研究人员，任何人不会接触到这些资料。再次感谢您的合作！

西安交通大学、陕西师范大学和中山大学

2015 年 12 月

100 您的户口登记类型是：□

1 农业　2 非农业【调查结束】　3 居民（家中有耕地）　4 居民（家中无耕地）【调查结束】

101 您的户籍所在地：　省/直辖市/自治区　市/地区　县/区

【若户籍地为广东省广州市，调查结束】

被访人编码　□□□□□□□

被访人姓名

被访人住址 ＿＿＿＿区＿＿＿＿街道（镇）＿＿＿＿居委会＿＿＿＿门

　　　　　　牌号

　　　　　　或＿＿＿＿区＿＿＿＿街道（镇）＿＿＿＿公司

　　　　　　　月　　日　　时　　分　　如果调查未完成，原因是：

第一次访问　从□□　□□　□□　□□　　　＿＿＿＿＿＿＿＿

　　　　　　到□□　□□　□□　□□　　　＿＿＿＿＿＿＿＿

第二次访问　从□□　□□　□□　□□　　　＿＿＿＿＿＿＿＿

　　　　　　到□□　□□　□□　□□　　　＿＿＿＿＿＿＿＿

访问员姓名　　　　　　　　　　　　　　　　　　＿＿＿＿＿

核对人姓名　　　　　　　　　　　　　　　　　　＿＿＿＿＿

核对人的检查结果　　　　　　　　　合格（　　）　不合格（　　）

一 基本情况

102 如果您未婚,请谈谈您本人、父母、未与父母分家的兄弟姐妹(包括在本地、老家和其他地方的),以及与您在本户同住其他家庭成员的情况;如果您已婚,请谈谈您本人、配偶和子女(包括在本地、老家和其他地方的,但不包括已婚分家的子女)以及与您在本户同住的其他家庭成员的情况。

成员序号 ID	A 与被访者关系 1 本人 2 配偶 3 子女 4 媳妇/女婿 5 父母/公婆/岳父母 6 兄弟姐妹及其配偶 7 孙辈 8 (外)祖父母 9 其他	B 性别 1 男 2 女	C 出生年月 (阳历日期)	D 民族 1 汉 2 少数民族	E 受教育程度 1 未上过学 2 小学 3 初中 4 高中(中专/技校) 5 大学专科 6 大学本科 7 研究生	F 婚姻状况 1 未婚 2 初婚 3 再婚 4 离婚 5 丧偶	G 现居住地 1 本地 2 户籍地 3 其他地方 (选填 2 的跳问下一位家庭成员情况)	H 本次流动范围 1 跨省流动 2 省内跨市	I 本次流入时间 (①流入当地后,其间离开不超过两个月,再次返回时不作为一次新的流动;②在当地出生的子女填写出生时间)	J 本次流动主要原因 1 务工经商 2 亲属随迁 3 婚姻嫁娶 4 投亲靠友 5 学习培训 6 出生 7 其他
1	□	□	□□□□年□□月	□	□	□	□	□	□□□□年□□月	□
2	□	□	□□□□年□□月	□	□	□	□	□	□□□□年□□月	□
3	□	□	□□□□年□□月	□	□	□	□	□	□□□□年□□月	□
4	□	□	□□□□年□□月	□	□	□	□	□	□□□□年□□月	□
5	□	□	□□□□年□□月	□	□	□	□	□	□□□□年□□月	□
6	□	□	□□□□年□□月	□	□	□	□	□	□□□□年□□月	□
7	□	□	□□□□年□□月	□	□	□	□	□	□□□□年□□月	□
8	□	□	□□□□年□□月	□	□	□	□	□	□□□□年□□月	□

103 在来广州之前，您是否到过户籍地所在县（或县级市）之外的其他地方打工？ □

1 是　2 否（跳问 105）

104 您第一次外出打工（离开户籍所在县或县级市）是什么时候？

□□□□年□□月

105 您初次来广州是什么时候？ □□□□年□□月

106 来广州后，您做过几份工作？（一直没工作的填 00，跳问到 120） □□

107 您上一周是否做过一小时以上有收入的工作（包括个体经营或参与家庭经营）？ □

1 是（跳问 109）　2 否

108 您上个月是否找过工作？ □

1 是（跳问 116）　2 否（跳问 120）

109 您现在的主要职业是什么？

_____

（请详细记录被访者的主要工作，填写具体内容：工作单位＋工作职责/工作内容＋工作岗位或工种名称，例如：＊＊公司＊＊车间＊＊工人、＊＊医院护士、＊＊大厦保安等）

110 根据上题，将受访者职业归入以下类别，并将类别编码填入题后方格 □□

01 非技术工人　02 技术工人　03 商业、服务业劳动者　04 个体户 05 私营企业主　06 办事人员　07 专业技术人员　08 企业或商业负责人（如经理、厂长等）　09 农林牧渔业人员　10 党政机关、事业单位负责人　11 无固定职业（跳问 115）　12 其他（请注明_____）

111 您目前工作单位的性质是什么？ □

1 党政机关　2 国营企业　3 事业单位　4 集体企业（含乡镇企业）

5 外商独资或合资企业　6 私营企业（8 人及以上）　7 个体工商户

（7 人及以下） 8 无单位（如居民家庭中的保姆、打零工的或摆摊者）
9 其他（请注明_____）

112 您现在就业的单位属于哪个行业？　　　　　　　　□□

01 农林牧渔　02 采矿　03 制造　04 建筑　05 批发零售　06 住宿
餐饮　07 租赁和商务服务业　08 居民服务、修理和其他服务业　09 电
煤水热生产供应　10 教育　11 交通运输、仓储和邮政　12 水利、环境
和公共设施管理　13 文体和娱乐　14 金融　15 信息传输、软件和信息
技术服务　16 科研和技术服务　17 卫生和社会工作　18 房地产　19 公
共管理、社会保障和社会组织　20 其他（请注明_____）

113 您现在的就业身份属于哪一种？　　　　　　　　　□

1 雇员　2 雇主（跳问 115）　3 自营劳动者（跳问 115）　4 其他

114 您是否与单位签订了书面劳动合同？　　　　　　　□

1 是　2 否

115 您目前平均每周工作___天，每天工作___小时　□天□□小时

116 您上个月（或上次就业）收入是多少？（不含包吃包住费）

　　　　　　　　　　　　　　　　　　　　　□□□□□元

117 您在本地是否由单位包吃或包住？　　　　　　　　□

1 是　2 否（跳问 120）

118 单位每月包吃大概折算为多少元？　　　　　　□□□□元

119 单位每月包住大概折算为多少元？　　　　　　□□□□元

120 您是否参加过职业培训？　　　　　　　　　　　　□

1 是　2 否

121 您家在广州平均每月总收入为多少？　　　　□□□□□元

122 您家在广州以外的其他地方平均每月总收入为多少？

　　　　　　　　　　　　　　　　　　　　　□□□□□元

123 您现住房属于下列何种性质？　　　　　　　　　　□

1 自己买的房子　2 租的房子　3 借住在亲戚朋友家　4 单位宿舍

5 自己搭的房子、简易棚　6 雇主家　7 露宿　8 其他（请注明_____）

124 您在广州的住房（或住处）的设施情况。

124.1 煤气/液化气/天然气（没有＝0，有＝1）　　　　　　□

124.2 厨房（没有＝0，合用＝1，独用＝2）（包括室外合用）□

124.3 厕所（没有＝0，合用＝1，独用＝2）（包括室外合用）□

124.4 洗澡设施（没有＝0，合用＝1，独用＝2）（包括室外合用）

　　　　　　　　　　　　　　　　　　　　　　　　　　□

124.5 住房用途（居住兼工作或他用＝0，纯居住＝1）　　□

125 您的邻居（指您住所周围的其他 20 户或所住宿舍周边的另外

20 个宿舍）主要是谁?　　　　　　　　　　　　　　　　□

1 外地人　2 广州市民　3 外地人和广州市民差不多　4 不清楚

126 您信任您的邻居吗?　　　　　　　　　　　　　　　□

1 非常信任　2 比较信任　3 比较不信任　4 非常不信任

127 在您居住的地方，邻里之间经常互帮互助吗?　　　　□

1 非常同意　2 比较同意　3 比较不同意　4 非常不同意

128 您目前是否有以下社会保险?（1 是 2 否　请逐一填答下面九个

题目）

128.1 新型农村合作医疗 □　　　128.2 城乡居民合作医疗　　□

128.3 城镇居民基本医疗保险 □　128.4 城镇职工基本医疗保险 □

128.5 城镇居民基本养老保险 □　128.6 城镇职工基本养老保险 □

128.7 新型农村社会养老保险 □　128.8 工伤保险 □

128.9 生育保险 □

129 您以后准备在哪里长期发展或者定居?　　　　　　□

1 赚钱回家，继续务农　2 学门手艺或技术，回去找个好工作　3
回家干个体　4 回去办企业，当老板　5 在广州安家立业　6 到其他城
市安家立业　7 不打算回去，在这里干什么都行　8 没考虑过，还没想
法　9 其他（请注明_____）

130 您在户籍地是否还有耕地，谁在种？ □

1 有，家人耕种　2 有，有偿租给他人耕种　3 有，无偿交给他人耕种　4 有，撂荒　5 没有

131 您在户籍地是否还有宅基地，谁在用？ □

1 有，长期有家人使用　2 有，但已无人长期使用　3 有，有偿交给其他人使用　4 有，无偿交给其他人使用　5 没有

132 在过去一周里，您平均每天与老家的亲属和朋友通过手机、微信或 QQ 聊天的时间有多长（同时与多个人聊天时间不累计）？

□□小时□□分钟

133 在过去一周里，您通过微信、QQ 联系的家乡的亲人或朋友有多少人？ □□人

134 在过去一周里，您通过打电话联系的家乡的亲人或朋友有多少人？ □□人

如果您出生于 1980 年及以后，请回答下列问题（若出生于 1979 年及以前，跳问 201）。

135 您的出生地： □

1 户籍地　2 户籍地（县）之外的地方（请注明）　省/直辖市/自治区　市/地区　县/区

136 您出生后至 15 岁（含 15 岁）变换过多少次居住的地方（县）？

□□次

137 您出生后至 15 岁（含 15 岁）是否与父母一方或双方持续分离超过半年？ □

1 是　2 否（跳问 140）

138 与父母一方或双方分离超过半年以上时，您主要和谁一起生活？（可多选） □□□

1 与父亲一起　2 与母亲一起　3 与其他亲属一起　4 与其他非亲属一起　5 独自生活

139 您什么年龄段发生过与父母一方或双方超过半年以上的分离？（可多选）⬜⬜⬜⬜⬜

1 三岁及以前 2 四岁到六岁 3 七岁到九岁 4 十岁到十二岁

5 十三岁到十五岁

140 您最后接受学校教育的地点是：⬜

1 户籍所在地（县） 2 广州市

3 其他（请注明_____） 省/直辖市/自治区 市/地区

二 健康与社会融合

201 请回答下面一些关于健康方面的问题

201.1 总体来讲，您的健康状况是：1 非常好 2 很好 3 好 4 一般 5 差	
201.2 我好像比别人容易生病：1 绝对正确 2 大部分正确 3 不能肯定 4 大部分错误 5 绝对错误	
201.3 我跟周围人一样健康：1 绝对正确 2 大部分正确 3 不能肯定 4 大部分错误 5 绝对错误	
201.4 我的健康状况在变坏：1 绝对正确 2 大部分正确 3 不能肯定 4 大部分错误 5 绝对错误	
201.5 我的健康状况非常好：1 绝对正确 2 大部分正确 3 不能肯定 4 大部分错误 5 绝对错误	

202 您经常从报纸、广播、电视、互联网或手机上获得新闻和信息吗？⬜

1 经常 2 偶尔（很少） 3 从不

203 您认为一个人的成功主要靠什么？⬜

1 主要靠自身努力 2 一半努力一半运气 3 主要靠运气

204 您在多大程度上愿意提前安排自己在工作和生活上的事情？⬜

1 大多数事情都事先仔细地安排 2 仅对一些事做提前安排

3 事情来再说，不必事先考虑（太多）

205 假如您和一位朋友约好中午 12：00 见面，您认为他晚到多少

分钟就算迟到了？ □

　　1 一分钟以内也算迟到　2 一分钟以后　3 五分钟以后　4 十分钟以后　5 半小时以后

　　206 以下各项内容是关于性格的描述，请您根据实际填写是不是同意以下观点。

　　1 非常同意　2 同意　3 既不同意也不反对　4 不同意　5 非常不同意

206.1 我喜欢周围有很多朋友	
206.2 我很喜欢与人聊天	
206.3 我喜欢待在热闹的地方	
206.4 我不是个乐观开朗的人	
206.5 我是个十分积极活跃的人	

　　207 您对粤语的掌握程度如何？ □

　　1 听得懂且会讲　2 听得懂，也会讲一些　3 听得懂一些但不会讲　4 不懂粤语

　　208 在与广州本地人交流时，您一般说哪个地方的话？ □

　　1 普通话　2 粤语　3 家乡话　4 视情况而定

　　209 您认为您与广州市民在以下方面有无较大差别？请逐一填答下面五个题目

　　1 有很大差别　2 有一点差别　3 没有差别

　　209.1 饮食习惯 □　209.2 卫生习惯 □　209.3 节庆习俗 □

　　209.4 人情交往 □　209.5 观念看法 □

　　210 您是否同意以下观点？

　　1 非常同意　2 同意　3 既不同意也不反对　4 不同意　5 非常不同意

210.1 遵守家乡的风俗（比如婚、丧、嫁、娶的风俗）对我来说比较重要	
210.2 按照家乡的习惯办事对我来说比较重要	
210.3 我的孩子应该学会说家乡话	
210.4 保持家乡的生活方式（如饮食习惯）对我来说比较重要	

211 您目前在本地是否以下组织的成员？（1 是 2 否 请逐一填答下面三个题目）

211.1 家乡商会 □ 211.2 老乡会 □ 211.3 流动党支部 □

212 您目前在本地是否以下组织的成员？（请逐一填答下面五个题 1 否 2 是，成员全部或大多数为外来人口 3 是，外来和本地人数量差不多 4 是，全部或大多数为本地人）

212.1 工会 □ 212.2 志愿者协会 □ 212.3 本地党支部□

212.4 同学会 □ 212.5 其他 □（填2 或 3 或 4，请注明_____）

213 您是否同意以下观点？

1 非常同意 2 同意 3 既不同意也不反对 4 不同意 5 非常不同意

213.1 我认为我是老家人	
213.2 回到老家我能找到家的感觉	
213.3 我是属于老家的	
213.4 我把自己看作老家的一员	

214 您在过去一个月里有下面的感觉吗？

1 从不 2 偶尔 3 有时 4 经常 5 总是

214.1 感觉无法控制自己生活中重要的事情	
214.2 对于有能力处理自己私人的问题感到很有信心	
214.3 感到事情顺心如意	
214.4 感到困难的事情堆积如山，而自己无法克服	

215 您是否同意以下观点。

1 非常同意　2 同意　3 既不同意也不反对　4 不同意　5 非常不同意

215.1 我的生活在大多数方面都接近于我的理想	
215.2 我的生活条件很好	
215.3 我对我的生活是满意的	
215.4 迄今为止，我在生活中已经得到了我想要得到的重要东西	
215.5 假如生活可以重新过一次的话，我基本上不会作任何改变	

216 在过去的一个月里面，出于私事而不是工作的原因，通过见面、电话、短信、微信或邮件等方式与您经常联系、关系比较亲密的下面各类人的数目是多少？（若没有填00）

家人或亲戚□□人：其中居住在广州的有□□人，有□□人是广州人

老乡或朋友□□人：其中居住在广州的有□□人，有□□人是广州人

同事或工友□□人：其中居住在广州的有□□人，有□□人是广州人

217 您是否同意以下观点？

1 非常同意　2 同意　3 既不同意也不反对　4 不同意　5 非常不同意

217.01 在我遇到问题时同事或工友会出现在我的身旁	
217.02 我能够与同事或工友共享快乐与忧伤	
217.03 我的家人或亲戚能够切实具体地给我帮助	
217.04 在需要时我能够从家人或亲戚那里获得感情上的帮助和支持	
217.05 当我有困难时同事或工友会安慰我	

续表

217.06 我的朋友或老乡能真正地帮助我	
217.07 在发生困难时我可以依靠我的朋友或老乡	
217.08 我能与自己的家人或亲戚谈论我的难题	
217.09 我的朋友或老乡能与我分享快乐与忧伤	
217.10 在我的生活中同事或工友关心着我的感情	
217.11 我的家人或亲戚能心甘情愿协助我作出各种决定	
217.12 我能与朋友或老乡讨论自己的难题	

218 您在本地是否参加过以下活动？（1 经常参加 2 偶尔参加 3 从未参加 请逐一填答下面五个题目）

218.1 社区文体活动□ 218.2 社会公益活动 □

218.3 居委会管理活动□ 218.4 选举活动（人大代表选举、村/居委会、工会选举）□

218.5 其他□（填1，请注明_____）

219 在工作和生活中，您是否受到过广州市民的歧视（被市民看不起） □

1 有过，且经常发生 2 有过，但次数不多 3 几乎没有

220 您是否同意以下观点？

1 非常同意 2 同意 3 既不同意也不反对 4 不同意 5 非常不同意

220.1 我把自己看作城市的一员	
220.2 我算个城里人了	
220.3 在城里我有家的感觉	
220.4 我觉得我属于城市	

221 右边的梯子代表人们在社会中的地位高低。如果一个人地位最高就处在 10；如果一个人地位最低就处在 01。您觉得您自己处在社会中的哪个位置？ □□

222 与老家人相比，您觉得您的社会地位 □

1 非常高　2 比较高　3 一样　4 比较低　5 非常低

223 与广州市民相比，您觉得您的社会地位 □

1 非常高　2 比较高　3 一样　4 比较低　5 非常低

224 您在过去一周里有下面的感觉吗？

1 没有或几乎没有（不超过 1 天）　2 有时（1—2 天）　3 经常（3—4 天）　4 总是（5—7 天）

224.01 我烦一些原来不烦心的事	
224.02 我不能集中精力做事情	
224.03 我感到消沉	
224.04 我感觉做每件事都费力	
224.05 我感到未来有希望	
224.06 我感到害怕	
224.07 我睡不安稳	
224.08 我感到快乐	
224.09 我觉得孤独	
224.10 我提不起劲儿来做事	

225 对于以下各方面的现状，您觉得与您外出务工之前相比有什么变化？

225.1 经济收入水平：1 降低很多 2 降低一些 3 没变化 4 提高一些 5 提高很多	
225.2 家庭生活质量：1 降低很多 2 降低一些 3 没变化 4 提高一些 5 提高很多	
225.3 家庭成员关系：1 变差很多 2 变差一些 3 没变化 4 变好一些 5 变好很多	

续表

225.4 身体健康状况：1 变差很多 2 变差一些 3 没变化 4 变好一些 5 变好很多	
225.5 生活居住环境：1 变差很多 2 变差一些 3 没变化 4 变好一些 5 变好很多	
225.6 劳动工作状况：1 变辛苦很多 2 变辛苦一些 3 没变化 4 变轻松一些 5 变轻松很多	

226 当您在广州工作或生活中遇到困难和麻烦时您是否会采取以下行为方式应对？

1 不采取　2 偶尔采取　3 有时采取　4 经常采取

226.01 通过工作学习或一些其他活动解脱	
226.02 与人交谈，倾诉内心烦恼	
226.03 尽量看到事物好的一面	
226.04 改变自己的想法，重新发现生活中什么重要	
226.05 不把问题看得太严重	
226.06 坚持自己的立场，争取自己想得到的	
226.07 找出几种不同的解决问题的方法	
226.08 向亲戚朋友或同学寻求建议	
226.09 改变原来的做法或改正自己的问题	
226.10 借鉴他人处理类似困难的办法	
226.11 寻求业余爱好，积极参加文体活动	
226.12 尽量克制自己的失望、悔恨、悲伤和愤怒	
226.13 试图休息或休假，暂时把问题（烦恼）抛开	
226.14 通过吸烟、喝酒、服药和吃东西来解除烦恼	
226.15 认为时间会改变现状，唯一要做的便是等待	
226.16 试图忘记整个事情	
226.17 依靠别人解决问题	
226.18 接受现实，因为没有其他办法	
226.19 幻想可能会发生某种奇迹改变现状	
226.20 自己安慰自己	

三 婚姻与家庭（初婚/再婚者作答，未婚/离异者结束调查）

301 您与现在配偶结婚的时间是： □□□□年□□月

302 您是什么时候与现在配偶开始交往的？ □□□□年□□月

303 您婚前与现在的配偶有过同居吗？

1. 有 2. 没有（跳问到 305） □

304 你们是什么时候开始同居的？ □□□□年□□月

305 除了配偶，您婚前谈过 个男/女朋友？（0 个跳问 307）

□个男/女朋友

305.1 其中，同居过的有 个？（0 跳问到 307） □个同居

306 这些同居过的男/女朋友中，最短交往多久开始同居的？（未满一月填天）

□□月□□天

307 您与现在的配偶有 个孩子（0 个跳问到 308）？男孩有____个？

□个孩子□个男孩

307.1 这些孩子中，属于婚前怀孕或婚前生育的孩子____个？（没有请填0） □个

308 您现在的配偶与您： □

1. 同村 2. 同镇（乡） 3. 同县/县级市 4. 同地级市/地区 5. 同省 6. 外省 7. 国外

309 您是通过怎样的方式认识当前配偶的？ □

1. 自己认识 2. 父母/亲戚介绍 3. 朋友/熟人/同事介绍 4. 征婚广告/婚介网站/婚介所 5. 聊天工具（如 QQ、微信、陌陌等）
6. 其他（请注明_____）

310 您是在哪里认识当前配偶的？ □

1. 双方共同的老家 2. 您的老家，配偶的打工地 3. 配偶的老家，您的打工地 4. 双方共同打工所在的城市 5. 其他（请注明_____）

311 请您根据自己的实际情况填写是否同意以下观点。

1. 非常同意　2. 同意　3. 既不同意也不反对　4. 不同意　5. 非常不同意

311.1 我配偶的脾气比较暴躁	
311.2 我配偶喜欢喝酒/打牌	
311.3 我配偶花钱没有计划，想买什么就买什么	
311.4 我配偶不高兴就不想说话	
311.5 我配偶听不进我的话	
311.6 我配偶不是很顾家	

312 您与您配偶居住情况。　　　　　　　　　□

1. 本地一块居住　2. 在本地但未一块居住　3. 配偶在老家　4. 配偶在其他地方

313 过去一个月内，您与您的配偶一块散步/锻炼身体____次？

　　　　　　　　　　　　　　　　　　　　　□□次

314 过去一个月内，您与您的配偶一块去逛街/商场/公园____次？

　　　　　　　　　　　　　　　　　　　　　□□次

315 过去一个月内，您与您的配偶见面聊天、打电话或微信____次，平均每次____分钟？　　　　　□□次□□分钟

316 请您根据自己的实际情况填写是不是同意以下观点。

1. 非常同意　2. 同意　3. 既不同意也不反对　4. 不同意　5. 非常不同意

316.1 我的配偶爱我	
316.2 我的配偶理解我	
316.3 我想做的事情一般能够得到配偶支持	
316.4 我的配偶关心体贴我	
316.5 配偶能够倾听我的心事和烦恼	
316.6 重要事情上配偶会征求我的意见	

317 您配偶现在的主要职业是什么？＿＿＿＿＿

317.1 在主要职业外，如有兼职工作，请注明＿＿＿＿＿

（请详细记录被访者的主要工作，填写具体内容：工作单位＋工作职责/工作内容＋工作岗位或工种名称，例如：＊＊公司＊＊车间＊＊工人、＊＊医院护士、＊＊大厦保安等）

318 根据上题，将您配偶的主要职业归入以下类别，并将类别编码填入题后方格。☐☐

01 非技术工人　02 技术工人　03 商业、服务业劳动者　04 个体户05 无固定职业　06 务农　07 受雇的农林牧渔业人员　08 私营企业主09 办事人员　10 专业技术人员　11 失业（跳问至 321）　12 未就业（跳问至 321）　13 企业或商业负责人（如经理、厂长）　14 军人　15 党政机关、事业单位负责人　16 其他（请注明＿＿＿＿＿）

319 您配偶目前工作单位的性质是什么？☐

1. 无单位（如保姆/打零工/摆摊者/务农）　2. 个体工商户（7 人及以下）　3. 私营企业（8 人及以上）　4. 集体企业（含乡镇企业）5. 外商独资或合资企业　6. 事业单位　7. 国营企业　8. 党政机关9. 其他（请注明＿＿＿＿＿）

320 您配偶目前平均每周工作（包括务农）　天，每天工作＿＿＿小时☐天☐☐小时

321 您配偶上个月收入大约是多少？（包括农业与非农收入，如做小买卖）☐☐☐☐☐元

其中非农收入是多少？（如工资、经营性收入或做小买卖）

☐☐☐☐☐元

322 近一年，当您与配偶发生矛盾时，您对配偶是否采取过以下行为？（1 是 2 否 请逐一填答下列题目）

1. 讲道理☐　2. 讽刺或辱骂☐　3. 长时间不和对方说话☐

4. 推搡☐　5. 打耳光☐　6. 拳打脚踢☐　7. 棍棒殴打☐

323 近一年，当您与配偶发生矛盾时，配偶对您是否采取过以下行为：（1 是 2 否 请逐一填答下列题目）

1. 讲道理 □　2. 讽刺或辱骂 □　3. 长时间不和对方说话 □

4. 推搡 □　5. 打耳光 □　6. 拳打脚踢 □　7. 棍棒殴打 □

324 当你们夫妻发生矛盾冲突时，您通常会跟哪些人倾诉？（最多选 3 项）　　　　　　　□□□

1. 无须倾诉　2. 闷在肚里，不想倾诉　3. 需要倾诉，但没人倾诉

4. 配偶的父母　5. 自己的父母　6. 邻居　7. 老乡　8. 朋友/同事

9. 网友　10. 居委会　11. 其他（请注明_____）

325 请您根据自己的实际情况填写是否发生过下面的情况。

1. 总是　2. 经常　3. 偶尔　4. 从不

325.1 最近一年，我想过我们的婚姻会出现问题	
325.2 最近一年，我有过和配偶分手的念头	
325.3 最近一年，我担心配偶会与我分手	
325.4 最近一年，我与家人、朋友或网友讨论过我婚姻中的问题	
325.5 最近一年，我不喜欢和配偶生活在一块	
325.6 最近一年，我或我的配偶曾经认真地提过分居或离婚的想法	
325.7 最近一年，我与家人或朋友讨论过离婚或分居	
325.8 最近一年，我与配偶曾经因感情问题有过分居	
325.9 当我不同意某件事情，我配偶不许我就这事发表意见或表达自己的感受	

326 您周围（工作地、居住地或朋友圈）与您年龄相仿的人中，男女比例情况如何？　　　　　　　□

1 男性比女性多很多　2 男性比女性多一些　3 男性与女性数量差不多　4 女性比男性多一些　5 女性比男性多很多

327 在您的家庭中，下面这些事务通常以谁的意见为主？

1. 自己　2. 配偶　3. 协商基础上以自己为主　4. 协商基础上以配偶为主

5. 夫妻平等共同决定　6 不适用

327.1 家庭日常开支□　327.2 购买家电/家具/农机具等□

327.3 家庭投资/贷款/借钱（如做买卖）□

327.4 买房子或盖房子□　327.5 孩子升学或工作□

327.6 资助自己的父母或兄弟姐妹□

328 当您配偶做了一些您不喜欢的事情，您通常：　　　　　　□

1 接受配偶的行为，忍住不说　2 表露出这让您不高兴　3 将事情提出来公开讨论　4 其他（请注明_____）

328.1 您配偶做了或没做某事而让您不高兴，您向配偶指出这让您不高兴了的难易程度：　　　　　　　　　　　　　　　　□

1 非常困难　2 困难　3 容易　4 非常容易

329 请您根据自己的实际情况填写是否同意以下观点。

1. 非常同意　2. 同意　3. 既不同意也不反对　4. 不同意　5. 非常不同意

329.01 两个人合适就在一起，不合适就分手	
329.02 结婚了，哪怕不够幸福，也应该一生在一起	
329.03 一旦结婚，就应该忠诚自己的配偶	
329.04 离婚是一件羞愧的事情	
329.05 有了小孩，即使婚姻不幸福，也不打算离婚	
329.06 为了不让父母担心，即使婚姻不幸福，也不打算离婚	
329.07 如果我离婚，父母会强烈反对	
329.08 如果我和别人结婚，也许比现在更幸福	
329.09 如果离婚，我可以找一位更好的妻子/丈夫	
329.10 如果离婚，我的生活会比现在更好	

330 当夫妻一块生活时，请回答以下 A、B、C 三类问题。

1 总是　2 经常　3 偶尔　4 从不　5 不适用

	A 您在家里是否分担过以下家务劳动	B 您配偶在家里是否分担过以下家务劳动	C 您是否期望您的配偶分担以下家务劳动
330.1 做饭、洗碗	☐	☐	☐
330.2 洗衣服	☐	☐	☐
330.3 收拾屋子、打扫卫生	☐	☐	☐

331 当夫妻一块生活时，您平均每天参加多长时间的家务劳动？

☐☐小时☐☐分钟

332 当夫妻一块生活时，您配偶平均每天参加多长时间的家务劳动？ ☐☐小时☐☐分钟

333 与周围邻里亲戚朋友相比，您配偶分担家务劳动量是多少？ ☐

1. 非常多 2. 比较多 3. 一般 4. 较少 5. 非常少

334 您对您配偶承担家务劳动的情况是否满意？ ☐

1. 非常满意 2. 比较满意 3. 一般 4. 不满意 5. 非常不满意

335 您认为您与配偶的家务劳动分担是否公平？ ☐

1. 对我非常不公平 2. 对我不公平 3. 对双方都公平 4. 对配偶不公平 5. 对配偶非常不公平

336 请您根据自己的实际情况填写对以下观点的评价。

1. 非常不满意 2. 不满意 3 一般 4. 满意 5. 非常满意

336.1 我对我的婚姻感到满意	
336.2 我对我的配偶作为丈夫或妻子的角色感到满意	
336.3 我对我们夫妻之间的关系感到满意	
336.4 配偶赚钱养家的能力令我感到满意	
336.5 配偶对家庭的照顾令我感到满意	
336.6 来自配偶的陪伴令我感到满意	
336.7 我配偶对婚姻的忠诚令我满意	
336.8 配偶与我的性生活（夫妻生活）令我满意	

337 如果您周围的人发生婚外恋，您的态度是？ □

1 非常理解 2 理解 3 无所谓 4 不能理解 5 完全不能理解

338 您是否同意以下观点。

1 非常同意 2 同意 3 既不同意也不反对 4 不同意 5 非常不同意

338.1 男人最主要的工作是赚钱，女人最主要的工作是照顾家庭和孩子	
338.2 如果妻子也有正式工作，丈夫和妻子应该平等地承担家务劳动	
338.3 当夫妻双方必须有一个在家照顾孩子和家庭，这个人应该是妻子	
338.4 女性在照顾家庭和小孩的时候是最幸福的	
338.5 丈夫应该比妻子挣钱多	
338.6 女人应该把家庭放在第一位	
338.7 女人也可以像男人一样有自己的事业	
338.8 与男孩相比，女孩更应该从小就学习做家务	

（请已婚女性回答）

339 您每年在婆家生活的时间：□□月□□天

全国八城市流动人口社会
融合与心理健康调查问卷

表　　号：

制定机关：

批准单位：

批准文号：

有效期至：

2014 年全国流动人口卫生计生动态监测调查
社会融合与心理健康个人问卷（C）

调查范围：北京市朝阳区、山东省青岛市、福建省厦门市、浙江省嘉兴市、广东省深圳市和中山市、河南省郑州市、四川省成都市

调查对象：在本地居住一个月及以上，非本区（县、市）户口的男性和女性流动人口（2014 年 5 月年龄为 15—59 周岁，即 1954年 6 月至 1999 年 5 月间出生）

尊敬的先生/女士：

　　您好！我们是国家卫生和计划生育委员会的调查员。为了解流动人口生存发展状况，为相关部门提供决策依据，我们特组织此次调查。本次调查需要耽误您一些时间，希望得到您的理解和支持。对每个问题的

回答没有对错之分，只要您把真实情况和想法告诉我们即可。调查结果仅供研究使用，我们绝不会泄露您的任何个人信息。衷心感谢您的支持与配合！

国家卫生和计划生育委员会

2014 年 5 月

现居住地址_____省（区、市）_____市（地区）_____区（市、县）_____街道（镇、乡）_____居（村）委会

样本点编码 □□□□□

样本点类型　1 居委会　2 村委会 □

个人编码 □□

调查完成日期：___月___日　调查员签名_____调查员编码 □□□

一　基本情况

101 请谈谈您本人、配偶和子女（包括在本地、老家和其他地方的）以及与您在本地同住的家庭其他成员的情况：

ID	A 与被访者关系 1本人 2配偶 3子女 4媳婚 5父母/公婆/岳父母 6兄弟姐妹及其配偶 7孙辈 8（外）祖父母 9其他	B 性别 1男 2女	C 出生年月（请填写身份证上的出生日期）	D 民族 01汉（其他民族代码见表下选项）	E 受教育程度（6周岁及以上人填报，其他人跳问F）1未上过学 2小学 3初中 4高中（中专/技校）5大学专科 6大学本科 7研究生	F 户口性质 1农业 2非农业 3农业转居民 4非农业转居民	G 婚姻状况（15周岁及以上人填报，其他人跳问H）1未婚 2初婚 3再婚 4离婚 5丧偶	H 户籍地（各地代码见表下选项）	I 现居住地 1本地 2户籍地 3其他（选填2的跳问下一位家庭成员情况）	J 本次流动范围 1跨省流动 2省内跨市 3市内跨县	K 本次流动时间（①流入当地后，其间离开不超过两个月，再次返回时不作为一次新的流动；②在当地出生的子女填写出生时间）	L 本次流动原因 1务工经商 2随迁 3婚嫁 4拆迁 5投亲 6学习 7参军 8出生 9其他
成员序号												
1	Ⅰ□	□	□□□□年□□月	□□	□	□	□	□□	Ⅰ□	□	□□□□年□□月	□
2	□	□	□□□□年□□月	□□	□	□	□	□□	□	□	□□□□年□□月	□
3	□	□	□□□□年□□月	□□	□	□	□	□□	□	□	□□□□年□□月	□
4	□	□	□□□□年□□月	□□	□	□	□	□□	□	□	□□□□年□□月	□
5	□	□	□□□□年□□月	□□	□	□	□	□□	□	□	□□□□年□□月	□
6	□	□	□□□□年□□月	□□	□	□	□	□□	□	□	□□□□年□□月	□
7	□	□	□□□□年□□月	□□	□	□	□	□□	□	□	□□□□年□□月	□
8	□	□	□□□□年□□月	□□	□	□	□	□□	□	□	□□□□年□□月	□

D：02 蒙　03 满　04 回　05 藏　06 壮　07 维吾尔　08 苗　09 彝
10 土家　11 布依　12 侗　13 瑶　14 朝鲜　15 白　16 哈尼　17 黎
18 哈萨克　19 傣　20 其他

H：11 北京　12 天津　13 河北　14 山西　15 内蒙古　21 辽宁　22 吉
林　23 黑龙江　31 上海　32 江苏　33 浙江　34 安徽　35 福建　36 江西
37 山东　41 河南　42 湖北　43 湖南　44 广东　45 广西　46 海南　50 重
庆　51 四川　52 贵州　53 云南　54 西藏　61 陕西　62 甘肃　63 青海
64 宁夏　65 新疆　66 新疆兵团　71 台湾　81 香港　82 澳门

二　就业与收入支出

201 您第一次离开户籍地（县级）是什么时候？□□□□年□□月

202 您第一次离开户籍地（县级）的原因是什么？　　　　　　□

　1 务工经商　2 随迁　3 婚嫁　4 拆迁　5 投亲　6 学习　7 参军
8 出生　9 其他（请注明）_____

203 您今年五一节前一周是否做过一小时以上有收入的工作？（包
括家庭或个体经营）　　　　　　　　　　　　　　　　　　□

　1 是（跳问 206）　2 否

204 您未工作的主要原因是什么？　　　　　　　　　　　　□

　1 丧失劳动能力（跳问 212）　2 退休　3 料理家务/带孩子　4 没找
到工作　5 因单位原因失去原工作　6 因本人原因失去原工作　7 怀孕
或哺乳　8 其他（请注明）_____

205 您 4 月份是否找过工作？（回答 205 后跳问 211）　　　□

　1 是　2 否

206 您现在的主要职业是什么？　　　　　　　　　　　　□□

　10 国家机关、党群组织、企事业单位负责人　20 专业技术人员
30 公务员、办事人员和有关人员

　41 经商　42 商贩　43 餐饮　44 家政　45 保洁　46 保安　47 装修

48 其他商业、服务业人员

50 农、林、牧、渔、水利业生产人员

61 生产　62 运输　63 建筑　64 其他生产、运输设备操作人员及有关人员

70 无固定职业　80 其他（请注明）＿＿＿＿＿＿

207 您现在就业的单位属于哪个行业？　　　　　　　□□

01 农林牧渔　02 采矿　03 制造　04 电煤水热生产供应　05 建筑 06 批发零售　07 交通运输、仓储和邮政　08 住宿餐饮　09 信息传输、软件和信息技术服务　10 金融　11 房地产　12 租赁和商务服务　13 科研和技术服务　14 水利、环境和公共设施管理　15 居民服务、修理和其他服务业　16 教育　17 卫生和社会工作　18 文体和娱乐　19 公共管理、社会保障和社会组织　20 国际组织

208 您现在就业的单位性质属于哪一类？　　　　　□□

01 土地承包者　02 机关、事业单位　03 国有及国有控股企业 04 集体企业　05 个体工商户　06 私营企业　07 港澳台企业　08 日/韩企业　09 欧美企业　10 中外合资企业　11 其他（请注明）＿＿＿＿＿＿ 12 无单位

209 您现在的就业身份属于哪一种？　　　　　　　　□

1 雇员　2 雇主　3 自营劳动者　4 其他

210 您现在工作地点在以下何种区域？　　　　　　　□

1 市区　2 城乡接合部　3 县城　4 乡镇　5 农村　6 其他（请注明）＿＿＿＿＿＿

211 您个人上个月（或上次就业）收入多少？（不含包吃包住费）

　　　　　　　　　　　　　　　□□□□□□元

212 您与家人在本地是否由单位包吃或包住？　　　　□

1 是　2 否（跳问215）

213 单位每月包吃费用大概折算为多少？　　　　□□□□元

214 单位每月包住费用大概折算为多少？　□□□□元

（212 题选填 1 者，215—218 题不含包吃包住费）

215 您家在本地平均每月食品支出为多少？　□□□□元

216 您家在本地每月交多少住房房租？（含房贷分期付款）

□□□□元

217 您家在本地平均每月总支出为多少？　□□□□□元

218 您家在本地平均每月总收入为多少？　□□□□□□元

219 您现住房属于下列何种性质？　□□

01 租住单位/雇主房　02 租住私房　03 政府提供廉租房

04 政府提供公租房　05 单位/雇主提供免费住房（不包括就业场所）

06 已购政策性保障房　07 已购商品房　08 借住房　09 就业场所

10 自建房　11 其他非正规居所

220 您是否打算在本地长期居住（5 年以上）？　□

1 打算　2 不打算　3 没想好

221 您有下列何种社会保障？（多选，提示。　1 有　2 无　3 不清楚）

I 失业保险□　J 城镇职工养老保险□　K 城镇居民养老保险□

L 住房公积金□　M 新农保□

三　基本公共卫生和医疗服务

301 您在本地居住的社区建立居民健康档案了吗？　□

1 没建，没听说过　2 没建，但听说过　3 已经建立　4 不清楚

302 您是否接受过以下方面的健康教育？（多选，提示。　1 是　2 否）

A 职业病防治□　B 艾滋病防治□　C 生殖与避孕□

D 结核病防治□　E 性病防治□　F 精神障碍防治□

G 慢性病防治□　H 营养健康知识□　I 其他传染病防治□

（如果 302 所有选项都填 2，跳问 305）

303 您是在哪里接受上述健康教育的？（多选，提示。　1 是　2 否）

A 户籍地村/居委会□　　B 户籍地计生机构□

C 户籍地卫生机构□　　D 本地村/居委会□

E 本地计生机构□　　F 本地卫生机构□

G 现工作场所□　　H 本地住所□　　I 其他□

304 您是以何种方式接受上述健康教育的？（多选，提示。　1 是　2 否）

A 健康知识讲座□　　B 书/刊/光盘等□　　C 广播/电视节目□

D 面对面咨询□　　E 网上咨询 □　　F 公众健康咨询活动 □

G 宣传栏□　　H 手机短信/微信□　　I 其他 □

305 您目前是否有以下医疗保险？（多选，提示。　1 是　2 否）

A 新型农村合作医疗□　　B 城镇职工基本医疗保险□

C 城镇居民基本医疗保险□　　D 城乡居民合作医疗□

E 工伤保险□　　F 生育保险□　　G 公费医疗□　　H 商业医疗保险□

306 近 12 个月内，您是否有经医生诊断需住院而未住院的情况？

　　　　　　　　　　　　　　　　　　　　　　□

1 是　2 否（跳问 309）

307 共有几次？（同一种疾病医生多次诊断，记为一次）　　□次

308 您最近一次没住院的原因是什么？　　　　　　　　　□

1 经济困难　2 无人照料　3 无时间　4 无床位　5 个人认为没必要

6 无有效治疗手段　7 其他（请注明）＿＿＿＿＿＿

309 近 12 个月内，您是否因病伤、分娩等原因住过院？　　□

1 是　2 否（跳问第四部分）

310 近 12 个月内，您住过几次医院？　　　　　　　　　□次

311 其中，您最近一次是在哪里住院的？　　　　　　　　□

1 本地　2 户籍地　3 其他地方

312 您是在哪一级医院住院的？　　　　　　　　　　　　□

1 乡镇卫生院　2 社区卫生服务中心　3 县、区级公立医院　4 民营

医院　5 地市（直辖市区）级公立医院　6 省（自治区、直辖市）级及以上公立医院

313 您最近一次住院的原因是什么？　　　　　　　　□

1 疾病　2 损伤中毒　3 康复　4 计划生育手术　5 分娩　6 其他（请注明）＿＿＿＿＿

314 您最近一次住院的医疗费用是在哪里报销的？（多选，提示。1 是　2 否）

A 新农合出院减免□　B 城镇职工出院减免□　C 就业单位□

D 新农合办公室□　E 本地医保中心 □　F 商业保险公司 □

G 计生手术出院减免□　H 计生办□　I 其他□

（314 题 A—I 项有选填 1 者跳问 316）

315 您没有报销住院医疗费的主要原因是什么？　　　□

1 没有参加保险　2 需要回老家，不方便　3 不知道报销流程　4 报销手续烦琐　5 政策不允许报　6（打算）下次回乡办理报销　7 其他（请注明）＿＿＿＿＿

316 您最近一次住院医疗花费情况如何？（不知道的填写—9）

	十万	万	千	百	十	元
A 医疗费一共花了多少？	□	□	□	□	□	□
其中 B 报销了多少？	□	□	□	□	□	□
B1 基本医疗保险（新农合、城镇职工/居民医保、工伤保险、生育保险）报销多少？	□	□	□	□	□	□
B2 农村妇女住院分娩补助多少？		□	□	□	□	□
其中 B 报销了多少？	□	□	□	□	□	□
B3 商业医疗保险报销多少？	□	□	□	□	□	□
B4 民政医疗救助多少？	□	□	□	□	□	□
B5 其他来源支付多少？	□	□	□	□	□	□
其中 C 自己支付多少？	□	□	□	□	□	□

317 您最近一次住院交通、食宿、陪护等费用总计为多少？

□□□□□□元

四　婚育情况与计划生育服务

（请检查表 101G1，被访者为"未婚"者跳问第五部分）

401 您是什么时候初婚的？　　　　　　　□□□□年□□月

402 您一共生了几个孩子？　（如本题回答 0，跳至 403 题后阴影注解）　　　　　　　　　　　　　　　　　　　□

403 请您回答子女的相关情况（按年龄排序，从大到小、从 1—5 填写）

子女编号		1	2	3	4	5
A 性别	1 男　2 女	□	□	□	□	□
B 出生年月		□□□□年 □□月	□□□□年 □□月	□□□□年 □□月	□□□□年 □□月	□□□□年 □□月
C 是否有 出生医学证明	1 是　2 否 3 不清楚	□	□	□	□	□
D 出生地	1 本地　2 户籍地 3 其他地方	□	□	□	□	□
E 母亲本次怀孕前 有无外出流动经历	1 有　2 没有	□	□	□	□	□
F 母亲 孕期 所在地	1 主要在外地，临分娩返乡 2 一直在外地 3 主要在老家，临分娩外出 4 一直在老家	□	□	□	□	□
G 分娩场所	1 医院　2 私人诊所 3 在家　4 其他地方	□	□	□	□	□
H 是否符合政策生育	1 是　2 否	□	□	□	□	□

续表

子女编号		1	2	3	4	5
I 孩子现居住地	1 本地　2 户籍地 3 其他地方 4 死亡（选填 4 者跳问下个孩子）	☐	☐	☐	☐	

（以下 J—R 项填写 2007 年 6 月以后出生子女的有关信息；2007 年 5 月以前出生子女完 I 项后跳问下个孩子）

		1	2	3	4	5
J 是否在孕 12 周内建立孕产妇保健手册	1 是　2 否 3 记不清	☐	☐	☐	☐	
K 接受了几次产前检查（记不清的填写—9）	☐☐次	☐☐次	☐☐次	☐☐次	☐☐次	
L 产后 28 天内母婴是否接受入户产后访视	1 是　2 否 3 记不清	☐	☐	☐	☐	☐
M 产后 42 天母亲是否接受健康检查	1 是　2 否 3 记不清	☐	☐	☐	☐	☐
N 是否建立《0—6 岁儿童保健手册》	1 是　2 否 3 记不清	☐	☐	☐	☐	☐
O 近 12 月内，孩子是否接受了免费健康检查	1 是 2 否（跳问 Q） 3 记不清（跳问 Q）	☐	☐	☐	☐	☐
P 接受了几次免费健康检查（记不清的填写—9）		☐次	☐次	☐次	☐次	☐次
Q 是否有预防接种证	1 是　2 否 3 记不清	☐	☐	☐	☐	☐
R 是否接种了所有的国家免费疫苗	1 是　2 否 3 记不清	☐	☐	☐	☐	☐

（404—417 题由 1964 年 6 月到 1999 年 5 月间出生的已婚有偶育龄妇女回答，其他调查对象跳至 417 题后阴影注解）

404 您夫妇目前是否使用避孕方法？

1 使用避孕方法　2 未避孕（跳问 409）　　　　☐

405 您夫妇目前主要使用哪种避孕方法？ □

1 男性绝育 2 女性绝育 3 宫内节育器 4 皮下埋植□ 5 避孕针

6 口服避孕药 7 避孕套 8 外用避孕药

9 其他（请注明）_____

406 您夫妇目前使用的避孕方法/药具是在何地获得的？ □

1 户籍地 2 流入地 3 两地都获得

407 您夫妇目前使用的避孕方法/药具主要是在何处获得的？ □

1 计生服务机构 2 医疗机构 3 私人诊所 4 社区 5 工作单位

6 药店/超市/售套机 7 自动取套机 8 其他（请注明）_____

408 您夫妇目前的避孕方法是何时开始使用的？ □□□□年□□月

409 近 12 个月内，您在本地获得计划生育服务情况如何？

服务项目	1. 是否获得该项服务	2. 获得地点	3. 服务机构级别	4. 获得该项服务单程路途所用时间	5. 该项服务是否收费	6. 付费原因
	1 是 2 否 3 不需要 （选填 2 或 3 者跳问下一行）	1 计生服务机构 2 医疗机构 3 私人诊所 4 社区 5 工作单位 6 药店/超市/售套机 7 自动取套机 8 其他 （选填 5—8 者跳问 4. 所用时间）	1 社区（村/居） 2 乡镇/街道 3 区县级及以上	1 半小时以内 2 半小时至一小时 3 一小时以上	1 全部直接免费 2 个人垫付全报销 （选填 1 或 2 者跳问下一行） 3 部分直接免费 4 个人垫付部分报销 5 全部个人付费	1 被动（无免费项目可选） 2 主动（有免费项目，自选付费）
A 孕/环情检查	□	□	□	□	□	□
B 避孕套/药	□	□	□	□	□	□
C 上环手术	□	☒	□	□	□	□
D 取环手术	□	□	□	□	□	□

续表

服务项目	1. 是否获得该项服务 1 是 2 否 3 不需要 （选填 2 或 3 者跳问下一行）	2. 获得地点 1 计生服务机构 2 医疗机构 3 私人诊所 4 社区 5 工作单位 6 药店/超市/售套机 7 自动取套机 8 其他 （选填 5～8 者跳问 4. 所用时间）	3. 服务机构级别 1 社区（村/居） 2 乡镇/街道 3 区县级及以上	4. 获得该项服务单程路途所用时间 1 半小时以内 2 半小时至一小时 3 一小时以上	5. 该项服务是否收费 1 全部直接免费 2 个人垫付全报销 （选填 1 或 2 者跳问下一行） 3 部分直接免费 4 个人垫付部分报销 5 全部个人付费	6. 付费原因 1 被动（无免费项目可选） 2 主动（有免费项目，自选付费）
E 皮埋放置	☐	☒	☐	☐	☐	☐
F 皮埋取出	☐	☐	☐	☐	☐	☐
G 结扎	☐	☒	☐	☐	☐	☐
H 人工流产	☐	☐	☐	☐	☐	☐
I 免费孕优	☐	☐	☐	☐	☒	☒

（如最近一年未怀孕，H 和 I 选 3 "不需要"。）

410 您目前的避孕节育情况信息是如何向户籍地报告的？ ☐

1 本人/亲朋寄送　2 本地政府负责报告　3 没报告　4 不要求报告

411 您对户籍地近五年的计划生育服务管理满意程度如何？

（多选，提示。　1 满意　2 一般　3 不满意　4 不适用）

A 政策规定☐　B 宣传咨询☐　C 服务态度☐

D 办事效率☐　E 管理方式☐　F 技术水平☐

412 您从老家出来时，是否办理过《流动人口婚育证明》？ ☐

1 是　2 否（跳问 414）

413 您到本地后，因何原因使用过《流动人口婚育证明》？（多选，不提示。1 使用过　2 未使用过）

A 租房□　B 找工作□　C 看病□　D 接受计生服务□　E 享受计生奖励□　F 一孩生育服务登记□　G 办理暂住证□　H 办理社保□ I 其他（请注明）＿＿＿＿＿＿＿

414 您到本地后是否办理了居住证/暂住证？　　　　　　　□

1 是　2 否

415 2012 年以来，您是否办理过一孩生育服务登记（证）？　□

1 是　2 否（跳至 417 题后阴影注解）　3 不适用（跳至 417 题后阴影注解）

416 该一孩生育服务登记（证）是在哪里办理的？　　　　□

1 本地　2 户籍地　3 其他地方

417 该一孩生育服务登记（证）是否通过"承诺制"办理的？　□

1 是　2 否

（以下问题由 1964 年 6 月到 1999 年 5 月间出生的已婚有偶男性和女性回答，其他调查对象跳问第五部分）

418 您知道国家已开始启动实施"单独二孩"政策吗？　　□

1 知道　2 不知道

419 您或您配偶是否为独生子女？　　　　　　　　　　□

1 男方是　2 女方是　3 两人都是　4 两人都不是

420 您家目前有几个孩子？（包括亲生、同父异母、同母异父及抱养的孩子）　　　　　　　　　　　　　　　　　　　　　　□

1 0 孩（跳问第五部分）　2 1 孩　3 2 孩及以上（跳问第五部分）

421 您是否打算再生育一个孩子？　　　　　　　　　　　□

1 是　2 否（跳问第五部分）　3 没想好（跳问第五部分）　4 现孕（跳问第五部分）

422 您打算什么时候再生育一个孩子？　　　　　　　　　□

1 明年　2 后年　3 其他时间　4 没想好

五 社会融合

501 您家在户籍地（老家）有多少亩田地？　　　□□□.□亩

502 您家在户籍地（老家）的住房面积有多少平方米？

□□□平方米

503 目前在您老家，主要有哪些事情让您操心？（多选，提示。1 是 2 否 3 不适用）

A 老人赡养□　B 子女照看□　C 子女教育费用□　D 配偶生活孤独□　E 干活缺人手□　F 家人有病缺钱治□　G 土地耕种□　H 其他（请注明）_____

504 您上个月（或上次就业）平均每周工作几天？（从未就业填 0）

□天

505 您上个月（或上次就业）平均每天工作几小时？（从未就业填 00）　　　　　　　　　　　　　　　　　　　　□□小时

506（未就业者跳问 507）您当前与工作单位签订何种劳动合同？

□

1 无固定期限　2 有固定期限　3 完成一次性工作任务或试用期 4 未签订劳动合同　5 不清楚　6 其他（请注明）_____

507 近三年中，您在本地接受过政府提供的免费培训吗？　□

1 接受过　2 没接受过

508 您目前居住在什么样的社区中？　□

1 别墅区或商品房社区　2 经济适用房社区　3 机关事业单位社区 4 工矿企业社区　5 未经改造的老城区　6 城中村或棚户区　7 城郊接合部　8 农村社区　9 其他（请注明）_____

509 您的邻居主要是谁？　□

1 外地人　2 本地市民　3 外地人和本地人数量差不多　4 不清楚

510 您休闲的时候主要干什么？（根据参与的频繁程度由多到少依次选择三项）　　　　　　　　　　　　　　　　　□□□

1 看电视/电影/录像 2 下棋/打牌/打麻将 3 逛街/逛公园/锻炼 4 读书/看报/学习 5 上网/玩电脑游戏 6 与家人朋友聊天 7 闲待/睡 觉 8 做家务 9 其他（请注明）_____

511 您平常是否陪孩子学习、玩游戏、带孩子去公园、看展览等？ □

1 经常 2 偶尔 3 几乎没陪过（请注明原因）_____ 4 不适 用（孩子太小、已长大或没有）

512 您目前在本地是否以下组织的成员？（多选，提示。1 是 2 否）

A 工会□ B 志愿者协会□ C 流动党（团）支部□ D 同学会□ E 家乡商会组织□ F 本地党（团）支部□ G 老乡会□ H 其他（请 注明）_____

513 2013 年您在本地参加过以下哪些活动？（如果刚来，问今年 情况）（多选，提示。1 参加过 2 没参加过）

A 社区文体活动□ B 社会公益活动□ C 选举活动（村/居委会、 工会选举）□ D 评优活动□ E 业主委员会活动□ F 居委会管理活 动□ G 其他（请注明）_____

514 您对本地话的掌握程度如何？ □

1 听得懂也会讲 2 听得懂，也会讲一些 3 听得懂一些但不会讲 4 不懂本地话

515 在与本地人交流时，您一般说哪个地方的话？ □

1 普通话 2 家乡话 3 本地话 4 视情况而定

516 您是否同意以下观点？

1 非常同意 2 同意 3 既不同意也不反对 4 不同意 5 非常不 同意

| A 遵守家乡的风俗（比如婚、丧、嫁、娶的风俗）对我来说比较重要 | |

续表

B 按照家乡的习惯办事对我来说比较重要	
C 我的孩子应该学会说家乡话	
D 保持家乡的生活方式（如饮食习惯）对我来说比较重要	
E 我的卫生习惯与本地市民存在较大差别	
F 我的衣着打扮与本地市民存在较大差别	
G 我的教育理念或养老观念与本地市民存在较大不同	
H 我对一些社会问题的看法与本地市民存在较大差别	

517 如果与本地市民存在差别，您通常采取什么样的态度或行动？ □

1 想缩小差别，但没时间和精力　2 想缩小差别，但不知怎么做
3 努力缩小差别　4 似乎无所谓　5 没有差别

518 您是否同意以下一些说法？

A 我愿意与本地人共同居住在一个街区（社区）	1 完全不同意　2 不同意　3 基本同意 4 完全同意	
B 我愿意与本地人做同事	1 完全不同意 2 不同意 3 基本同意 4 完全同意	
C 我愿意与本地人做邻居	1 完全不同意 2 不同意 3 基本同意 4 完全同意	
D 我愿意与本地人交朋友	1 完全不同意　2 不同意　3 基本同意 4 完全同意	
E 我愿意自己或亲人与本地人通婚	1 完全不同意 2 不同意 3 基本同意 4 完全同意	
F 我感觉自己是属于这个城市的	1 完全不同意 2 不同意 3 基本同意 4 完全同意	
G 我觉得我是这个城市的成员	1 完全不同意　2 不同意　3 基本同意 4 完全同意	
H 我把自己看作这个城市的一部分	1 完全不同意 2 不同意 3 基本同意 4 完全同意	

续表

I 我愿意融入社区/单位，成为其中的一员	1 完全不同意　2 不同意　3 基本同意 4 完全同意	
J 我觉得本地人愿意接受我成为其中一员	1 完全不同意　2 不同意　3 基本同意 4 完全同意	
K 我感觉本地人不愿与我做邻居	1 完全不同意　2 不同意　3 基本同意 4 完全同意	
L 我感觉本地人不喜欢我	1 完全不同意　2 不同意　3 基本同意 4 完全同意	
M 我感觉本地人看不起我	1 完全不同意　2 不同意　3 基本同意 4 完全同意	

519 您觉得自己还是不是老家人？　　　　　　　　　　□

1 是　2 不是

520 您认为自己是不是本地人？　　　　　　　　　　　□

1 是　2 不是

521 您觉得自己或家人与本地人相处得好不好？　　　□

1 很融洽　2 比较融洽　3 一般　4 不融洽　5 来往很少

522 您未来打算在哪里购房、建房？　　　　　　　　□

1 回户籍地的村或乡镇建房　2 回户籍地的县（市、区）或乡镇购房　3 回户籍地所属的地级市购房（非现流入地）　4 回户籍地所在省的省会城市购房（非现流入地）　5 在本地购房　6 没有打算　7 其他（请注明）_____

523 未来 5 年，您打算在哪儿工作生活？　　　　　　□

1 现在所在城市　2 老家　3 其他（请注明）_____

524 按当地政策，您是否愿意把户口迁入本地？　　　□

1 是　2 否

525 在未来 1—3 年，您是否打算把家庭成员（配偶、未婚子女、未婚者父母）带到本地？　　　　　　　　　　　　　　□

1 已都在本地　2 是，全部都带来　3 是，带一部分来　4 否　5 视情况而定（请注明）_____

526 请根据自己的实际情况判断所在位置，填写数字。

右边的梯子代表人们在社会中的地位高低。如果一个人收入最高、职业最好，就处在 10；如果一个人收入最低，职业最差，就处在 01。

A 与您老家的亲戚、朋友和同事相比，您处在哪个位置？　□□

B 与目前居住地的亲戚、朋友和同事相比，您处在哪个位置？　□□

C 与全社会的人们相比，您处在哪个位置？　□□

如果右边的梯子代表一个人受人尊重的程度。一个人最受人尊重，说话最管用，就处在 10；如果一个人完全不受人尊重，说话一点儿都不管用，就处在 01。

D 与您老家的亲戚、朋友和同事相比，您处在哪个位置？　□□

E 与目前居住地的亲戚、朋友和同事相比，您处在哪个位置？□□

F 与全社会的人们相比，您处在哪个位置？　□□

六　心理健康

601 请回答下面一些关于健康方面的问题

A 总体来讲，您的健康状况是	1 非常好　2 很好　3 好　4 一般　5 差	
B 跟一年以前比您觉得自己的健康状况是	1 好多了　2 好一些　3 差不多　4 差一些　5 差多了	
C 我好像比别人容易生病	1 绝对正确 2 大部分正确 3 不能肯定 4 大部分错误 5 绝对错误	
D 我跟周围人一样健康	1 绝对正确 2 大部分正确 3 不能肯定 4 大部分错误 5 绝对错误	

续表

| E 我认为我的健康状况在变坏 | 1 绝对正确 2 大部分正确 3 不能肯定 4 大部分错误 5 绝对错误 | |
| F 我的健康状况非常好 | 1 绝对正确 2 大部分正确 3 不能肯定 4 大部分错误 5 绝对错误 | |

602 下列有 5 个关于您对生活看法的叙述，请您根据自己的真实情况，将您的同意程度或不同意程度如实地圈出来，请选择相应数字 (1, 2, 3, 4, 5, 6, 7)。

	1 非常不同意　7 非常同意							
A 我的生活在大多数方面都接近于我的理想	1	2	3	4	5	6	7	
B 我的生活条件很好	1	2	3	4	5	6	7	
C 我对我的生活是满意的	1	2	3	4	5	6	7	
D 迄今为止，我在生活中已经得到了我想要得到的重要东西	1	2	3	4	5	6	7	
E 假如生活可以重新再过一次的话，我基本上不会作任何改变	1	2	3	4	5	6	7	

603 我们将询问在最近一个月来，您个人的感受和想法，请您在每一个题项上作答时，选出您感受到或想到某一特定想法的频率。虽然有些问题看似相似，实则是有所差异，所以每一题均须作答。而作答方式尽量以快速、不假思索方式填答。每一题项皆有下列五种选择。

A 感觉无法控制自己生活中重要的事情	1 从不 2 偶尔 3 有时 4 时常 5 总是	
B 对于有能力处理自己私人的问题感到很有信心	1 从不 2 偶尔 3 有时 4 时常 5 总是	
C 感到事情顺心如意	1 从不 2 偶尔 3 有时 4 时常 5 总是	
D 常感到困难的事情堆积如山，而自己无法克服	1 从不 2 偶尔 3 有时 4 时常 5 总是	

604 下面的问题是询问您过去 30 天中的情绪。回答每一个问题时，

请选出最能描述这种情绪的出现频率的数字。在过去 30 天中，您经常会感到……

A 紧张	1 全部时间 2 大部分时间 3 一部分时间 4 偶尔 5 无
B 绝望	1 全部时间 2 大部分时间 3 一部分时间 4 偶尔 5 无
C 不安或烦躁	1 全部时间 2 大部分时间 3 一部分时间 4 偶尔 5 无
D 太沮丧以至于什么都不能让您愉快	1 全部时间 2 大部分时间 3 一部分时间 4 偶尔 5 无
E 做每一件事情都很费劲	1 全部时间 2 大部分时间 3 一部分时间 4 偶尔 5 无
F 无价值	1 全部时间 2 大部分时间 3 一部分时间 4 偶尔 5 无

605 一些人认为他们完全可以选择和掌握自己的生活，另外一些人觉得自己无法掌握自己的生活。请问您觉得您在多大程度上可以选择和掌握自己的生活呢？☐☐

根本无法掌握	01	02	03	04	05	06	07	08	09	10	完全可以掌握

606 您觉得情绪特别低落/心里特别难受时通常会做什么？☐☐

01 找朋友或家人聊天，说出自己的痛苦　02 上网/看电视/看书　03 体育运动/做家务　04 喝酒/抽烟　05 逛街/购物/吃东西　06 多休息，不需要采取特别的措施　07 看西医内科医生　08 看中医　09 看精神科医生　10 找人做心理咨询　11 吃安眠药　12 在家里不出门　13 和人吵架/打架　14 其他（请注明）_____　15 我不知道怎么办

607 请回答下列问题

A 心理健康是健康的一个组成部分	1 是　2 否
B 精神疾病都是因为受了刺激	1 是　2 否
C 很多人都可能存在心理问题，但自己可能意识不到	1 是　2 否
D 精神疾病和心理问题是没有办法预防的	1 是　2 否
E 绝大多数精神疾病是治不好的	1 是　2 否

参考文献

一 中文

（一）著作

国家卫生和计划生育委员会流动人口司：《流动人口社会融合理论与实践》，中国人口出版社 2014 年版。

国家卫生健康委员会：《中国流动人口发展报告 2018》，中国人口出版社 2018 年版。

柯兰君、李汉林：《都市里的村民：中国大城市的流动人口》，中央编译出版社 2001 年版。

李树茁、悦中山：《融入还是融合：农民工的社会融合研究》，《复旦公共行政评论》第九辑《公共管理的未来十年》，敬乂嘉（主编），上海人民出版社 2012 年版。

王孟成：《潜变量建模与 Mplus 应用》，重庆大学出版社 2014 年版。

王毅杰、高燕等：《流动儿童与城市社会融合》，社会科学文献出版社 2010 年版。

悦中山、李树茁、［美］费尔德曼：《农民工的社会融合研究：现状、影响因素与后果》，社会科学文献出版社 2012 年版 a。

（二）期刊

曹子玮：《农民工的再建构社会网与网内资源流向》，《社会学研究》

2003 年第 3 期。

陈宏胜、刘振东、李志刚：《中国大城市新移民社会融合研究——基于
　六市抽样数据》，《现代城市研究》2015 年第 6 期。

陈晶：《关于流动人口社会融合的几点争论——在"时间—空间—群
　体"维度上的探讨》，《人口与社会》2017 年第 3 期。

陈艳红、程刚、关雨生、张大均：《大学生客观社会经济地位与自尊：
　主观社会地位的中介作用》，《心理发展与教育》2014 年第 6 期。

陈映芳：《"农民工"：制度安排与身份认同》，《社会学研究》2005 年
　第 3 期。

程菲、李树苗、悦中山：《农民工心理健康现状及其影响因素研究——来
　自 8 城市的调查分析》，《统计与信息论坛》2017 年第 11 期。

——，《中国城市劳动者的社会经济地位与心理健康——户籍人口与流
　动人口的比较研究》，《人口与经济》2018 年第 6 期。

褚清华、杨云彦：《农民工社会融合再认识及其影响因素分析》，《人口
　与发展》2014 年第 4 期。

褚荣伟、熊易寒、邹怡：《农民工社会认同的决定因素研究：基于上海
　的实证分析》，《社会》2014 年第 4 期。

崔明、刘嵘、刘皓、褚雷雷、李晓文、刘洋、张冰冰：《沈阳市建筑业
　农民工心理状况分析》，《中华预防医学杂志》2014 年第 4 期。

丁百仁：《主体嵌入与新生代农民工城市认同研究》，《青年探索》2017
　年第 1 期。

段成荣、杨舸、张斐、卢雪和：《改革开放以来中国流动人口变动的九
　大趋势》，《人口研究》2008 年第 6 期。

宫黎明：《新生代农民工心理健康状况及心理健康服务需求调查——以
　安徽省巢湖市为例》，《长江大学学报（自科版）》2017 年第 20 期。

龚维斌：《本地人与外地人：一个新的二元社会在形成》，《人民论坛》
　2008 年第 1 期。

郭星华、才凤伟：《新生代农民工的社会交往与精神健康——基于北京和珠三角地区调查数据的实证分析》，《甘肃社会科学》2012 年第 4 期。

郭星华、李飞：《漂泊与寻根：农民工社会认同的二重性》，《人口研究》2009 年第 6 期。

韩晓燕：《"新二元结构"破解对策的经验研究——以上海市闵行区为例》，《中国社会科学院研究生院学报》2012 年第 3 期。

何江江、徐凌忠、孙辉、周成超、王兴洲、张希玉、王建新、李瑞英：《威海市农民工心理健康状况及影响因素分析》，《中国公共卫生》2008 年第 8 期。

何雪松、黄富强、曾守锤：《城乡迁移与精神健康：基于上海的实证研究》，《社会学研究》2010 年第 1 期。

贺寨平：《社会经济地位、社会支持网与农村老年人身心状况》，《中国社会科学》2002 年第 3 期。

胡安宁：《教育能否让我们更健康——基于 2010 年中国综合社会调查的城乡比较分析》，《中国社会科学》2014 年第 5 期。

胡荣、陈斯诗：《影响农民工精神健康的社会因素分析》，《社会》2012 年第 6 期。

胡荣华、葛明贵：《对 408 名城市农民工心理健康状况的调查》，《中国卫生事业管理》2008 年第 3 期。

黄四林、侯佳伟、张梅、辛自强、张红川、孙铃、窦东徽：《中国农民工心理健康水平变迁的横断历史研究：1995～2011》，《心理学报》2015 年第 4 期。

蒋善、张璐、王卫红：《重庆市农民工心理健康状况调查》，《心理科学》2007 年第 1 期。

李彬、纪伟：《吉林省新生代农民工心理健康状况及影响因素分析》，《中国农村卫生事业管理》2016 年第 4 期。

李建新、夏翠翠：《社会经济地位对健康的影响："收敛"还是"发散"——基于 CFPS2012 年调查数据》，《人口与经济》2014 年第5 期。

李培林：《流动民工的社会网络和社会地位》，《社会学研究》1996 年第 4 期。

李强、李凌：《农民工的现代性与城市适应——文化适应的视角》，《南开学报（哲学社会科学版）》2014 年第 3 期。

廖传景：《青年农民工心理健康及其社会性影响与保护因素》，《中国青年研究》2010 年第 1 期。

刘传江、程建林：《第二代农民工市民化：现状分析与进程测度》，《人口研究》2008 年第 5 期。

刘传江：《新生代农民工的特点、挑战与市民化》，《人口研究》2010 年第 2 期。

刘传江、周玲：《社会资本与农民工的城市融合》，《人口研究》2004 年第 5 期。

刘东：《结构性制约与精神健康——基于上海外来人口的实证研究》，《华东理工大学学报（社会科学版）》2008 年第 1 期。

刘海泳、顾朝林：《北京流动人口聚落的形态、结构与功能》，《地理科学》1999 年第 6 期。

刘连龙、李琼、夏芸、胡明利、郭薇：《西安市农民工心理健康状况调查及其影响因素》，《中国健康心理学杂志》2012 年第 1 期。

刘林平：《外来人群体中的关系运用——以深圳"平江村"为个案》，《中国社会科学》2001 年第 5 期。

刘衔华、罗军、刘世瑞、周恒彩《在岗农民工及留守农民心理健康状况调查》，《中国公共卫生》2008 年第 8 期。

刘玉兰：《新生代农民工精神健康状况及影响因素研究》，《人口与经济》2011 年第 5 期。

陆绯云：《同乡关系网络与中国大陆的"民工潮"》，《世纪中国》2001年第 3 期。

陆学艺：《走出"城乡分治，一国两策"的困境》，《特区展望》2000年第 3 期。

马西恒、童星：《敦睦他者：城市新移民的社会融合之路——对上海市Y 社区的个案考察》，《学海》2008 年第 2 期。

聂伟、风笑天：《农民工的城市融入与精神健康——基于珠三角外来农民工的实证调查》，《南京农业大学学报（社会科学版）》2013 年第 5 期。

齐良书、余秋梅：《社会经济状况与健康关系的研究综述》，《经济学家》2008 年第 2 期。

齐亚强、牛建林、威廉、梅森、唐纳德、特雷曼：《我国人口流动中的健康选择机制研究》，《人口研究》2012 年第 36 卷第 1 期。

钱胜、王文霞、王瑶：《232 名河南省农民工心理健康状况及影响因素》，《中国健康心理学杂志》2008 年第 4 期。

邱培媛、杨洋、吴芳、曹欣、赵首年、马骁：《国内外流动人口心理健康研究进展及启示》，《中国心理卫生杂志》2010 年第 1 期。

任姝玮：《社会管理：破解"新二元结构"》，《浦东开发》2011 年第 12 期。

任远、陈丹、徐杨：《重构"土客"关系：流动人口的社会融合与发展性社会政策》，《复旦学报（社会科学版）》2016 年第 2 期。

任远、邬民乐：《城市流动人口的社会融合：文献述评》，《人口研究》2006 年第 3 期。

石琦：《将健康融入所有政策的内涵与发展》，《中国健康教育》2019年第 3 期。

田凯：《关于农民工的城市适应性的调查分析与思考》，《社会科学研究》1995 年第 5 期。

童星、马西恒：《"敦睦他者"与"化整为零"——城市新移民的社区融合》，《社会科学研究》2008 年第 1 期。

王春光：《流动中的社会网络：温州人在巴黎和北京的行动方式》，《社会学研究》2000 年第 3 期。

——，《农村流动人口的"半城市化"问题研究》，《社会学研究》2006 年第 5 期。

——，《第三条城镇化之路：城乡两栖》，《四川大学学报（哲学社会科学版）》2019 年第 6 期。

王甫勤：《社会流动有助于降低健康不平等吗?》，《社会学研究》2011 年第 2 期。

王桂新、陈冠春、魏星：《城市农民工市民化意愿影响因素考察——以上海市为例》，《人口与发展》2010 年第 2 期。

王桂新、沈建法、刘建波：《中国城市农民工市民化研究——以上海为例》，《人口与发展》2008 年第 1 期。

王汉生、刘世定、孙立平、项飚：《"浙江村"：中国农民进入城市的一种独特方式》，《社会学研究》1997 年第 1 期。

王建：《同乡庇护、时空约束与农民工精神健康》，《青年研究》2018 年第 4 期。

王小章：《从"生存"到"承认"：公民权视野下的农民工问题》，《社会学研究》2009 年第 1 期。

王毅杰、童星：《流动农民社会支持网探析》，《社会学研究》2004 年第 2 期。

熊易寒：《城市化的孩子：农民工子女的城乡认知与身份意识》，《中国农村观察》2009 年第 2 期。

徐浩、熊华英、陈跃辉、王莉、刘涛、康玉坤、付亮亮、康林、谢玲、李娜：《凯斯勒心理疾患量表中文 10 项版与 6 项版在大学生心理调查中的应用》，《现代预防医学》2013 年第 24 期。

徐艳：《关于城市边缘人现代性的探讨——对武汉市 260 名农民工的调查与分析》，《青年研究》2001 年第 11 期。

闫凤武：《齐齐哈尔市新生代农民工心理健康状况调查》，《中国健康心理学杂志》2011 年第 8 期。

杨菊华：《从隔离、选择融入到融合：流动人口社会融入问题的理论思考》，《人口研究》2009 年第 1 期。

——，《对新生代流动人口的认识误区》，《人口研究》2010 年第 2 期。

——，《中国流动人口的社会融入研究》，《中国社会科学》2015 年第 2 期。

——，《新型城镇化背景下户籍制度的"双二属性"与流动人口的社会融合》，《中国人民大学学报》2017 年第 4 期。

杨菊华、贺丹：《分异与融通：欧美移民社会融合理论及对中国的启示》，《江苏行政学院学报》2017 年第 5 期。

杨菊华、吴敏、张娇娇：《流动人口身份认同的代际差异研究》，《青年研究》2016 年第 4 期。

杨廷忠、黄汉腾：《社会转型中城市居民心理压力的流行病学研究》，《中华流行病学杂志》2003 年第 9 期。

叶鹏飞：《流动人口的城市社会融入研究——基于"中国城镇化与劳动移民研究"的数据分析》，《城市学刊》2015 年第 3 期。

袁玥、李树茁、悦中山：《参照群体、社会地位与农民工的生活满意度——基于广州调查的实证分析》，《人口学刊》2021 年第 5 期。

悦中山、李树茁、费尔德曼：《农民工社会融合的概念建构与实证分析》，《当代经济科学》2012 年第 1 期 b。

悦中山、李树茁、靳小怡、[美] 费尔德曼：《从"先赋"到"后致"：农民工的社会网络与社会融合》，《社会》2011 年第 6 期。

悦中山、李卫东、李艳：《农民工的社会融合与社会管理——政府、市场和社会三部门视角下的研究》，《公共管理学报》2012 年第 4 期 c。

悦中山、王红艳、李树苗:《流动人口融合政策与农民工的社会融合》,《江苏行政学院学报》2017 年第 5 期。

悦中山、王红艳:《社会支持还是社会比较——社会网络影响农民工精神健康的机制研究》,《社会学评论》2022 年第 5 期。

张春泥、刘林平:《网络的差异性和求职效果——农民工利用关系求职的效果研究》,《社会学研究》2008 年第 4 期。

张春泥、谢宇:《同乡的力量:同乡聚集对农民工工资收入的影响》,《社会》2013 年第 1 期。

张文宏、雷开春:《城市新移民社会融合的结构、现状与影响因素分析》,《社会学研究》2008 年第 5 期。

张文宏、阮丹青:《城乡居民的社会支持网》,《社会学研究》1999 年第 3 期。

赵延东:《社会网络与城乡居民的身心健康》,《社会》2008 年第 5 期。

郑莉、曾旭晖:《社会分层与健康不平等的性别差异——基于生命历程的纵向分析》,《社会》2016 年第 6 期。

郑文贵、徐凌忠、周成超、李向云:《凯斯勒心理疾患量表在意外伤害与心理健康关系研究中的应用》,《中国心理卫生杂志》2009 年第 3 期。

周皓:《流动人口社会融合的测量及理论思考》,《人口研究》2012 年第 3 期。

——,《中国人口流动模式的稳定性及启示——基于第七次全国人口普查公报数据的思考》,《中国人口科学》2021 年第 3 期。

周小刚、陆铭:《移民的健康:中国的成就还是遗憾?》,《经济学报》2016 年第 3 期。

周晓虹:《流动与城市体验对中国农民现代性的影响——北京"浙江村"与温州一个农村社区的考察》,《社会学研究》1998 年第 5 期。

朱力:《论农民工阶层的城市适应》,《江海学刊》2002 年第 6 期。

（三）学位论文

胡杰成：《农民工市民化研究》，博士学位论文，华中师范大学，2009 年。

二　外文

Abraído – Lanza, A. F., A. N. Armbrister, K. R. Flórez, and A. N. Aguirre, "Toward a Theory – driven Model of Acculturation in Public Health Research", *American Journal of Public Health*, 96 (8), 2006.

Adler, N. E., T. Boyce, M. A. Chesney, "Socioeconomic Status and Health. The Challenge of the Gradient", *American Psychologist*, 1 (49), 1994.

Alba, R. and V. Nee, "Rethinking Assimilation Theory for a New era of Immigration", *International Migration Review*, 31 (4), 1997.

——, *Remaking the American Mainstream: Assimilation and Contemporary Immigration*, Boston: Harvard University Press, 2005.

Alegría, M., G. Canino, P. E. Shrout, M. Woo, N. Duan, D. Vila, M. Torres, C. N. Chen and X. L. Meng, "Prevalence of Mental Illness in Immigrant and Non – immigrant U. S. Latino Groups", *American Journal of Psychiatry*, 165 (3), 2008.

Bar – Yosef, R. W, "Desocialization and Resocialization: The Adjustment Process of Immigrants", *International Migration Review*, 2 (3), 1968.

Barkan, E. R., "America in the Hand, Homeland in the Heart: Transnational and Translocal Immigrant Experiences in the American West", *Western Historical Quarterly*, 35 (3), 2004.

Beals, R. L, "Urbanism, Urbanization and Acculturation", *American Anthropologist*, 53 (1), 1951.

Bergeron, P., N. Auger, and D. Hamel, "Weight, General Health and

Mental Health: Status of Diverse Subgroups of Immigrants in Canada", *Canadian Journal of Public Health*, 100 (3), 2009.

Berkman, L. F. , "Social Integration, Social Networks, and Health", *Social Science & Medicine*, 51 (6), 2000.

Berry, J. W. , "Acculturation and Adaptation in a New Society", *International Migration*, 30, 1992.

——, "Immigration, Acculturation, and Adaptation", *Applied Psychology*, 46 (1), 1997.

——, "Acculturation: Living Successfully in two Cultures", *International Journal of Intercultural Relations*, 29 (6), 2005.

Berry, J. W. , J. Phinney, D. Sam, and P. Vedder, "Immigrant Youth: Acculturation, Identity, and Adaptation", *Applied Psychology*, 55 (3), 2006a.

——, "Immigrant Youth: Acculturation, Identity, and Adaptation", *Applied Psychology*, 55 (3), 2006b.

Bian, Y. and J. Logan, "Market Transition and the Persistence of Power: the Changing Stratification System in Urban China", *American Sociological Review*, 61 (5), 1996.

Birman, D. , E. J. Trickett, and A. Vinokurov, "Acculturation and Adaptation of Soviet Jewish Refugee Adolescents: Predictors of AdjustmentAcross Life Domains ", *American Journal of Community Psychology*, 30 (5), 2002.

Bollen, K. A. and R. H. Hoyle, "Perceived Cohesion: A Conceptual and Empirical Examination", *Social Forces*, 69 (2), 1990.

Browning, H. and N. Rodriguez, "The Migration of Mexican Indocumentados as a Settlement Process: Implications for Work", pp. 277 – 297, in *Hispanics in the U. S. Economy*, edited by J. Borjas and M. Tienda, New

York: Academic Press, 1985.

Burt, R. S. , *Structural Holes: The Social Structure of Competition*, Cambridge, M. A. : Harvard University Press, 1995.

Butts, C. T. , R. M. Acton, J. R. Hipp, and N. N. Nagle, "Geographical Variability and Network Structure", *Social Networks*, 34 (1), 2012.

Chan, K. W. , *Cities with Invisible Walls: Reinterpreting Urbanization in Post – 1949 China*, Hong Kong: Oxford University Press, 1994.

Chen, J. , "Internal Migration and Health: Re – examining the Healthy Migrant Phenomenon in China", *Social Science & Medicine*, 72 (8), 2011.

Chen, S. X. , V. Benet – Martínez, and M. H. Bond, "Bicultural Identity, Bilingualism, and Psychological Adjustment in Multicultural Societies: Immigration – Based and Globalization – Based Acculturation", *Journal of Personality*, 76 (4), 2008.

Chen, Z. and K. Liu, "Assimilation of China's Rural – to – urban Migrants: A Multidimensional Process", *Chinese Journal of Sociology*, 4 (2), 2018.

Cheung, N. W. T. , "Rural – to – urban Migrant Adolescents in Guangzhou, China: Psychological Health, Victimization, and Local and Trans – local Ties", *Social Science & Medicine*, 93, 2013.

——, "Social Stress, Locality of Social Ties and Mental Well – being: The Case of Rural Migrant Adolescents in Urban China", *Health & Place*, 27, 2014.

Coatsworth, J. D. , M. Maldonadomolina, H. Pantin, and J. Szapocznik, "A Person – centered and Ecological Investigation of Acculturation Strategies in Hispanic Immigrant Youth", *Journal of Community Psychology*, 33 (2), 2005.

Cohen, S., T. Kamarck, and R. Mermelstein, "A Global Measure of Perceived Stress", *Journal of Health & Social Behavior*, 24 (4), 1983.

Dahl, E., "Social Mobility and Health: Cause or Effect?", *The British Medical Journal*, 313 (7055), 1996.

David, E. J. R., S. Okazaki, and A. Saw, "Bicultural Self – efficacy Among College Students: Initial Scale Development and Mental Health Correlates", *Journal of Counseling Psychology*, 56 (2), 2009.

Davis, J. A., "Status Symbols and the Measurement of Status Perception", *Sociometry*, 19 (3), 1956.

Demakakos, P., J. Nazroo, E. Breeze, and M. Marmot, "Socioeconomic Status and Health: The Role of Subjective Social Status", *Social Science and Medicine*, 67 (2), 2008.

Distefano, C. and R. W. Kamphaus, "Investigating Subtypes of Child Development: A Comparison of Cluster Analysis and Latent Class Cluster Analysis in Typology Creation", *Educational & Psychological Measurement*, 66 (5), 2006.

Doreian, P., and N. Conti, "Social Context, Spatial Structure and Social Network Structure", *Social Networks*, 34 (1), 2012.

Easterlin, R. A., "Does Economic Growth Improve the Human Lot? Some Empirical Evidence", pp. 89 – 125, in *Nations and Households in Economic Growth*, edited by P. A. David and M. W. Reder, New York: Academic Press, 1974.

Evans, M. D. R., and J. Kelley, "Subjective Social Location: data from 21 Nations", *International Journal for Quality in Health Care*, 16 (1), 2004.

Fan, C. C., "Settlement Intention and Split Households: Findings from a Survey of Migrants in Beijing's Urban Villages", *China Review*, 11 (2),

2011.

Feng, D. , L. Ji, and L. Xu, "Effect of Subjective Economic Status on Psychological Distress Among Farmers and Non – farmers of Rural China", *Australian Journal of Rural Health*, 23 (4), 2015.

Fischer, C. S. , "Toward a Subcultural Theory of Urbanism", *American Journal of Sociology*, 80 (6), 1975.

Fox, R. S. , E. L. Merz, M. T. Solórzano, and S. C. Roesch, "Further Examining Berry's Model: The Applicability of Latent Profile Analysis to Acculturation", *Measurement & Evaluation in Counseling & Development*, 46 (4), 2013.

Gans, H. J. , "Introduction", in *Ethnic Identity and Assimilation: The Polish – American Community*, edited by N. Sandberg, New York: Praeger Publishers, 1973.

Gee, G. C. and N. Ponce, "Associations between Racial Discrimination, Limited English Proficiency, and Health – related Quality of Life among 6 Asian Ethnic Groups in California", *American Journal of Public Health*, 100 (5), 2010.

Gelatt, J. , "Looking Down or Looking Up: Status and Subjective Well – Being among Asian and Latino Immigrants in the United States", *International Migration Review*, 47 (1), 2013.

Gong, P. , S. Liang, E. J. Carlton, Q. Jiang, J. Wu, L. Wang, and J. V. Remais, "Urbanisation and Health in China", *Lancet*, 379 (9818), 2012.

Gordon, M. M. , *Assimilation in American Life: The Role of Race, Religion, and National Origins*, New York: Oxford University Press, 1964.

Granovetter, M. S. , "The Strength of Weak Ties", *American Journal of Sociology*, 78 (6), 1973.

Green, G. P. , L. M. Tigges, and D. Diaz, "Racial and Ethnic Differences in Job – search Strategies in Atlanta, Boston, and Los Angeles", *Social Science Quarterly*, 80 (2), 1999.

Guarnizo, L. E. , "The Emergence of a Transnational Social Formation and The Mirage of Return Migration Among Dominican Transmigrants", *Identities*, 4 (2), 1997.

Gui, Y. , J. W. Berry, and Y. Zheng, "Migrant Worker Acculturation in China", *International Journal of Intercultural Relations*, 36 (4), 2012.

Han, C. , "Explaining the Subjective Well – being of Urban and Rural Chinese: Income, Personal Concerns, and Societal Evaluations", *Social Science Research*, 49, 2015.

Haug, S. , "Interethnische Freundschaftsbeziehungen und Soziale Integration", *Kölner Zeitschrift für Soziologie und Sozialpsychologie*, 55 (4), 2003.

He, X. , and D. F. K. Wong, "A Comparison of Female Migrant Workers' Mental Health in Four Cities in China", *International Journal of Social Psychiatry*, 59 (2), 2013.

Hirschman, C. , "The Educational Enrollment of Immigrant Youth: A Test of the Segmented – assimilation Hypothesis", *Demography*, 38 (3), 2001.

Hoebel, J. , U. E. Maske, H. Zeeb, and T. Lampert, "Social Inequalities and Depressive Symptoms in Adults: The Role of Objective and Subjective Socioeconomic Status", Plos One 12 (1): e0169764, https://journals. plos. org/plosone/article? id = 10. 13, 2017.

Hu, X. , S. Cook, and M. A. Salazar, "Internal Migration and Health in China", *The Lancet*, 372 (9651), 2008.

Huang, X. , Y. Liu, D. Xue, Z. Li, and Z. Shi, "The Effects of Social

Ties on Rural – urban Migrants' Intention to Settle in Cities in China", *Cities*, 83, 2018.

Huang, Y. , and C. Yi, "Invisible Migrant Enclaves in Chinese Cities: Underground Living in Beijing, China", *Urban Studies*, 52 (15), 2015.

Hunt, L. M. , S. Schneider, and B. Comer, "Should Acculturation be a Variable in Health Research? A Critical Review of Research on U. S. Hispanics", *Social Science & Medicine*, 59 (5), 2004.

Hyman, H. H. , and E. Singer, *Readings in Reference Group Theory and Research*, New York: Free Press, 1968.

Inkeles, A. , C. M. Broaded, and Z. Cao, "Causes and Consequences of Individual Modernity in China", *China Journal*, 37, 1997.

Inkeles, A. , and D. H. Smith, *Becoming Modern: Individual Change in Six Developing Countries*, Cambridge: Harvard University Press, 1974.

Islam, F. , "Examining the 'Healthy Immigrant Effect' for Mental Health in Canada", *University of Toronto Medical Journal*, 90 (4), 2013.

Itzigsohn, J. , and S. G. Saucedo, "Immigrant Incorporation and Sociocultural Transnationalism", *International Migration Review*, 36 (3), 2002.

Jasso, G. , D. S. Massey, M. D. Rosenzweig, and J. P. Smith, "Immigrant Health—Selectivity and Acculturation", IFS *Working Papers* No. 04/23, http: //hdl. handle. net/10419/71469, 2004.

Jin, L. , M. Wen, J. X. Fan, and G. Wang, "Trans – local ties, Local Ties and Psychological Well – being among Rural – to – urban Migrants in Shanghai", *Social Science & Medicine*, 75 (2), 2012.

Killian, L. M. , "The Adjustment of Southern White Migrants to Northern Urban Norms", *Social Forces*, 32 (1), 1953.

Knight, J. , and R. Gunatilaka, "Great Expectations? The Subjective Well – being of Rural – Urban Migrants in China", *World Development*,

38 (1), 2010.

Koneru, V. K., A. G. W. de Mamani, P. M. Flynn, and H. Betancourt, "Acculturation and Mental Health: Current Findings and Recommendations for Futureresearch", *Applied and Preventive Psychology*, 12 (2), 2007.

Kuhn, P. A., *Chinese among Others: Emigration in Modern Times*, Lanham, Maryland: Rowman & Littlefield Publishers, 2008.

Kuo, W., "Theories of Migration and Mental Health: an Empirical Testing on Chinese – Americans", *Social Science and Medicine*, 10 (6), 1976.

Lambert, D., "Zero – Inflated Poisson Regression, with an Application to Defects in Manufacturing", *Technometrics*, 34 (1), 1992.

Lancee, B., "The Economic Returns of Immigrants' Bonding and Bridging Social Capital: The Case of the Netherlands", *International Migration Review*, 44 (1): 202 – 226, 2010.

Leu, J., I. H. Yen, S. A. Gansky, E. Walton, N. E. Adler, and D. T. Takeuchi, "The Association between Subjective Social Status and Mental Health among Asian Immigrants: Investigating the Influence of Age at Immigration", *Social Science & Medicine*, 66 (5), 2008.

Li, L., H. Wang, X. Ye, M. Jiang, Q. Lou, and T. Hesketh, "The Mental Health Status of Chinese Rural – urban Migrant Workers", *Social Psychiatry and Psychiatric Epidemiology*, 42 (9), 2007.

Liang, Z., "China's Great Migration and the Prospects of a MoreIntegrated Society", *Annual Review of Sociology*, 42, 2016.

Liebkind, K., "Ethnic Identity: Challenging the Boundaries of Social Psychology", pp. 147 – 185, in *Social Psychology of Identity and the Self – concept*, edited by G. M. Breakwell, London: Academic Press, 1992.

——, "Acculturation", pp. 386 – 406, in *Blackwell Handbook of Social*

Psychology: *Intergroup Processes*, edited by R. Brown and S. Gaertner, Oxford, U. K.: Blackwell, 2001.

Lin, D., X. Li, B. Wang, Y. Hong, X. Fang, X. Qin, and B. Stanton, "Discrimination, Perceived Social Inequity, and Mental Health among Rural – to – urban Migrants in China", *Community Mental Health Journal*, 47 (2), 2011.

Lin, N., "Action, Social Resources and the Emergence of Social Structure: A Rational Choice Theory", *Advances in Group Processes*, 11, 1994.

——, *Social Capital*: *A Theory of Social Structure and Action*, New York: Cambridge University Press, 2001.

Linton, R., *The Cultural Background of Personality*, New York: Appleton – Century – Crofts, 1945.

Little, T. D., W. A. Cunningham, G. Shahar, and K. F. Widaman, "To Parcel or Not to Parcel: Exploring the Question, Weighing the Merits", *Structural Equation Modeling A Multidisciplinary Journal*, 9 (2), 2002.

Liu, Y., Z. Li, and W. Breitung, "The Social Networks of New – generation Migrants in China's Urbanized Villages: A Case Study of Guangzhou", *Habitat International*, 36 (1), 2012.

Liu, Y., Z. Li, Y. Liu, and H. Chen, "Growth of Rural Migrant Enclaves in Guangzhou, China: Agency, Everyday Practice and Social Mobility", *Urban Studies*, 52 (16), 2015.

Lou, Y., and R. Beaujot, "What Happens to the 'Healthy Immigrant Effect': the Mental Health of Immigrants to Canada", *PSC Discussion Papers Series* 19 (15): no. 5 – 15, https://ir. lib. uwo. ca/pscpapers/vol19/iss15/1, 2005.

Lu, Y., "Test of the 'Healthy Migrant Hypothesis': A Longitudinal Analysis of Health Selectivity of Internal Migration in Indonesia", *Social Sci-*

ence & Medicine, 67 (8), 2008.

——, "Household Migration, Social Support, and Psychosocial Health: The Perspective from Migrant – Sending Areas", *Social Science & Medicine*, 74 (2), 2012.

Lu, Y. and L. Qin, "Healthy Migrant and Salmon Bias Hypotheses: a Study of Health and Internal Migration in China", *Social Science & Medicine*, 102, 2014.

MacKinnon, D. P. , J. L. Krull, and C. M. Lockwood, "Equivalence of the Mediation, Confounding and Suppression Effect", *Prevention Science*, 1 (4), 2000.

Marsh, H. W. , K. T. Hau, J. R. Balla, and D. Grayson, "Is More Ever Too Much? The Number of Indicators per Factor in Confirmatory Factor Analysis", *Multivariate Behavioral Research*, 33 (2), 1998.

Massey, D. S. , and N. A. Denton, "Trends in the Residential Segregation of Blacks, Hispanics, and Asians: 1970 – 1980", *American Sociological Review*, 52 (6), 1987.

——, *American Apartheid: Segregation and the Making of the Underclass*, Cambridge, M. A. : Harvard University Press, 1993.

Massey, D. S. , J. Arango, G. Hugo, A. Kouaouci, A. Pellegrino, and J. E. Taylor, "Theories of International Migration: A Review and Appraisal", *Population & Development Review*, 19 (3), 1993.

Massey, D. S. , and B. P. Mullan, "Processes of Hispanic and Black Spatial Assimilation", *The American Journal of Sociology*, 89 (4), 1984.

McPherson, M. , L. Smith – Lovin, and J. M. Cook, "Birds of a Feather: Homophily in Social Networks", *Annual Review of Sociology*, 27, 2001.

Mendoza, N. B. , I. G. Mordeno, C. A. Latkin, and B. J. Hall, "Evidence of the Paradoxical Effect of Social Network Support: A Study among Filipino Domestic Workers in China", *Psychiatry Research*, 255, 2017.

Menjivar, C. , "Salvadorian Migration to the United States in the 1980s: What can we Learn about It and from It?", *International Migration*, 32 (3), 1994.

Merton, R. K. , and A. S. Kitt, "Contributions to the Theory of Reference Group Behavior", in *Social Theory and Social Structure*, edited by R. K. Merton, New York: Free Press, 1950.

Mouw, T. , "Racial Differences in the Effects of Job Contacts: Conflicting Evidence from Cross – sectional and Longitudinal Data", *Social Science Research*, 31 (4), 2002.

——, "Estimating the Causal Effect of Social Capital: A Review of Recent Research", *Annual Review of Sociology*, 32, 2006.

Mulvaneyday, N. E. , M. Alegría, and W. Sribney, "Social Cohesion, Social Support, and Health among Latinos in the United States", *Social Science & Medicine*, 64 (2), 2007.

Muthén, B. O. , "Latent Variable Mixture Modeling", pp. 21 – 54, in *New Developments and Techniques in Structural Equation Modeling*, edited by G. A. Marcoulides and R. E. Schumacker, Mahwah, N. J. : Lawrence Erlbaum Associates, 2001.

Muthén, B. O. , and L. K. Muthén, *Mplus User's Guide*, Los Angeles, C. A. : Muthén & Muthén, 1998 – 2015.

Myers, D. , X. Gao, and A. Emeka, "The Gradient of Immigrant Age – at – Arrival Effects on Socioeconomic Outcomes in the U. S. ", *International Migration Review*, 43 (1), 2009.

Neidert, L. J. , and R. Farley, "Assimilation in the United States: An Analysis of Ethnic and Generation Differences in status and Achievement", *American Sociological Review*, 50 (6), 1985.

Palloni, A., and E. Arias, "Paradox lost: Explaining Thehispanic adult Mortality Advantage", *Demography*, 41 (3), 2004.

Park, R. E., *Race and Culture*, New York: The Free Press, 1950.

Park, R. E., and E. W. Burgess, *Introduction to the Science of Sociology*, *Reprint*, Chicago: The University of Chicago Press, 1969.

Parsons, T., *The Social System*, New York: Free Press, 1964.

Phillips, M. R., "The Transformation of China's Mental HealthServices", *China Journal*, 39, 1998.

Phinney, J. S., "Stages of Ethnic Identity Development in Minority Group Adolescents", *The Journal of Early Adolescence*, 9 (1 – 2), 1989.

——, "Ethnic Identity in Adolescents and Adults: Review of Research", *Psychological Bulletin*, 108 (3), 1990.

Phinney, J. S., and M. Devich – Navarro, "Variations in Bicultural Identification among African American and Mexican American Adolescents", *Journal of Research on Adolescence*, 7 (1), 1997.

Phinney, J. S., G. Horenczyk, K. Liebkind, and P. Vedder, "Ethnic Identity, Immigration, and Well – being: An Interactional Perspective", *Journal of Social Issues*, 57 (3), 2001.

Piore, M., *Birds of Passage: Migrant Labor and Industrial Societies*, New York: Cambridge University Press, 1979.

Portes, A., "Socialcapital: Its Origins and Applications in Modern Sociology", *Annual Review of Sociology*, 24 (1), 1998.

Portes, A., W. J. Haller, and L. E. Guarnizo, "Transnational Entrepreneurs: An Alternative form of Immigrant Economic Adaptation", *American Sociological Review*, 67 (2), 2002.

Portes, A., and R. G. Rumbaut, *Legacies: The Story of the Immigrant Second Generation*, Berkeley and New York: University of California Press and Russell Sage Foundation, 2001.

Portes, A., and M. Zhou, "The New 2nd – Generation – Segmented Assimilation and Its Variants", *Annals of the American Academy of Political and Social Science*, 530, 1993.

Putnam, R. D., "E Pluribus Unum: Diversity and Community in the Twenty – first Century the 2006 Johan Skytte Prize Lecture", *Scandinavian Political Studies*, 30 (2), 2007.

Qiu, P., E. Caine, Y. Yang, Q. Chen, J. Li, and X. Ma, "Depression and Associated Factors in Internal Migrant Workers in China", *Journal of Affective Disorders*, 134 (2), 2011.

Redfield, R., *The Primitive World and Its Transformations*, Ithaca: Cornell University Press, 1953.

Redfield, R., R. Linton, and M. J. Herskovits, "Memorandum for the Study of Acculturation", *American Anthropologist*, 38 (1), 1936.

Rogers, W. M., and N. Schmitt, "Parameter Recovery and Model Fit Using Multidimensional Composites: A Comparison of Four Empirical Parceling Algorithms", *Multivariate Behavioral Research*, 39 (3), 2004.

Rudmin, F. W., "Critical History of the Acculturation Psychology of Assimilation, Separation, Integration, and Marginalization", *Review of General Psychology*, 7 (1), 2003.

Rumbaut, R. G., "The crucible within: Ethnic Identity, Self – esteem, and Segmented Assimilation among Children of Immigrants", *International Migration Review*, 28 (4), 1994.

Sakurai, K., N. Kawakami, K. Yamaoka, H. Ishikawa, and H. Hashimoto, "The Impact of Subjective and Objective Social Status on Psychological Distress Among Men and Women in Japan", *Social Science & Medicine*, 70 (11), 2010.

Schachter, A., R. T. Kimbro, and B. K. Gorman, "Language Proficiency and Health Status Are Bilingual Immigrants Healthier?", *Journal of Health and Social Behavior*, 53 (1), 2012.

Schwartz, S. J., S. D. Rosiers, S. Huang, B. L. Zamboanga, J. B. Unger, G. P. Knight, H. Pantin, and J. Szapocznik, "Developmental Trajectories of Acculturation in Hispanic Adolescents: Associations With Family Functioning and Adolescent Risk Behavior", *Child Development*, 84 (4), 2013.

Schwartz, S. J., J. B. Unger, B. L. Zamboanga, and J. Szapocznik, "Rethinking the Concept of Acculturation: Implications for Theory and Research", *American Psychologist*, 65 (4), 2010.

Schwartz, S. J., and B. L. Zamboanga, "Testing Berry's Model of Acculturation: A Confirmatory Latent Class Approach", *Cultural Diversity and Ethnic Minority Psychology*, 14 (4), 2008.

Schwartz, S. P., "Bridging 'The Great Divide': The Evolution and Impact of Cornish Translocalism in Britain and the USA", *Journal of American Ethnic History*, 25 (2/3), 2006.

Shuval, J. T., "Migration, Health, and Stress", pp. 126 – 144, in *The Blackwell Companion to Medical Sociology*, edited by W. C. Cockerham, Oxford, U. K.: Blackwell, 2001.

Simmel, G., *The Metropolis and Mental Life*, Chicago: University of Chicago, 1971.

Singh – Manoux, A., N. E. Adler, and M. G. Marmot, "Subjective Social Status: Its Determinants and Its Association with Measures of Ill – health in the Whitehall Ⅱ study", *Social Science & Medicine*, 56 (6), 2003.

Singh – Manoux, A., M. G. Marmot, and N. E. Adler, "Does subjective Social Status Predict Health and Change in Health Status Better than Objective Status?", *Psychosomatic Medicine*, 67 (6), 2005.

Song, L., "Does Who You Know in the Positional Hierarchy Protect or Hurt? Social Capital, Comparative Reference Group, and Depression in Two Societies", *Social Science & Medicine*, 136 – 137, 2015.

Stark, O., *The migration of labor*, Cambridge, MA: Basil Blackwell, 1991.

Thoits, P. A., "Mechanisms Linking Social Ties and Support to Physical and Mental Health", *Journal of Health & Social Behavior*, 52 (2), 2011.

Torres, J. M., C. Alcántara, K. E. Rudolph, and E. A. Viruellfuentes, "Cross – border Ties as a Source of Risk and Resilience: Do cross – border Ties Moderate the Relationship between Migration – related stress and Psychological Distress among Latino Migrants in the United States?", *Journal of Health & Social Behavior*, 57 (4), 2016.

Verdery, A. M., B. Entwisle, K. Faust, and R. R. Rindfuss, "Social and Spatial Networks: Kinship Distance and Dwelling Unit Proximity in Rural Thailand", *Social Networks*, 34 (1), 2012.

Vertovec, S., "Migrant Transnationalism and Modes of Transformation", *International Migration Review*, 38 (3), 2004.

Wang, F., X. Zuo, and D. Ruan, "Rural Migrants in Shanghai: Living Under the Shadow of Socialism", *International Migration Review*, 36 (2), 2002.

Wang, J., "Rural – to – urban Migration and Rising Evaluation Standards for Subjective Social Status in Contemporary China", *Social Indicators Research*, 134 (3), 2017.

Wang, Z., "Socioeconomic Changes and Value Modernization in China: Changes and Continuity 1993 – 2011", *Asian Journal for Public Opinion*

Research, 2 (3), 2015.

Warner, W. L. , and L. Srole, *The Social Systems of American Ethnic Group*, New Haven, CT: Yale University Press, 1945.

Warren, J. R. , "Socioeconomic Status and Health across the Life Course: A Test of the Social Causation and Health Selection Hypotheses", *Social Forces*, 87 (4), 2009.

Waters, M. C. , *Ethnic options: Choosing identities in America*, Berkeley and Los Angeles, CA: University of California Press, 1990.

Weiss, R. S. , "The provisions of Social Relationships", pp. 17 – 26, in *Doing unto Others*, edited by Z. Rubian and E. Cliffs, New Jersey: Prentice Hall, 1974.

West, P. , "Rethinking the Health Selection Explanation for Health Inequalities", *Social Science & Medicine*, 32 (4), 1991.

Wen, M. , J. Fan, L. Jin, and G. Wang, "Neighborhood Effects on Health among Migrants and Natives in Shanghai, China", *Health & Place*, 16 (3), 2010.

Wirth, L. , "Urbanism as a Way of Life", *American Journal of Sociology*, 44 (1), 1938.

Wong, D. F. K. , and G. Leung, "The Functions of Social Support in the Mental Health of Male and Female Migrant Workers in China", *Health Social Work*, 33 (4), 2008a.

——, "The Functions of Social Support in the Mental Health of Male and Female Migrant Workers in China", *Health & Social Work*, 33 (4), 2008b.

Wong, D. F. K. , X. He, G. Leung, L. Ying, and Y. Chang, "Mental Health of Migrant Workers in China: Prevalence and Correlates", *Social Psychiatry & Psychiatric Epidemiology*, 43 (6), 2008.

Wong, D. F. K. , C. Y. Li, and H. X. Song, "Ruralmigrant Workers in urban China: Living a Marginalised Life", *International Journal of Social Welfare*, 16 (1), 2007.

World Health Organization, *Mental Health: New Understanding, New Hope*, Switzerland: World Health Organization, 2001.

Wu, W. , "Sources of Migrant Housing Disadvantage in Urban China", *Environment and Planning A*, 36, 2004.

Xie, S. , J. Wang, J. Chen, and V. M. Ritakallio, "The Effect of Health on Urban – settlement Intention of Rural – urban Migrants in China", *Health & Place*, 47, 2017.

Yuan, H. , "Socioeconomic Status, Age and Mental Health: An Empirical Study in Shanghai", *Chinese Journal of Sociology*, 30 (1), 2011.

Yue, Z. , S. Li, X. Jin, and M. W. Feldman, "The Role of Social Networks in the Integration of Chinese Rural – Urban Migrants: A Migrant – Resident Tie Perspective", *Urban Studies*, 50 (9), 2013.

Zagefka, H. and R. Brown, "The Relationship between Acculturation Strategies, Relative Fit and Intergroup Relations: Immigrant – Majority Relations in Germany", *European Journal of Social Psychology*, 32 (2), 2002.

Zhang, W. and V. M. Ta, "Social Connections, Immigration – related Factors, and Self – rated Physical and Mental Health among Asian Americans ☆", *Social Science & Medicine*, 68 (12), 2009.

Zhao, Y. , "The Role of Migrant Networks in Labor Migration: The Case of China", *Contemporary Economic Policy*, 21 (4), 2003.

Zhou, M. , *Chinatown: The Socioeconomic Potential of an Urban Enclave*, Philadelphia: Temple University Press, 1992.

——, "Segmented Assimilation: Issues, Controversies, and Recent Research on the New Second Generation", *International Migration Review*, 31 (4), 1997.

Zhu, Y., "China's Floating Population and Their Settlement Intention in the Cities: Beyond the Hukou reform", *Habitat International*, 31 (1), 2007.

Zimet, G. D., N. W. Dahlem, S. G. Zimet, and G. K. Farley, "The Multi-dimensional Scale of Perceived Social Support", *Journal of Personality Assessment*, 52 (1), 1988.

三 网络文献

程菲、悦中山:《加强农民工心理健康服务》,《中国社会科学报》, 2018 年 11 月 28 日, http://m. cssn. cn/zx/zx_ bwyc/201811/t201811 28_ 4783292. htm, 最后访问日期: 2022 年 10 月 18 日。

国务院办公厅:《国务院办公厅关于切实做好当前农民工工作的通知》, 2008 年 12 月 20 日, http://www. gov. cn/zwgk/2008 – 12/20/content_ 1183721. htm, 最后访问日期: 2022 年 10 月 18 日。

李艳、韩丹:《打破"玻璃门" 提升融合度——农民工生存现状调查》, 《陕西日报》, 2017 年 2 月 21 日, https://www. cnr. cn/sxpd/shgl/ 20170221/t20170221_ 523612619. shtml, 最后访问日期: 2022 年 12 月 20 日。

世界卫生大会:《2013—2020 年精神卫生综合行动计划》, 2013 年 5 月 27 日, https://wenku. baidu. com/view/20dd283a50e79b89680203d8c e2f0066f433641f. html, 最后访问日期: 2022 年 10 月 18 日。

中共中央、国务院:《国家新型城镇化规划 (2014—2020 年)》, 2014 年 3 月 16 日, http://www. gov. cn/gongbao/content/2014/content_ 2644805. htm, 最后访问日期: 2022 年 10 月 18 日。

《中华人民共和国》, 百度百科, https://baike. baidu. com/item/% E4%

B8% AD% E5% 8D% 8E% E4% BA% BA% E6% B0% 91% E5% 85% B1%
E5% 92% 8C% E5% 9B% BD/106554？fr = kg_ general，最后访问日
期：2022 年 10 月 18 日。

中华人民共和国国家统计局：《2010 年第六次全国人口普查主要数据公
报》，2011 年 4 月 28 日，http：//www. gov. cn/guoqing/2012 – 04/20/
content_ 2582698. htm，最后访问日期：2022 年 10 月 18 日。

——，《2015 年全国 1% 人口抽样调查主要数据公报》，2016 年 4 月 20
日，http：//www. stats. gov. cn/tjsj/zxfb/201604/t20160420_ 1346151.
html，最后访问日期：2022 年 10 月 18 日。

——，《中华人民共和国 2016 年国民经济和社会发展统计公报》，2017
年 2 月 28 日，http：//www. stats. gov. cn/tjsj/zxfb/201702/t20170228_
1467424. html，最后访问日期：2022 年 10 月 18 日。

——，《中华人民共和国 2017 年国民经济和社会发展统计公报》，2018
年 2 月 28 日，http：//www. gov. cn/xinwen/2018 – 02/28/content_
5269506. htm，最后访问日期：2022 年 10 月 18 日。

——，《2020 年第七次全国人口普查主要数据公报》，2021 年 5 月 11
日，http：//www. gov. cn/guoqing/2021 – 05/13/content_ 5606149.
htm，最后访问日期：2022 年 10 月 18 日。

中华人民共和国国务院：《流动人口计划生育工作条例》，2009 年 4 月
29 日，http：//www. xiuzhou. gov. cn/art/2020/11/12/art_ 1228969031_
59024155. html，最后访问日期：2022 年 10 月 18 日。

后　记

　　农民工是中国产业工人的重要组成部分和商业服务业劳动者的主要来源。农民工为城市的经济增长和中国发展做出了重要贡献。但是作为城市社会的弱势群体，农民工容易产生心理健康问题。农民工的心理健康关系到中国社会经济的协调健康发展和城镇化进程的顺利推进，因此由心理健康导致的公共卫生问题及社会经济后果不容忽视。关注并提升农民工的心理健康是"健康中国"建设的重要组成部分。

　　提升农民工的社会融合水平有望改变农民工群体的弱势地位，有利于改善民生，最终促进"健康中国"建设目标的达成。然而，农民工仍然难以完全融入城市社会。虽然农民工生活在城市的物理空间中，但他们的社会经济活动、社会关系和文化认同均与农村社会有着千丝万缕的联系，其社会生活状态仍具有"乡土性"，是"亦城亦乡"的。有鉴于此，本书突破了既有文献仅从身处的物理空间角度来定义农民工社会融合的局限，把农民工社会融合的发生场域拓展至整个中国社会，将农民工的社会融合定义为农民工与中国城乡社会的互动情况。本书超越了"城市融入"单向视角，找回农民工社会融合的"乡土性"，综合使用人口与健康领域理论和方法探讨社会融合影响农民工心理健康的机制。作者希望相关发现对促进农民工的社会融合、提升他们的心理健康水平具有重要的政策启示意义，对健康中国行动具有一定的实践指导价值。

　　本书所用数据的收集和各章撰写的最终完成得到了国家自然科学基

金面上项目"社会融合视角下乡城人口流迁的模式、形成机制与政策研究"（项目批准号：72174165）、国家社会科学基金青年项目"农民工的社会融合与心理健康研究"（项目批准号：13CRK015）和国家原卫生和计划生育委员会项目"流动人口社会融合试点指导与心理健康促进研究"的支持。本书的出版得到了"西安交通大学人文社会科学学术著作出版基金"、"中央高校基本科研业务费专项资金"和西安交通大学系统行为与管理实验室的资助。西安交通大学白萌老师、西安工程大学李艳老师、陕西师范大学李卫东老师参与了调查问卷设计工作。当时在中山大学任教的黄晓星老师（现为厦门大学教授）及其研究团队在广州调查中辛勤工作，对数据收集做出了重要贡献。西安交通大学博士生程菲（已毕业，现为西安邮电大学教师）和硕士生张瑞璇（已毕业，现在西安交通大学团委工作）参与了问卷设计工作并负责广州调查的组织协调工作，西安交通大学博士生吴晓曼、袁玥分别参与撰写了本书第六章和第七章的部分内容。感谢以上项目、基金、实验室的资助，感谢各位老师和同学在调查研究中的支持与帮助。

悦中山

2022 年 10 月 30 日